浙江省普通本科高校"十四五"重点立项建设教材

WORLD CIVILIZATION
H I S T O R Y
The Road of Diversity and Coexistence

世界文明史
多元与共存之路

周真真　编著
施华辉　孙　超　周东华　刘宏焘　龚天蕙　参编

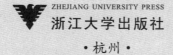

ZHEJIANG UNIVERSITY PRESS
浙江大学出版社
·杭州·

图书在版编目（CIP）数据

世界文明史：多元与共存之路 / 周真真编著.
杭州：浙江大学出版社，2024. 12. --ISBN 978-7-308-
25148-8

I. K103

中国国家版本馆CIP数据核字第202460JD02号

世界文明史——多元与共存之路
SHIJIE WENMINGSHI —— DUOYUAN YU GONGCUN ZHI LU

周真真　编著

策划编辑　　葛　娟
责任编辑　　葛　娟
责任校对　　朱　辉
封面设计　　春天书装
出版发行　　浙江大学出版社
　　　　　　（杭州市天目山路148号　邮政编码310007）
　　　　　　（网址：http://www.zjupress.com）
排　　版　　杭州林智广告有限公司
印　　刷　　杭州高腾印务有限公司
开　　本　　787mm×1092mm　1/16
印　　张　　19.25
字　　数　　356千
版 印 次　　2024年12月第1版　2024年12月第1次印刷
书　　号　　ISBN 978-7-308-25148-8
定　　价　　65.00元

浙江大学出版社市场运营中心联系方式：0571-88925591；http://zjdxcbs.tmall.com

序　一

　　能为这本由一批青年学者所写的《世界文明史》作序，是一件令人欣慰的事情。

　　首先，这是属于我国世界史专业领域的书，所以，其意义自然不同一般。这个不一般，在于这门学科本身是中国开眼看世界的产物，也是中华文明与其他不同文明之间产生碰撞和交融的学术桥梁。在某种程度上，它本身也承载着中国现代化使命。

　　从中国古代看，以我国为世界中心的历史观一直在我国的史学领域占主导地位。因此，在 1840 年前，中国并没有真正意义上的世界史，有的只是《镜花缘》一类的异域风情书，严肃的史书则只有中国史。在鸦片战争之后，中国被迫接受除中国之外还存在一个"世界"这一事实。但对外部世界和西方的研究主要是以急功近利的原则为出发点，缺少系统的基础研究。直到中华人民共和国成立前夕，我国的高校中，世界史都还不能算是能与中国史相提并论的学科，一些十分有名望的老先生，也必须有中国史的论文和教中国史的课程才能得到承认。这一事实反映出一种复杂的民族心态和文化背景。在美国，历史学者对我们将历史学划分为世界史和中国史两个门类十分不理解，他们最大的疑问是中国的历史为何不被列入世界整体的发展中？他们认为，历史只有世界史，然后是国别史，很难理解在中国还有一个与世界史相对应的中国史。从这一点看，要学习世界史必须有一个正确和开放的心态，要做到这一点，在目前这样的学科分类中，显然是一件还需要补课的事情。

　　实际上，早在 100 多年以前，张之洞就认为，要向一切外来的优秀东西学习，他将其概括为学习西艺（科学技术）、西政和西史，试图师夷长技以制夷。尽管我们未必完全赞成这种想法，但如何做到站在中华民族的立场上，有效地引进吸收其他文明的成果，则是至今仍未能很好解决的问题。

之所以如此，在于对其他的各种文明，我们依然缺乏深度的了解，而在一个开放的时代，任何一个试图加入现代化发展行列的国家都必须尽量地了解他国的情况，而了解他国最主要和最基本的途径就是学习该国的历史。在这个意义上，加强世界史的学习并不是一个简单的课程学习，而是一个具有长远历史意义的事情，因为它是中华民族崛起过程中的一个重要的组成部分。加强世界史的学习，有一本很好的教材显然是首要条件，所以，这样一本《世界文明史》教材的出版，是一件令人激动的事情。

其次，通过文明史的学习我们能够更深入地思考现代文明的内涵。过去的五大文明都在不同程度上受到过其他文明的影响，但中国文明基本上只受到了印度佛教文明的影响，而没有受到其他文明的滋养。西方文明则由于其地缘优势，无形中吸收了很多其他古文明的影响：腓尼基人贡献了拼音文字，埃及人贡献了几何学，巴比伦人贡献了天文和 60 进制，印度人贡献了 0。即便如此，西方文明也是在接受了中国的四大发明以后，才最终发展成为现代西方文明的。在这种意义上，中华文明滋养了其他的人类文明，却未能收到应有的红利，这显然是极不合理的。在这个意义上，了解和学习其他文明，也是我们回收自己应得的"利息"。

在各种文明的交往与碰撞中，每一种文明都在不同程度上吸收了其他文明的合理和优秀的东西，扬弃了自身的一些弱项，这是人类文明始终在不断进步的基本动力。正如我们老祖宗所说，各美其美，美人之美，美美与共，天下大同。但西方学者的思路与我们并不一致。这本教材中论及了从启蒙学者到斯宾格勒，再到弗洛伊德等人的观点，从进步主义的文明，到悲观的历史哲学，再到人类进步对人性的压抑等，这些归纳都相当合理。当然，汤因比的历史哲学对当代影响最大，尤其是其文明的挑战与迎战的观念，可以说左右着很多史学和国际关系学的学者的思维方式，而布罗代尔的观念的重要性也是毋庸置疑的，他关于文明化并不等于西方化的看法，以及文明具有时间向度和空间向度的思考，都发人深思。这些西方学者的理论成就，对于我们在更高层次上思考人类文明的属性，显然是一个必要的台阶。无可否认的是，在当今这样一个全球化的态势下，各种文明相互碰撞和交融的潮流中，在混乱状态下的世界也存在着一种公正、自由、和平的理性诉求，一种促进人类总体利益前进的推动力。人类一种新的更高层次的文明形态，正在逐步形成——人类正在寻找一个新的共识和文明的基本规范。那么，这种新的文明形态，应该是什么样的？它显然应该是融汇了迄今为止，所有人类文明的优势，超越地域影响和国界限制的人类共同体的文明形态，而我们提出的社会主义核心价值观，就是这种更高层次文明的典型体现。它基本内容包括：富强、民主、文明、和谐，自由、平等、公正、法治，爱国、敬业、诚信、友善。其中前四个是国家层面的价值目标，中间四个是社会层面的价值取向，后面四个是公民个人层面的价值准则。如果这样的价值观能逐步为世界所接受，那么，新的文明范式的形成是可以期待的。由于这些因素，这本书的出版是十分可喜的事情。

最后，则是祝福这批可爱的中国青年世界史学的佼佼者们。世间一切事物中，人是第一个可以宝贵的。这样一部文明史的教材，不是由所谓的资深教授主持，而是由一批青年学者领军，这本身就是一件了不起的事情。它证明，中国研究世界史的青年学者，已经迅速地成长起来。他们不仅具有厚实的学术功底，而且具有舍我其谁的气概，敢于挑大梁，敢于为人先。当然，这样的一部涉及面极广的教材，查漏补缺的地方肯定很多，这是无法避免的。但正如毛泽东同志所说，世界是你们的，也是我们的，但归根结底是你们的。希望寄托在你们身上。

鉴于此，我衷心祝贺此书的出版。

陈晓律

2024 年 3 月 22 日

序 二

　　最近二三十年，中国历史学界的一个长久而热烈的学术努力行为，就是重写世界历史，重新勾画人类总体的发展面貌，反思我们至少从 19 世纪中期便开始的世界意识，重构中国人的世界或全球意识，重新定位"我们"，即 21 世纪的中国人，在世界文明总体框架中的位置，并肯定中国文明的独特性和贡献。一个有趣的现象是，随着这种"重写"的展开，20 世纪后半叶的那种越来越走向统一的，在基本概念、时段或分期、区域、事件过程等内容上越来越同质、划一或相互重复的世界历史文本，出现了变化。我们也许应该承认，这种走向整齐划一的与同质的世界历史文本，也代表着中国人定位自己的世界位置的努力。现在，中国学者开始构思、书写不同的世界历史文本，并产生了越来越多的世界历史知识的排列方式。这些体现学者们不同兴趣与关切的知识框架，给我们提供了世界历史或人类一般历史进程的不同面相或特质，满足了不同的智识需求。从长远的观点来看，这种多样化的历史写作，或历史知识的生产，并不会停止或消失，而会呈现出越来越发散的特征；它们与提供一种作为"课程标准"的，在框架与内容上足以代表并引导一个时代知识判断的学术努力一样，是我们这个时代学术与思想在相互竞争中走向繁荣开放的标志。

　　如果说在这种重写的潮流中有某种共性的东西的话，这可能就是全球意识与文明意识。当然，这两种意识，既与近半个世纪中国坚定地融入世界并逐渐产生世界影响有关，也与中国学术受西方学术影响并与西方学术进行持久的对话有关。全球的意识倾向于从横向的、交换的、流动的、相互联系与影响的角度，观察人类的各种历史现象。在这种意识中，不仅技术发明（如火药）、特殊物品（如土豆与烟草）、公共生活的组织或构成方式，而且人们看待包括自己制度、文明及自身的方式，他们度过闲暇的方式，甚至人们处理那些被认为无限高出自己的存在物的方式，乃至疾病及其治疗方法，都处于"流动"，即相互影响的状态。至少现代世界的产生，是可以放在这些流动过程中进行考察的。在全球视野下，任何一种物品的流动，不管是疾病的流行还是观念的传播，都足以构成一部世界或全球的历史。这就产生了非常不同的，甚至极端多样化的，当然也是相互影响与相互作用的世界图景。《独立宣言》、雪茄、毡帽、鼠疫，都可以形成自己的全球史。既然如此，人们也许会问，有没有一种更加统一、更为基本的世界历史？这种在个体事物的追根溯源中寻求整体理解的学术努力，是不是产生了新的知识碎片化？站在全球史的角度，这个问题是不存在的。一个关注技术进步与流动的学者，和一个关注社会组织方式流动（如代议制）的学者，甚至和一个关注某个特殊物种（如烟草、土豆）甚至疾病流动的学者一样，提供了不同的"世界历史"知识，也满足不同的知识兴趣。当然，这并不排斥某一个学者可能会把历史现象中的某一个或某几个因素（如全球分工与贸易网络的形成）突出出来，作为更基本或更基础的，对别的因素甚至人类的总体生活产生影响的因素。这种带有历史哲学倾向的史学实践，仍然是活跃的并且把历史的理解与历史知识供给方式，带向方法论讨论的维度。

文明的意识，从表面上看，是作为"社会形态史"或"社会发展史"的补充甚至代替而呈现于世界历史的书写的。在整个20世纪甚至更早，五种前后继起的社会形态理论，作为一种历史叙述框架或模式，对于中国学者的世界历史知识建构，产生了极其重要的影响。社会形态理论将19世纪主要来自经济学、社会学与政治学的社会科学概念，运用于历史叙述，促成了客观科学的历史知识的产生。它将历史变成一门科学，至今仍然有着强大的生命力。但是，人们也发现，由自然环境、物产、技术水平与风俗习惯或生活方式等综合因素构成的诸多文化传统，很难用单一的尺度进行衡量；在某一个传统中极端显性的东西，在另一些传统中可能是根本不重要甚至是难以观察到的；一些传统历数千年而不变，另一些传统则经历了明显的、带有阶段性的变化，因此很难用一个多少带有线性特征的阶段来对所有的传统进行刻画；社会形态理论很可能只适用于欧洲的历史。大的地域、民族与文化单元，形成各有特色的生活方式；技术与批判理性在欧洲文明中可能具有穿透或决定性的力量，但是，在有的文明，如阿拉伯文明与中华文明中，在社会或公共生活的构成规则，甚至日常的生活态度方面，其他的因素可能更为根本。文明在表现形式和发展进程上具有根深蒂固的多样性，这可能是文明意识的第一个表现。从某种意义上说，文明是对某个共同体内人的生活价值起规定作用的、独特的意义体系，当这种意义体系受到比如来自西方的、被称作现代性的意义体系侵蚀的时候，整个社会出现了激烈的抗拒；那些要求改变自己、认同他者的力量，与要求回到文明的原初状态再次出发的力量，共同形成了所谓的抗拒，并最终使得这种文明进入某种杂交的状态。传统具有韧性和内在的同一性，它需要内在、同情地理解，更应该得到保存与尊重，这可能是文明意识的第二种表现。

从长远的观点来看，虽然技术可能趋同，但是生活方式特别是信仰方式则很难趋同；一种同质的、普遍性的、世界性的文明体系，从经验的角度来看可能是很难建立的，从价值的角度也不一定是可欲的。技术与贸易使世界形成整体，使得区域历史逐渐成为世界史；但是对生存条件、生活方式与意义体系的坚持，对诸如生存范围、环境、物产等物质利益的捍卫，使得世界历史过程充满着冲突。从文明的角度，世界历史不得不被理解为不同的，尤其是更大的文明单元之间的互竞与互鉴。互竞，意味着为了物质利益与意义体系而进行竞争，在这种竞争中，在某个历史时期内，某个文明可能会因为人口的、组织方式的或技术的力量而处于支配地位，形成霸权；互鉴，意味着那些产生于他者的，特别是强势文明中的因素，也会被弱势文明所学习与吸收，引起文明的变化。文明史的研究并不否认在某一个历史时段内，人类总体上似乎朝着某个确定的方向前行（如 19 世纪席卷亚洲的民主化进程），也不否认人的物质与精神生活会在相互作用中得到改善；但是文明史的研究更在于提醒人们，进步或完善永远也不能作为暴力与强制的借口。这样，人们就不得不把批判与反思，也把规范的、价值观的或广义的道德关怀，重新带入历史思考。这可能是文明意识的第三种表现，即文明史研究在于培养一种文明的精神或心态，使人变得文雅、包容与有教养。

本书作为杭州师范大学世界历史老师们的集体研究成果，是中国学者重写世界史努力的一部分。这本专题化的通识教材，与我们通常见到的世界文明史的读本可能有很大差异。全球史范式与文明意识贯穿全书。在对文明的形态与演进进行简略的勾勒以后，读本被分成若干个专题，借以呈现"世界文明史"的不同面相。技术的进步被放在环境与文明的交互关系中进行考察，而不像以往那样放在文明发展的动力中考察。作为技术进步与人口积聚的结果，作为农耕之后人类最重要的生活与生产方式，城市体现了文明化的最重要进展。城市史是以往世界史教材较少关注的，原属于世界史研究的边缘领域，现在按照时代与地域的顺序得到典型的呈现。战争是文明之间与之内激烈的互竞形式，它的技术基础，它的展开方式，特别是它的社会乃至世界性后果，得到了恰当的分析。人们对战争理解，不再是朝代更替或制度变革手段这么简单；考虑到核战争完全可能毁灭文明本身，作为最激烈的暴力与奴役形式，在当代人眼中，战争甚至很难被视为一种工具性的善。但是从世界历史的角度认识战争，的确是普通人，特别是接受高等教育的人应该具有的知识素养。商业与贸易自然是历史课本的常规内容，但作者仍然按照历史的顺序，选择不同地域与不同物品的交易方式，联系全球化的产生过程，对它们进行分析。通过描绘全球贸易中的典型物品，包括"成瘾品"的流通，走向全球化过程的整体与个别的关系得到了呈现。这种处理也是与近几十年历史研究的热点与兴趣变化相关的。我们所熟知的，在传统历史教科书中作为讨论主体的政治制度等内容，被压缩在"社会组织"专题内，与宗教团体、志愿组织乃至企业相并列，受到了相对简约的处理。政府的构成与当代政党制度，可能并没有人们原来设想得那样重要，它们不过就是社会组织的一种而已。另一方面，围绕着身心健康，联系着个人成功、商业与国家荣誉的体育，被列为专章进行分析，则显示了作者的研究背景。兴盛于 2500 年以前地中海东部半岛上的那个展示个人速度与力量的运动会，今天竟然发展成为世界性景观，这的确是历史变成全球史的最好例证。福利国家作为 19 世纪欧洲社会主义运动的重要后果，也是从欧洲扩展至全世界的；一个国家如果使它的公民成为体面的现代人，既使诸如出生、疾病等"坏运气"给人带来的不幸降到最低，又使拥有自然禀赋、特殊能力的人的潜力得到最大发展，它必然带有福利的特征。在 19—20 世纪，人们可能会说民主化与工业化是全球化过程中欧洲文明带给全世界的最大礼物；在 21 世纪，人们也许会说，两个最大的礼物变成了奥运会和福利国家。最后，全球化本身得到了专题讨论。

这个内容丰富、体现近半个多世纪世界史研究新视野的文明史读本，是作为大学一年级通识课程的教材而写作的。在这里，"文明"与"通识"相遇了。通识教育（general education）源自西方，又被称作 liberal education，意即"自由人的教育"或"公民教育"或"开明教育"，是针对儿童教育完成后的成人的，是向即将进入公共生活的成年人提供的教育，内容既包括进入公共生活应该具备哪些知识，也包括应该拥有什么样的态度或性情进入公共生活。这种通识教育理念与中国古代的"成人"教育思想是相通的。成人教育在字面意义上是为成年人提供的教育，而在理想或本来的意义上，"成人"意味着心智的成熟，意味着具有健全的判断力。在当代大学教育体系中，通识教育是与专业教育（以成为专家为目标）相平行的。大学的通识教育，要求学生在成为某一个领域专家的同时，具备这个时代的公用或公共知识，具有健全的判断力，尊重价值观与自己有差异的人。就此而言，世界文明史应该是当代中国高等教育中通识教育的理所当然的组成部分。作为通识的文明史课程，既能提供进入高等教育的成年人以一般性知识或常识，也能使得学生在知识的获得过程中，培养自己的根源性的意识与开放的心胸。文明史课程不仅在于介绍文明史的知识，更在于通过培养"文明的人"来涵养文明。文明在于意识到人与自然和谐共生的价值，在于承认并体会人类生活方式的多样性，也在于充分意识到人的共处的重要性。

胡传胜

2024 年 4 月 9 日

前　言

　　本书是为普通高等教育本科通识类课程而设计，也是杭州师范大学省级线上一流课程"世界文明史"的配套教材。近年来，教育部采取了一系列有力措施，加强高校通识教育。"世界文明史"作为杭师大核心通识课程在 2010 年首开，一直致力于探索通识教育的新路径新方法，并积极响应教育部提出的"新文科"建设倡导。在课程建设过程中，教学团队也深感已有世界文明史教材基本属于通史范畴，内容广博，无法在通识课有限课时中高效呈现，因此编著一本彰显文明的多元与共生，同时兼具思政性、趣味性、时代性的通识教材便成为课程建设所需。

　　2021 年习近平总书记创造性地提出"人类文明新形态"这一概念。根据这一概念的界定，本书从多元文明特质角度出发，在系统梳理"人类文明形态演变"的基础上，以"专题"重构世界文明史，精选环境、城市、战争、商贸、社会组织、体育、福利、全球化八个研究专题，提供人类文明"多元与共存"的连结纽带，揭示人类社会的命运共存。与此同时，人类文明史博大精深，在立德树人上具有独特优势。本书贯彻文明"育人"，从"人文精神、爱国主义、国际视野"三大维度将思政元素以案例形式融入专题之中，激发学生的家国情怀，透过世界文明发展的轨迹展现中国特色社会主义制度的优越性以及中国式现代化道路的成功性。此外，本书还与中学历史教育相衔接。中学历史教学均采用统编教材，由人民教育出版社出版的新版高中历史教材必修部分《中外历史纲要》采用通史叙事，而选修部分则分为"国家制度与社会治理""经济与社会生活""文化交流与传播"三大专题，大学师范教育需要作适当呼应。21 世纪全球史的勃兴推动学者们不断重新反思文明史。本书在专题选取以及融入世界史学科研究成果两方面因应了中学教改，力求将中学历史教育、大学通识教育、前沿学术研究进行一定程度的融合。

在内容设计上，每个专题都包含导言、正文（4~5 小节）、历史图片、史料阅读、问题探究、学习拓展、参考文献等。其中，导言主要介绍该专题的历史重要性及学习内容，帮助读者建立宏观认知。正文则分时段从古至今展现该专题的历史变迁，从而明晰每个专题作为多元文明纽带的连结作用及其在人类社会中的重要性。为改变学生对历史课程陈旧的刻板印象，本书在每个专题下设有历史图片、史料阅读、问题探究、学习拓展等栏目，在对专题内容深入探讨的同时，增加历史教材的趣味性。具体而言，历史图片、史料阅读、问题探究三部分，是正文内容的延伸，引导读者深入阅读和思考，"学习拓展"则是思政案例，重在立德树人。每专题最后的参考文献，不仅是该专题写作的主要文献来源，也是供读者扩展该专题知识与能力的重要参考资料。本书还配有丰富的线上数字资源，包括 480 分钟的慕课资源，以及教案、课件、题库、学术论文等。所有配套数字资源，详见智慧树官网（https://coursehome.zhihuishu.com/courseHome/1000078414#onlineCourse），或"知到"小程序，亦可扫描以下二维码观看。

本书是杭州师范大学历史系世界史教研室所有成员共同努力的成果，具体分工如下：专题一由周东华负责，专题二由刘宏焘负责，专题三、专题五由孙超负责，专题四由龚天惠负责，专题六、专题八由周真真负责，专题七、专题九由施华辉负责。全书框架以及统稿、校对等工作由周真真完成。由于学识有限，本书难免有疏漏不妥之处，敬请读者批评指正，本书再版时将予以修正。

周真真

2024 年 3 月 26 日

（智慧树数字资源）　　（"知到"小程序数字资源）

目录

专题一　人类文明形态的演变

北京大学历史学系马克垚教授指出，"我们还没有一部令人满意的世界史"，"所以不得已求其次，想编一部世界文明史作为代替"。[①] 要想编撰一部新的文明史，首先要弄清楚"文明"和"文明史"的演进，弄清楚人类文明形态的演变、人类文明的未来趋势。

如何看待"文明"和"文明史"？大概有两种思路。一种是以"西方"为论述出发点的思路，即将"文明"和"文明史"作为现代化进程中人类追寻文明的复杂思想历程，其起点是启蒙时代单数的文明概念，以西方文明为叙述主体，兼及非西方社会文明而成复数文明概念。另一种思路则打破"西方中心论"，从人类文明"多元"演进视角看待不同人类单元各自文明生长、发展、演进和彼此影响、共融共享或冲突过程。进入21世纪后，人类命运共同体日益彰显，多元文明和全球文明之间的和衷共济、和合共生和交流互鉴成为人类文明的未来。中国基于本国本民族独特的"文明"和"文明史"所作的"中国式现代化新道路"和"人类文明新形态"，既是"五大文明"和谐发展的"人类文明新形态"，也为人类文明未来发展提供了可资选择的新道路和新形态。

一

单数的"文明"及"文明史"

【 史料阅读 】

"文明"为 civilization 的汉译，系"和制汉语"，即日本人借用汉字翻译的欧美词汇，这些新汉语复经引入中国，成为现代汉语的有机部分。日本人借用"文明"译 civilization，而"文明"一词出自先秦汉籍，古义为文彩、光明，相对粗野、黑暗而言。中文"文明"有以下诸义：1. 光彩、光明。"见龙在田，天下文明。"（《易经·乾卦》）2. 文治教化。"柔远俗以文明，慑凶奴以武略。"（前蜀杜光庭《贺黄云表》）3. 文教昌明。"文明之世，销锋铸

---

① 马克垚. 为什么要编写《世界文明史》[J]. 北大史学，1998（1）：7–17.

镝。"（汉焦赣《易林·节之颐》）"求辟草昧而致文明。"（清李渔《闲情偶寄词曲下·格局》）。

综而言之，中文"文明"意谓文治教化昌明，与粗野愚昧、武略相对。"文明"与蒙昧、野蛮相对，与 civilization 义近。但 civilization 还有启蒙运动的"进步""发展"之义，这是日本人赋予"文明"之西语新义。"文明"一词在汉语中虽古已有之，但近代文明概念是西学东渐之跨文化传播的产物。晚清以降，经梁启超等启蒙知识分子倡言"文明"概念由东瀛输入而逐渐风行中土，成为一代又一代中国人追寻的现代化的核心目标。

文明（civilization）概念起源于 18 世纪启蒙时代，其拉丁词根 civis 则可以追溯到罗马时代。启蒙运动以降，随着现代欧洲的社会演进和思潮流变，"文明"概念经历了一个复杂而深刻的语义演变过程，其词义亦逐渐复杂多歧，成为一个承载了丰富而富有深刻张力之内涵的现代概念。

——高力克、顾霞：《"文明"概念的流变》，《浙江社会科学》，2021 年第 4 期。

"文明"概念最早出现于 18 世纪 60 年代法国老米拉波侯爵的著作中，"文明"一词意味着风尚之温和，生活城市化，彬彬有礼，高雅举止蔚然成风，遵从礼仪犹如法律等。civilization（拉丁语 civilitatem）法语源于宫廷贵族的"礼貌""有教养"；英语源于词根 civil，即"城市的""市民的"。但这一切仅仅是道德的表面现象，而不是其实质。"文明"概念与宫廷贵族的特性相联系。"文明化"的同义词是"有教养的""有礼貌的""开化的"，是指人类社会脱离野蛮的进步状态。

有了文明，也就有了文明史。1756 年，法国启蒙思想家伏尔泰（Voltaire，1694-1778）完成《论各民族的精神与风俗》（即《风俗论》）被认为是从西方视角出发兼及其他文明的文明史书写开端。伏尔泰用"文化"一词，考察四大文明古国的历史文化。然而，在全球知识交往并不发达的启蒙时代，仅凭西欧一隅的知识储备，显然难以写出一部真的复数文明史。这就使得伏尔泰的文明史更像一部政治史为主体的西欧中古史。

【问题探究】

文明史和通史的学习有什么联系和区别？

如果说伏尔泰的文明史书写代表以法国为中心的启蒙时代从"西方"出发的文明史书写，那么，几乎同时期的苏格兰启蒙运动代表，哲学家亚当·弗格森《文明社会史论》（1767 年）一书，则代表以英伦三岛为中心，亦从"西方"为出发点的文明史书写。弗格森在书中阐述了人类从"野蛮民族"到"文明国家"演变进化过程，"civil society"意指"文明社会"，与"野蛮社会""未开化社会"相对。按照 1828 年版的韦伯斯特《美国英语字典》解释，文明的行为或文明开化的状态，意指一种举止高雅，并且在艺术与学识上取得进步的状态。

19 世纪法国历史学家基佐在法国大革命后写了《欧洲文明史》（1828 年）和《法国文明史》（1829–1832 年）。其中，《欧洲文明史》共分 14 讲，是基佐根据 1828 年在巴黎大学授课时的讲义加工整理而成的。作者以简练、浓缩的手法成功地概述了欧洲文明的起源和发展，从 5 世纪一直写到法国大革命前夕。其主要内容如下：第一讲主要讲述欧洲文明的历史及法国在欧洲文明中所起的作用。基佐认为"文明"包括社会的发展和个人的发展两个维度，文明的历史根据此两个维度展开。他认为："文明……这个词的语源似乎是在明白而令人满意地回答：它是国民生活的不断完善，严格意义上的社会的发展，人与人之间的关系的发展。事实上，这是读出文明这个词的音来时人们所理解的第一个概念：我们立刻想到社会关系的扩展，最大限度的活动、最好的组织。一方面是不断增加生产给予社会以力量和幸福的一切资料，另一方面是把所产生的力量和幸福更加公平地分配给每个人。""它们已显示出了除社会生活的发展而外的另一种发展：个人的发展、内心生活的发展，人本身的发展，人的各种能力、感情、思想的发展。"这是对文明内涵的重大突破，对我们研究文明有着重要的启发。事实上，以后一些论证文明者还达不到这个水平，仅限于对社会和个人的某个方面做论述。

【问题探究】

基佐为什么把文明的两个要点定为社会的发展和个人的发展？

简言之，基佐的《欧洲文明史》（1828 年）是启蒙时代进步史观阐释"文明"的典型代表，其所主张的"文明"即社会和人性两个维度的普遍进步的观念，实际上就是一种以西欧为典范，进步主义和普遍主义相结合启蒙运动式的"文明"概念。这种一样"文明"观，对于明治维新初期急于"脱亚入欧"的日本来说，有着极大的吸引力。日本学者远山茂树在《日本史研究入门》中提到：在明治初期的所谓"文明开化"的浪潮中，曾流行一种名为"文明史"的历史，它是受了欧洲的基佐、斯宾塞等人影响，试图掌握日本社会史和文明史的沿革。福泽谕吉（1835—1901）是这一批日本学者的代表人物。

福泽谕吉认为"文明"有广义和狭义之分。狭义"文明"指的是单纯地以人力增加人类的物质需要或增加衣食住的外在表征；从广义看，"文明"不仅仅指人类的物质需求，即人类对衣食住行的追求与享受，更指的是人类理性需求的增长，即通过修身养性，砺智修德，提升高尚境界。福泽谕吉说："文明是一个相对的词，其范围之大是无边无际的，因此只能说它是摆脱野蛮状态而逐步前进的东西。"显然，福泽谕吉用西欧启蒙时代的进步话语将"文明"界定为人类"摆脱野蛮状态而逐步前进的东西"。为印证其"文明"观念，福泽谕吉也使用"野蛮""半开化""文明"这一启蒙时代惯常的文明等级论，将之视为世界公认的知识与理性表述。由此出发，非洲、大洋洲等属于野蛮区；中国、日本、土耳其属于半开化国家，而欧美各资本主义国家则属于最高等级的文明国家。福泽谕吉提出，日本若要进步，必须文明，即欧化。他说："现在世界各国，即使处于野蛮状态或是还处于半开化地位，如果想使本国文明进步，就必须以欧洲文明为目标"。当然，这种观念，与19世纪风行的社会进化论也有密切联系。

图1-1　进化

19世纪中期，达尔文进化论的提出为启蒙时代以来的"进步史观"提供了坚实的科学基础。"物竞天择、适者生存"的生物进化法则很容易被应用到自然界和人类社会的方方面面，形成有关人类社会演进的庸俗进化论。为规避这种简单化倾向，英国生物学家赫胥黎在《进化论与伦理学》（1894年）中引入"伦理道德"，区分宇宙过程与伦理过程，以此弥补庸俗进化论对优胜劣汰、适者生存的过度强调与解释。

赫胥黎认为，人类社会演进是一个长期进化过程。他说："只要我们称之为科学知识的那种对事物的性质的有限揭露还在继续进行，它就会越来越有力地使人相信不仅植物界而且动物界。不仅生物而且地球的整个结构。不仅我们的行星而且整个太阳系。不仅我们的恒星及其卫星而且作为那种遍及于无限空间并持续了无限时间的秩序的证据的亿万个类似星体，都在努力完成它们进化的预定过程。"初期人类的自然状态属于宇宙过程，而社会进化的本质是文明的演进，"文明向前演进的过程，即通常所说的'社会进化'事实上与自然状态下物种进化的过程和人为状态下变种进化的过程，在性质上存在着根本差异。"文明意味着伦理法则与丛林法则的对立。所谓"文明人"本质上即脱离自然状态的"伦理人"，"猿与虎的生存斗争方式与合理的伦理原则是水火不容的"。赫氏强调，"社会的道德进步既不是靠仿效宇宙过程，更不是去逃避它，而是与之进行斗争"，"文明的历史详述了人类在宇宙中成功建立人为世界的步伐。"赫胥黎的伦理进化论文明观，反对庸俗进化论滥用达尔文生存竞争的自然选择理论。他提出的"文明"即人道，文明脱离野蛮，是一个伦理超越自然、人道战胜丛林法则的过程，概言之，"文明"是人类超越自然的人道化和伦理化。

郭双林教授在《近代英美等国文明等级论溯源》一文中指出：作为一种19世纪初开始风行于英美等国的殖民主义学说，文明等级论把全世界不同国家和地区的不同民族的不同发展水平划分为不同的等级，这一学说通过进入中学地理学教科书而转化为西方各国国民的常识，并伴随殖民主义的扩张流传至世界各地。按照他的研究，可以毫不夸张地说，在几乎长达一个世纪的时间里，一种从蒙昧到文明的单线进步观念是美国中等教育标准的一部分，也是英国乃至整个欧洲中等教育标准的一部分。不论是哪一种文明等级论模式，除个别情况外，基本不出蒙昧、野蛮、半文明、文明和开化五个层级。澳大利亚和新西兰的土著部落、北美洲的许多印第安人部落、南美洲不同地区的印第安人、非洲大多黑人部落仍然处在蒙昧状态。野蛮国家或野蛮民族居住在大沙漠，如居住在阿拉伯半岛以抢劫为生的贝都因人部落；阿富汗人和其他好战的波斯部落和民族，许多印度部落因为英国士兵的到来才远离了劫掠和杀戮；鞑靼也被尚处在野蛮状态下的部落所占据；太平洋岛屿和印度群岛仍然被那些处于野蛮状态的部落居住着，尽管他们通过与欧洲诸国家频繁的交流而有所进步。大部分半文明民族属于蒙古人种，如中国人、日本人、波斯人、土耳其人和印度人是半文明人。半文明国家（民族）至少具有如下特征：第一，农业和一些出色的制造技术已经达到一个非常完美的程度，但是对科学、文学和外贸却几乎一无所知。第二，政府均极其专横，法律常常被随意践踏，人民非常安静、勤劳，同时也驯服、懦弱，非常容易被野蛮的邻国征服。第三，在许多生活习惯方面，尤其是在奴役和限制他们的女性方面，还很野蛮。第四，对陌生人嫉妒，很少进步。第五，具有从半文明走向文明的可能性。文明国家（民族）主要分布在欧美，如美国、英国、法国、瑞士和德国等。文明国家（民族）至少具有如下特征：第一，农业已经技术化和科学化，制造业规模宏大，文学、科学和所有的技术已经达到一种非常高的水平，商业遍布全球。第二，军事技术是如此娴熟，以致几乎世界所有的岛屿和海岸都被殖民化。第三，在知识方面进步迅速，拥有大学、教堂、医院、中学和许多其他有用的机构。第四，他们对待女人就像同伴。第五，无论贫病弱衰苦，人们均能在住、衣、食、职业、医疗和其他方面得到他们所需要的保障。第六，在那些尚未开化的文明民族，有许多习惯仍然很野蛮，大多数人保留了极其明显的愚昧现象。由此看来，文明等级论犹如一座金字塔，开化和文明国家（民族）居于顶端，蒙昧和国家（民族或部落）居于底层，半文明国家（民族）夹在中间，这是一种典型的等级结构。同时，由于每一层级都有明确的指称对象，所以其中隐含了一幅世界文明地图，一种殖民主义者的世界模式。

进入 20 世纪后，引以为傲的"文明"国家为争夺资源和利益发生惨烈的世界大战。第一次世界大战让欧美开始认识到基于单线进化论和文明等级论的西方"文明"其实并不文明，德国中学教师斯宾格勒甚至发出《西方的没落》感慨。到 20 世纪 30 年代，资本主义世界固有矛盾激化和世界性经济危机之下，欧美世界很快再次爆发世界大战。西欧的没落和美国的崛起，催生了以美国为中心的、具有强烈意识形态特征的"美式民主""美式道路""美国文明"学说。以罗斯托为代表，在论述人类社会从传统走向现代过程中，将"美式道路"视为人类社会未来发展的唯一道路。这种论调，其实是 19 世纪以来单线论"西方文明"的翻版，是没有"传统"的"美式文明"对"传统与现代"的误解。对此，甚至于倡导现代化研究的布莱克等学者也有不同看法，"传统的形式对现代时期具有很大的影响。以前的传统的消亡并不证明取代这种传统的现代化形式能生存下去。在任何社会内，一切比较现代的特点都是由以前的特点变革而来的"。单线、单数的"文明"概念其实是西欧中心论及 20 世纪"美国中心论"幽灵的复活。

【学习拓展】

在中国特色社会主义视域下，简要阐述你对文明的理解。

二

复数的"文明"及"文明史"

启蒙时代的进步论"文明"概念聚焦于人类社会与人性的发展，这一阐释人类社会进步的普遍主义的单数"文明"概念，到 19 世纪下半叶，英法成为代表先进的西方现代文明的典范，"进步"的工业西方则成为"文明"的化身。在欧洲的社会研究领域，历史学奉行以西方的进步为视角的文明史研究。1850 年以后，随着帝国扩张的进程，研究西方以外的世界成为社会的需要，而历史学等研究普遍规律的社会科学并不是研究非西方世界的合适工具，于是人类学与东方学应运而生。人类学关于非西方地区原始的"野蛮社会"的发现，东方学关于非西方古代文明大国的研究，使得复数的文明概念由此兴起。马克斯·韦伯不仅以《新教伦理与资本主义精神》开现代化理论之先河，而且有比较文明研究的杰作《中国宗教：儒教与道教》《印度宗教》《古犹太教》问世。

　　1918 年，第一次世界大战硝烟散尽，寂寂无名的德国中学教师斯宾格勒（图 1-2）出版了他在战争中写就的伟大的历史哲学著作《西方的没落》。"这部火山般热烈的自以为是的历史哲学"，宣告了西方文明的深刻危机。

图 1-2　奥斯瓦尔德·斯宾格勒

　　斯宾格勒从歌德处汲取了方法，并汲取了尼采的怀疑精神，创立了其文化形态学的历史哲学。斯氏的历史哲学是一种悲观的"宿命的哲学"。他否认历史的连续进步，以文化为历史研究的单位，并以跨社会的世界文化比较研究，取代了古代、中世纪、近代演进的历史研究。他认为一切文化都要经历"前文化""文化""文明"三个阶段，周而复始，循环往复。这一文化的宿命就是历史的本质。世界历史上有八种文化，即西方文化、埃及文化、巴比伦文化、印度文化、中国文化、古典文化、阿拉伯文化、墨西哥文化，除西方文化外，其他七个文化都已衰亡，而成为无历史、无生机的存在。西方文化则处于"文明"早期的"战国时期"。

　　斯宾格勒发展了德国历史主义之"文化"与"文明"二分法，即以德国"文化"反抗英法"文明"的历史观。斯宾格勒的文化形态史学表征着欧洲思想史上文明观的重大转折。他的文明观祛除了"文明"作为人类历史进化总目标的启蒙主义的价值意涵。其宿命论色彩的文化形态史学把"文化"视为一种有机结构和历史形态，而把"文明"归为"文化"之周期性演化的衰亡阶段。他以世界八大文化及文明比较研究的复数文明概念，代替了启蒙运动的线性进化的单数文明概念，并且以悲观而贬义化的"文明"概念，否定了启蒙运动的文明史观。

奥地利心理学家弗洛伊德在《文明及其缺陷》中，从文明的发展和人性的本能之间的联系与对抗的基本观点出发对文明的本质、起源、作用和弊端进行了深入而辩证的心理学探讨。

弗洛伊德认为，文明就是所有使我们的生活不同于我们的动物祖先的生活之成就和规则的总和。"文明这个词描述了人类全部的成就和规则。这些成就和规则把我们的生活同我们动物祖先的生活区分开来，并且服务于两个目的——保护人类免受自然之害和调节他们的相互关系。"弗洛伊德指出："所谓人类文明，对此我的意思就是，人类生命从其动物状态提升而来，而且不同于野兽生命的所有那些方面。"按照弗洛伊德的观点，文明的本质有两点：一是文明是人类生活脱离动物界的人文性的成就和规则；二是文明的发展不可避免地以抑制人性的本能为代价。启蒙时代以来大多数文明论者都对第一点有所认识，而很少认识到第二点。与基佐的人类进步的文明观相比，弗氏所谓"文明"在人类摆脱野蛮的进步成就之外，还意味着社会规则抑制人性本能的规制及其与人性的冲突，从而深刻地揭示了文明正反两面的辩证法。

享有"近世以来最伟大的历史学家"之誉的英国历史学家汤因比，在其12册巨著《历史研究》中，以文明为历史研究的单位。汤因比认为，文明即社会，文明是近6000年来社会的高级形态。6000年人类历史可划分为21个文明：埃及、苏美尔、米诺斯、古代中国、安第斯、玛雅、赫梯、巴比伦、古代印度、希腊、伊朗、叙利亚、阿拉伯、中国、印度、朝鲜、西方、拜占庭、俄罗斯、墨西哥、育加丹。其中前6个是产生自原始社会的第一代文明，后15个是派生性的亲属文明。汤氏的"文明"史，不仅具有数千年从"原始社会"到"文明社会"演化的时间向度，而且具有全球21个文明的空间向度。

汤因比认为文明包含政治、经济、文化三个方面，其中文化构成一个文明社会的精髓。文明即挑战与应战，"创造文明是由于人类对于一种特别困难的挑战进行了应战"。在他看来，文明由成功应战而生长，因无力应战而衰落。因此，文明犹如有机体，有其周期性的兴衰过程。汤因比的文明概念，以及"挑战—应战"的文明观，着眼于"社会"以及人类与环境之互动关系来阐释"文明"，以及用文明史代替国别史叙述方式，建构了一个基于复数文明概念的历史哲学。从他的悲观的文明周期理论和批判现代文明的反启蒙倾向，不难看出斯宾格勒之文化形态史学的深刻影响。

1936年，德国著名社会学家诺贝特·埃利亚斯在其风靡西方的《文明的进程》中追溯了中世纪以来欧洲人日常生活中行为标准、心理特征的演变过程与国家建构过程中"文明"的演进。埃利亚斯指出，"文明"这一概念涉及完全不同的东西：技术水准、礼仪规范、宗教思想、风俗习惯以及科学知识的发展等等，它既可以指居住状况或男女共同的生活方式，也可以指法律惩处或食品烹饪，几乎每一件事都以"文明"或"不文明"的方式进行着。文明"这一概念表现了西方国家的自我意识……它包括了西方社会自认为在最近两三百年内所取得的一切成就，由于这些成就，他们超越了前人或同时代尚处'原始'阶段的人们"。它表达了"他们的技术水准，他们的礼仪规范，他们的科学知识和世界观的发展等等"。埃利亚斯强调，所谓"文明"特指现代西方文明。他指出，"文明"一词的含义在西方国家各民族中各不相同。在英法两国，这一概念集中地表现了这两个民族对于西方国家进步乃至人类进步所起作用的一种骄傲；而在德国，"文明"则是指那些有用的东西，仅指次一等的价值，即那些包括人的外表和生活的表面现象。埃利亚斯的文明概念，也看到了作为复数的文明。

法国最著名的历史学家费尔南·布罗代尔在《文明史纲》中追溯了"文明"一词的概念史，认为法语中"文明"是个 18 世纪出现的新词，"一般指与野蛮状态相对立的状态"。此外，法语中"文明"至少是一个双义词，"它既表示道德价值又表示物质价值"。布罗代尔进而指出了"文明"概念从单数形式到复数形式的演变。单数形式的文明概念是一种典型的 18 世纪的概念，即与进步的信念相关而仅为某些特权民族或特权集团所拥有。1819 年前后，"文明"一词开始被用作复数形式；到 20 世纪，文明概念某种程度上已摒弃了关于文明好坏的价值判断。复数的"文明"，是一个时期或一个群体的集体生活所共有的各种特征。

对布罗代尔来说，"文明"的本质在于社会、城市与宗教。他说："社会与文明永远是不可分离的（而且反之亦然）：两个概念指的是同样的一个现实。""文明"的标志是城市，"文化和文明之间这些区别的最明显的外部标志，无疑就是存在和不存在城市。在文明阶段，城市大量存在；而在文化之中，城市仍然处于萌芽状态。""文明"的核心是宗教，"宗教是文明中最强有力的特征，始终是过去和今天的文明的中心问题"。

布罗代尔还指出，文明化并不等于西方化。在他看来，由西方输出的"工业文明"仅为整个西方文明的特征之一而已，世界接受了它，并非就是在接纳西方文明之整体。各个文明的历史实际上是许许多多世纪不断地相互借鉴的历史，尽管每个文明一直还保留着其原有特征。所谓"工业文明"正处于合成一个能够容纳世界整体的共同文明的过程之中，所有文明已经、正在或将要受到它的冲击。然而，即使假定世界上所有文明或早或晚终将采纳相同的技术，即使人们的生活方式因此也部分地趋同，我们在长时期内仍然将面对事实上非常不同的各种文明。长时期内"文明"一词仍将既用作单数形式又用作复数形式。

布罗代尔的"文明"理论揭示了从单数文明概念到复数文明概念的语义演变。单数文明概念具有古今演进的时间向度，意指人类社会脱离野蛮状态而由低级向高级的普遍进步，它凝聚着启蒙精神的理想并具有鲜明的西方色彩；复数文明概念则具有东西多元的空间向度，其涵括全球各族群独特的生活方式，这种复数形式的文明概念成为一种去价值化的中性的历史描述性概念。布氏辩证的文明观强调，文明化并不等于西方化。由西方肇端的工业文明的全球进程伴随着各民族多元文明传统的存续和复兴。文明概念的单数形式与复数形式之复杂演变和并用，显现了"文明"包含着人类普遍"进步"与民族特殊"传统"的辩证张力。

【问题探究】

你认为中华文明属于"单数文明"还是"复数文明"呢？

三

从"多元"到"全球"的"文明"及"文明史"

1996 年，美国政治学家塞缪尔·亨廷顿，以后冷战时代国际政治中"文明的冲突"的预言，而成为当代西方最有影响力的思想家。在《文明的冲突与世界秩序的重建》中，亨廷顿梳理了 18 世纪以来复杂多歧的"文明"概念，形成了其独特的文明观。他指出，人类的历史是文明的历史。文明的观点是由 18 世纪法国思想家相对于"野蛮状态"而提出的。文明社会不同于原始社会，因为它是定居的、有城市的和识字的。文明化是好的，非文明化是坏的。文明的概念提供了一个判断社会的标准，而多元文明的概念意味着摈弃单一的文明判准，而认为世界上存在着多种文明。亨廷顿认为，"一个文明是一个最广泛的文化实体。……文明是人类最高的文化归类，人类文化认同的最广范围，人类以此与其他物种相区别。"文明既根据一些共同的客观因素如语言、历史、宗教、习俗、体制来界定，也根据人们主观的自我认同来界定。一个人所属的文明是他与之强烈认同的最大的认同范围。文明是最大的"我们"，在其中我们在文化上感到安适，因为它使我们区别于其他所有的"各种他们"。文明演变着，调整着，是人类最持久的结合。文明的独特性是其长期的历史连续性。当代世界的主要文明，包括中华文明、日本文明、印度文明、伊斯兰文明、西方文明、拉丁美洲文明和非洲文明。①

图 1-3　塞缪尔·亨廷顿：《文明的冲突与世界秩序的重建》，新华出版社 2018 年版

　　亨廷顿指出，"普世文明"可以指文明化社会共有的因素，如城市和识字，这些使其有别于原始社会和野蛮人。18 世纪，"文明"一词的特定意义的凝练与其在整个人类历史上的逐步传播，与多元文明的存在并不矛盾。"西方化"并不等于"现代化"，西方远在现代化之前就已经具有了那些西方文明的特性：如古典遗产、天主教与新教、精神权威与世俗权威分离、法制、社会多元主义、代议机构、个人主义等。西方率先实现了现代化，但是"现代化并不一定意味着西方化。非西方社会在没有放弃它们自己的文化和全盘采用西方价值、体制和实践的前提下，能够实现并已经实现了现代化。西方化确实几乎是不可能的……现代化加强了那些文化，并削弱了西方的相对力量。世界正在从根本上变得更加现代化而更少西方化"。亨廷顿强调，西方文明并不是"普世文明"，它是西方历史的独特产物。西方文明不同于其他文明之处，在于其价值观与体制的独特性。这些特性使西方得以创造现代性，在全球范围内扩张，并成为其他社会羡慕的目标。西方文明的价值不在于它是普遍的，而在于它是独特的。西方领导人的责任不是试图按照西方的形象来重塑其他文明——这是正在衰落的西方力所不能及的，而是护存和复兴西方文明独一无二的特性。

　　亨廷顿梳理了 18 世纪以来"文明"概念的各种复杂多歧的语义，阐释了关于"文

---

① 高力克，顾霞．"文明"概念的演变 [J].浙江社会科学，2021（4）．

明"的各种充满矛盾的问题，如单一的文明与多元的文明、普世文明与特殊文明、西方化与现代化、西方文明与非西方文明的关系。他的西方文明不等于现代文明、现代化不等于西方化、西方文明不是普世的而是独特的观点，摒弃了启蒙时代以来的西方中心的、线性进步的文明观，破除了现代化等于西方化的迷思，以多元文明的视角，预见了后冷战时代"文明的冲突"的世界历史演化趋势。[①]

【问题探究】

亨廷顿梳理的 18 世纪以来"文明"概念的各种复杂多歧的语义，包括哪些？

【史料阅读】

历史上的诸文明并不是封闭的体系，它本身在不断地变动，同时各文明之间也在不断地交流。文明的交流是指组成文明的诸因素，如语言、宗教、科学、技术、政治经济组织、风俗习惯等，在不断地进行传播和接受，它们在形成文明纵向发展的同时，横向上也在相互运动，这是使文明变化的一个重要原因。文明的交流，使各文明创造的成果在短期内即为人类共享，而不必再去重新发现，因此使人类文明前进的步伐大大加快，这是使人类文明进步的重要原因。文明的交流并不是一帆风顺的，它时常要遇到各种阻碍、挫折、冲突，这也就是文明发展进程有时不能快捷，反而延缓的重要原因。

——马克垚主编：《世界文明史（上）》，北京大学出版社 2016 年版

进入 21 世纪后，在长时段研究的再次兴起、普遍史的回归和全球史的兴起等史学实践影响和推动下，一些学者围绕雅斯贝尔斯的"轴心时代"或"轴心文明"重新反思和改写文明史，主张多元文明并存、融合和发展，甚至针对启蒙时代的单数的"文明"内核的"现代性"一词，也用复数的"多元现代性"或"可替代的现代性"等词取代。有学者甚至提出运用全球比较历史证据来系统评估"轴心时代"理论。

早在 2001 年，艾森斯塔特、约翰·阿纳森、比约恩·维特洛克等学者就注意到，"现实世界的高位文化和低位文化之间存在着本体论意义上的区别，存在着低位对高位的有规则的从属关系。""就最基本层面而言，认识转型与围绕人的存在的最基本方面的阐释相关，具体来说，与人的反思性（reflexivity）、历史性（historicity）、能动性（agentiality）相关。""这些能力表现为人类反思世界的能力，以及赋予世界不同景

—————————

① 高力克，顾霞. "文明"概念的演变 [J]. 浙江社会科学，2021（4）.

象的表现能力，也就是把此时此地观察到的世界景象想象成另一种情状的可能性的能力。"罗伯特·贝拉在《人类进化中的宗教：从旧石器时代到轴心时代》中认为，轴心时代的宗教和伦理是人类整体进化的主要驱动力，而艾森斯塔特则将文明的突破与社会分工、价值行为规则、社会秩序以及制度定型整合起来分析跨区域的社会转型，由此，避免了将现代化等同于西方化、世俗化、文化同质化。多元现代性，进而成为学界最有影响的"文明话语"。

多元现代性或多元文明的概念，也将文明史的书写推向脱离"民族国家"藩篱，以"社会单位"或"全球"视角来撰写人类及其所处环境的文明演进新征程。这样一种文明史书写实践，以威廉·H.麦克尼尔与他的儿子约翰·R.麦克尼尔于2003年出版的《麦克尼尔全球史：从史前到21世纪的人类网络》为代表。

威廉·H.麦克尼尔，是当代著名的历史学家，被誉为"20世纪对历史进行世界性解释的巨人"，以其《西方的兴起：人类共同体史》一书为读者所熟知。他其他的著作，如《瘟疫与人：传染病对人类历史的冲击》《世界史：从史前到21世纪全球文明的互动》也为人们所熟知。其子约翰·R.麦克尼尔，美国乔治敦大学历史学教授，致力于环境史研究，曾出任美国环境史学会主席、美国历史学会副会长，著有《阳光下的新鲜事：20世纪环境史》，是《麦克尼尔全球史：从史前到21世纪的人类网络》（该书原名《人类之网：鸟瞰世界历史》，以下简称《麦克尼尔全球史》）创作计划的最初提议者。

《麦克尼尔全球史》围绕"网络"这一主题，按照时间顺序，从人类祖先"从树上下到地面之后开始的人类成长历程"开始，直至当今时代，并以麦克尼尔父子对未来的宏大"网络"图景的展期结束，具体考察了人类历史演进、文明发展过程中编织的大大小小的网，这种网"就是把人们彼此连接在一起的一系列的关系"。作者认为人类是通过各种各样表现形式的关系彼此交换信息，并在这些信息传播、用以指导行动的过程中塑造人类历史，"通过这些网络，各种各样扩大个人的尤其是集体的财富与力量的创新和共同努力，呈现出连续不断并到处传播的倾向"。作者注重人类社会各文明间的交往与互动，将这种互动与联系视作历史演进的力量所在，强调互动者互为主体，反对任一文明为中心的观念，以"网"本身为核心，不同文明之间及文明内部的互动、发展、竞争的力量均可归结于"网"的存在。

全书共分为九章。导论部分作者提出全书主题——"网络与历史"，接下来在第一至第八章细腻勾勒出人类交往对世界历史的影响。在第一章，作者提出观点：从新石器时代开始，随着人类社会语言、歌唱、舞蹈等独特的交往方式的发明，人类这一物种凝聚力增强，从而为遍布世界奠定基础，接下来在第二至第五章，人类经过对自然环境不断适应后，逐渐形成最初的文明，这些具有鲜明的地区特色文明集中诞生在中国、印度、两河流域、埃及四个人口聚居区，但是文明之间相互不断交流碰撞，文明内部也具有很多共性的特征，从这时开始人类历史愈加明显地呈现出人类文明及各大洲的文明之网逐渐开始勾连编织的特点。作者特别指出，在1000—1500年世界主要呈现的特点是旧大陆网络中心地区相互作用联系不断增强。从第六章开始，人类历史进入15世纪，随着船只建造技术、航海技术的提升，"世界上以往各个分隔的网络融为一体，此外，尚有许多以前网络之外的地区也融入进来"。并且，在此之前数世纪以大陆为核心的经济繁荣，逐步随着"这种网络融合和扩张使世界发生了一种内外倒置的现象"，沿海地区逐渐呈现出比内陆更为繁盛的经济现象，并且时至今日世界著名港口城市仍是许多国家的经济金融中心，这种越便于与外界交流的地区越获得更多发展机会的倾向，正体现了麦克尼尔反复强调的"人类之网"。七、八章细腻地刻画了18—20世纪人类经历的工业革命、持续几千年的奴隶制废除。在旧世界束缚逐渐瓦解的历程中，人类经历了两次世界大战、冷战等前所未有的冲突，在这数个世纪中，革命性的通信技术飞速发展，并经历了"人类社会最为重要的变化，城市化和人口增长"。最后一章与前述章节风格迥异，独具匠心，两位作者描绘了自己对未来宏大图景的理解，并对人类的"网络"作了展望。《哥伦布大交换》的作者阿尔弗雷德·克罗斯比称："如果你只想读一本书来了解世界历史，那么，这本书就是你想要的。"

《麦克尼尔全球史》一书呈现出以下三个特点。第一，它发展了老麦克尼尔有关人类文明与文化之间的共存交流的观点。老麦克尼尔从写作《西方的兴起》开始，便一直强调"世界历史的发展主要归功于各文明、文化之间的相互交流、相互作用"。但这种相互联系是不同文明、地区之间的线性联系，其虽然关注到彼此的互动，但对不同地区整体、系统的联系关注不足。在这本书中，麦克尼尔父子强调不同文明间的交流互动依靠"网络"这一载体，才可以在不同时期、不同地区、群体间进行，人类历史中扮演核心角色的是相互交往的各种网络，而非一个个发展程度相对较高的文明区，人类与自然、环境共同交织在整体的网络中发展变化，并且，作者将人类历史的发展概括为网络变化的过程，早期人类通过语言、歌唱、舞蹈等交往方式，逐渐形成具有强大凝聚力、相互协调性的群体，并使人类可以散布到地球表面更为宽广的地区，正是从此时开始诞生了第一个纤细、颇为松散的世界性网络。距今约12000年前，随着农业不断兴起，人类更倾向于定居生活，并开始形成村社，更为紧密的新型网络也因此不断编织。公元前3500年，某些地区形成集中的村落并孕育发展成城市，以这些城市为核心的"大都市网络"逐渐发展起来。大约在2000年前，从原始时期开始不断发展过程中最大规模的旧大陆网络体系形成，借助这一涵盖欧亚大陆和北非的巨大网络，被覆盖地区的文明迅速发展，交往明显增多，文明间的互动碰撞也明显增强。作者对这一部分的历史梳理更加印证了网络推动历史发展的观点。从 15 世纪开始，海洋网络体系的构建与联结，将各个网络联结成单一的世界性网络。随着 18、19 世纪的工业革命交通、通信技术的发展，20 世纪大范围经济危机、两次世界大战，"全球化"时代终于到来。

第二，麦克尼尔父子注重不同时期、不同维度的网络，这些网络不是线性的、后者完全取代前者的关系，而是相互交织发展。比如公元前 3500 年便形成的"大都市网络"，时至今日仍然是联结世界各地的重要网络；而在前一网络发展过程中，新的网络同时形成，甚至或呈现更为迅猛的发展态势。比如，比起"大都市网络"，"通信技术的网络"更加举足轻重。这种多层次、多维度思考人类历史的思路，体现了他们对文化多样性和统一性的思考。

第三，该书将人类历史置于整体的地球环境中看待，后者是人类生活中不可或缺的一部分。从最初对自然资源依赖、开发、获得，到开始出现人类文明，对自然适应程度高的地区相应孕育出更为成熟的文明，成为人类早期的文明鼎盛区域。后期随着对海洋的开发与适应，人类社会的活动范围进一步扩大，人类社会联结的"网络"也进一步扩大。同时，在人与自然产生联系的过程中，地球生态环境也随着改变，瘟疫、物种交换、自然灾害同时也在不停地冲击、影响着人类历史的走向，改变着"双络"的形态。

【问题探究】

联系《麦克尼尔全球史》"网络"理论，分析中华文明与其他文明的互动、发展、竞争关系。

四

"民族的与世界的"人类文明形态

在英法语言中，"文明"意味着人类脱离野蛮状态，即生活方式之城市的、文雅的和有教养的。经过启蒙运动的洗礼，"文明"被赋予社会进步的意涵，基佐的进步论文明概念集启蒙时代文明观之大成，把"文明"归为人类社会进步的本质，即社会与人性的发展。这种启蒙运动式的单数文明概念意谓英法现代化转型所预示的人类普遍的进步趋势。赫胥黎把"文明"归为伦理法则战胜宇宙法则的社会进化，亦传承和发展了启蒙时代的文明观。基佐的文明史观深刻影响了福泽谕吉的文明论，从而推动了日本"文明开化"的现代化进程。

19世纪中叶以后，随着工业化时代资本主义矛盾的凸显，社会科学中人类学和东方学的兴起以及德国浪漫主义和历史主义之"文化"概念的挑战，"文明"概念发生了深刻的流变，其在斯宾格勒那里意谓"文化"衰退的宿命式的结果，且成为一个多元的复数概念。从基佐的英法式启蒙的、单数形式的进步论"文明"概念到斯宾格勒的德国式批判的、复数形式的衰退论"文明"概念，表征着"文明"概念的深刻裂变。斯氏文明观的影响，在汤因比的多元论文明史观的反启蒙倾向中清晰可见。18世纪的单数文明概念是一种具有人类普遍之"进步"价值意涵和英法中心的价值优越感的概念。相反，斯宾格勒和汤因比的复数文明概念则看似是一个类似"社会"的中性的描述性概念，而实为一个衰退性的贬义词。在20世纪，代启蒙时代之人类进步的宏大叙事式的单数文明概念而兴的，是祛价值的中性的历史描述性的复数文明概念。

弗洛伊德将"文明"归为人类生活超越其动物祖先的成就和规则，并从心理学层面深刻地揭示了文明与人性冲突的文明辩证法。埃利亚斯从中世纪以来欧洲日常生活和国家建构的过程追溯了"文明"演进的历程，从而揭示了文明概念演变中社会史和观念史的交互影响。布罗代尔揭示了"文明"的时间向度与空间向度，并且基于复数文明概念勾勒了一部包括伊斯兰世界、非洲和远东之文明的非欧文明与包括欧洲、美洲和东欧及俄国之欧洲文明的人类文明史。

在20世纪末，亨廷顿揭示了西方文明的独特性，并指出"西方文明"不等于"现代文明"，亦不是"普世文明"；"现代化"并不等于"西方化"，非西方文明的现代化不会摈弃其自己的文化特性。2001年"9·11"事件促使西方世界，尤其是美国学者反思亨廷顿的"文明的冲突"理论。"东方主义"的提出者萨义德（图1-4）于2001年10月在美国《国家》(*The Nation*)杂志发表《无知的冲突》一文，指出：1993年夏，塞缪尔·亨廷顿的文章《文明的冲突》在《外交事务》(*Foreign Affairs*)发表，明确提出："我的假设是，这个新世界的冲突的根本来源主要不会是意识形态上的，也不会主要是经济上的因素。人类之间的巨大分歧与冲突的主要来源将会是文化上的。在世界事务中发挥最强大作用的仍将是民族国家，但是，全球政治的主要冲突将发生在属于不同文明的国家和群体之间。文明的冲突将主导全球政治。文明之间的分界线将成为未来斗争的前线。"为证明其观点，亨廷顿论述了所谓的"文明身份"和"七或八个主要文明之间相互作用"，并聚焦于伊斯兰教与西方之间的冲突。萨义德认为亨廷顿的观点并无新意，源自伯纳德·刘易斯于1990年发表的《穆斯林愤怒的根源》一文。在这两篇文章中，如此多的国家、族群被划分至"西方"和"伊斯兰"这样两个阵营中去，两位作者都肆无忌惮地使用这两个词语，仿佛身份和文化等极其复杂的问题存在于简单的二元对立中。两位作者没去处理存在于每个文明内部各种力量之间的相互关系以及其中的多元性；没有去考虑这样一个事实：各种现代文化最重要的论战题目之一便是怎么去定义或者解释各自的文化；也没有考虑，在那种为整个宗教或文明代言的行为里，可能掺杂着怎样严重的煽动行为以及彻头彻尾的无知。

图1-4　爱德华·萨义德（1935—2003）

【问题探究】

什么是东方主义？

在这样的背景下，从"大历史观"出发，真正从"文明"内部及其特质角度出发思考多元现代性和多元文明、思考"全球"中的文明交流互鉴和共同命运、肯定非西方文明的发展模式和道路选择，重新书写文明史，成为普遍的取向。麦克尼尔父子的文明史做了很好的尝试，但他们在第三章中描述人类早期各种文明兴起时，仍然集中描绘四大文明和游牧民族，对世界其他地区的文明关注较少；即便与《西方的兴起》相比已经加大了对大洋洲、西伯利亚、撒哈拉沙漠以南地区的关注，但对进入18世纪后关于人类整体历史的叙述，仍以西方兴起的工业革命为代表的工业化对人类历史产生的影响为核心展开。这种"中心与边缘"的描写角度不免呈现出西方主导和强势的痕迹，与新全球史中呈现出来的对人类社会化的鸟瞰式全景相比，仍然略显不足。

2021年，习近平总书记创造性地提出"中国式现代化新道路"和"人类文明新形态"这一对概念。习近平总书记在庆祝中国共产党成立100周年大会上发表重要讲话，总结了中国共产党百年奋斗史，提出："我们坚持和发展中国特色社会主义，推动物质文明、政治文明、精神文明、社会文明、生态文明协调发展，创造了中国式现代化新道路，创造了人类文明新形态。"①按照习近平总书记的论述，所谓的"人类文明新形态"是"物质文明、政治文明、精神文明、社会文明、生态文明"这五大文明和谐发展的文明形态，在人类走向这一"文明新形态"时，既可以兼容并包，学习既往的人类文明，也可以恪守民族特色，创造性发挥本民族本国家的文明形态。

这一论点，在2021年7月6日于北京召开的中国共产党与世界政党领导人峰会上，再次得到有力阐释。习近平总书记指出："人类是一个整体，地球是一个家园。面对共同挑战，任何人任何国家都无法独善其身，人类只有和衷共济、和合共生这一条出路。"②"我们要本着对人类前途命运高度负责的态度，做全人类共同价值的倡导者，以宽广胸怀理解不同文明对价值内涵的认识，尊重不同国家人民对价值实现路径的探索，把全人类共同价值具体地、现实地体现到实现本国人民利益的实践中去。"③"在人类追求幸福的道路上，一个国家、一个民族都不能少。世界上所有国家、所有民族都应该享有平等的发展机会和权利。我们要直面贫富差距、发展鸿沟等重大现实问题，关注欠发达国家和地区，关爱贫困民众，让每一片土地都孕育希望。"④"我们要担负起完善治理的责任，不断增强为人民谋幸福的能力。通向幸福的道路不尽相同，各国人民有权选择自己的发展道路和制度模式，这本身就是人民幸福的应有之义。民主同样是各国人民的权利，而不是少数国家的专利。实现民主有多种方式，不可能千篇一律。一个国家民主不民主，要由这个国家的人民来评判，而不能由少数人说了算！我们要加强交流互鉴。"⑤"中国共产党坚持一切从实际出发，带领中国人民探索出中国特色社会主义道路。历史和实践已经并将进一步证明，这条道路，不仅走得对、走得通，而且也一定能够走得稳、走得好。我们将坚定不移沿着这条光明大道走下去，既发展自身又造福世界。现代化道路并没有固定模式，适合自己的才是最好的，不能削足适履。每个国家自主探索符合本国国情的现代化道路的努力都应该受到尊重。"⑥

习近平总书记认为人类发展道路和人类追求幸福的道路是和而不同的，现代化道路没有固定模式，各个文明和各族人民都有选择自己道路的权利，人类的未来取决于人类的和衷共济、和合共生和交流互鉴。中国共产党基于中华5000年文明史、近代

---

① 习近平.在庆祝中国共产党成立100周年大会上的讲话（2021年7月1日）[M].北京：人民出版社，2021：18.

②③④ 习近平.加强政党合作 共谋人民幸福 在中国共产党与世界政党领导人峰会上的主旨讲话[M].北京：人民出版社，2021：8.

⑤ 习近平.加强政党合作 共谋人民幸福——在中国共产党与世界政党领导人峰会上的主旨讲话 2021年7月6日[M].北京：人民出版社，2021：10.

⑥ 习近平.加强政党合作 共谋人民幸福——在中国共产党与世界政党领导人峰会上的主旨讲话 2021年7月6日[M].北京：人民出版社，2021：11.

180 多年抗争史和中国共产党百年奋斗史探索出来的"中国式现代化新道路"和"人类文明新形态"，不但应当受到世界的尊重，更可以为世界其他国家和文明提供借鉴。对此，习近平总书记在党的十九届六中全会审议通过的《中共中央关于党的百年奋斗重大成就和历史经验的决议》中指出："党的百年奋斗深刻影响了世界历史进程。……一百年来，……党领导人民成功走出中国式现代化道路，创造了人类文明新形态，拓展了发展中国家走向现代化的途径"，"党的百年奋斗深刻影响了世界历史进程"，[①] 特别是"党领导人民成功走出中国式现代化道路，创造了人类文明新形态，拓展了发展中国家走向现代化的途径，给世界上那些既希望加快发展又希望保持自身独立性的国家和民族提供了全新选择"。[②] 在唯物史观指导下，习近平创造性地提出的"人类文明新形态"概念，为文明史的书写提供了重要的理论借鉴。

【学习拓展】国际视野

习近平总书记认为，"丰富多彩的人类文明都有自己存在的价值。要理性处理本国文明与其他文明的差异，认识到每一个国家和民族的文明都是独特的，坚持求同存异、取长补短，不攻击、不贬损其他文明。"[③] "我们不'输入'外国模式，也不'输出'中国模式，不会要求别国'复制'中国的做法。"[④]

五

"多元与共存"的世界文明史

根据习近平总书记对"人类文明新形态"的界定，所谓"文明"，指的是"物质文

---

① 人民出版社.中共中央关于党的百年奋斗重大成就和历史经验的决议 [M].北京：人民出版社，2021：70.
② 人民出版社.中共中央关于党的百年奋斗重大成就和历史经验的决议 [M].北京：人民出版社，2021：70.
③ 习近平.在纪念孔子诞辰 2565 周年国际学术研讨会暨国际儒学联合会第五届会员大会开幕会上的讲话 [M].北京：人民出版社，2014：12.
④ 习近平.携手建设更加美好的世界——在中国共产党与世界政党高层对话会上的主旨讲话 2017 年 12 月 1 日 [M].北京：人民出版社，2017：12.

明、政治文明、精神文明、社会文明和生态文明"的和谐发展；所谓"人类文明新形态"，指的是各民族各地区各国的文明形态，既独立产生、发展，又交流互鉴、相互影响；既和衷共济，又和而不同。概括而言，世界文明史是"多元与共存"的世界文明史。

有关"多元与共存"的世界文明史，已故著名历史学家、北京大学历史学系教授张芝联先生早已提出。他曾参考了各家对于文明史与世界史、人类历史关系的观点，给"文明史"作了以下界定：①文明史虽然不能涵盖人类历史的全部内容，但它离不开世界史。文明史实际上构成了世界历史的主要内容，因为它既包括物质文明、精神文明，也包括政治、社会、制度文明，即人类创造的一切。②世界文明是多元的，世界文明史是由个别文明单位结合起来的综合体。它们产生的环境条件不一、特征不一、发展道路不一、速度不一、对世界文明影响的分量不一、在历史上的地位不一，因此可以对它们进行比较研究，分析它们的共性与特性。③各种文明由孤立分散到频繁接触（通过和平或非和平方式），相互交往、影响、借鉴、排斥，构成了世界历史的重要内容。④文明有兴有衰，有治有乱，也有停滞不前，无所作为；其中有内部原因，也有外部原因；有主观原因，也有客观原因。用过去解释现实，从现在透视未来，这是历史学家的职责。

【问题探究】

如何理解世界文明史的"多元与共存"？

基于对"文明史"的共识，北京大学历史学系曾集体编撰了一套《世界文明史》。该套书主编马克垚先生指出：这套《世界文明史》是北大历史学系世界史专业全体教师的成果。当时世界史教师有差不多40人，学科门类齐全，所以定下以一系之力编写的原则。全体世界史同仁和部分中国史同仁都参加了如何编写的讨论，许多意见对制定大纲很有裨益。该套书不同于坊间流行的文明史，那些书大都由西方学者编写，实际上是一种世界史。它以文明为单位书写世界历史，不是流行的从西方看世界，而是力图以世界的眼光看世界文明的演进。在农业文明阶段，强调亚非地区各文明走在世界历史的前列；在工业文明阶段，指出当时中华文明、伊斯兰文明和西欧文明，都有自己的发展，都在寻求走向现代化的道路。西欧文明走在了前面，率先实现了现代化、工业化，而且其工业文明迅速向世界各地传播，在传播过程中外来的西方工业文明和本地的农业文明发生了冲突，也发生了相互的吸收和融合。我们在指出西方工业文明的先进性的同时，也指出各文明仍然是自主发展、成长的，仍然保持着自己文明的特性。先进的文明对世界文明的发展作出了贡献，可是看似后进的文明，也会对先进文明作出贡献，例如美洲的农业文明之贡献就是一例。该套书写到了第三次工业革命，甚至也写到了信息技术的发展，指出西方工具理性的过度高涨所带来的社会矛盾、所造成的问题，如核威慑、冷战、环境污染、能源危机、经济危机、贫富分化加剧、贫国与富国斗争激烈等。但那时还没有明确看到第三世界如此有力的崛起，上海合作组织形成且日益发挥作用，金砖国家经济力量日益强大，中国成为世界第二大经济体，所以对由此引起的世界格局变化以及思想认识上的变化反映不够。

图 1-5　马克垚主编：《世界文明史（上）》，北京大学出版社 2016 年版

实际上，北大历史学系的这套《世界文明史》及其书写方式至今还在发挥重要作用。用于沛先生的话说，"在中国，同样有多种文明史研究成果出版，其中马克垚主编的《世界文明史》影响较大"。与郭胜铭《世界文明史纲要》、沈坚主编《世界文明史年表》、李世安主编《世界文明史》、赵立行《世界文明史讲稿》、周巩固主编《世界文明史》等现在比较通行的"世界文明史"教材一样，马克垚主编的《世界文明史》，也是按照"通史"方式叙述人类文明的历史。

【 问题探究 】

马克垚的《世界文明史》书写模式是什么？

鉴于这么多优秀的"通史"类世界文明史教材的存在，该书根据"多元与共存"的世界文明史这一理念，按照"专题史"书写模式，从文明形态演变、人类环境、城市文明、战争、商业与贸易、社会组织、体育、福利国家、全球化等专题入手，穿越人类生活的峥嵘岁月，探索世界文明的多元纽带、共守人类命运的未来，既区别于"通史类"的世界文明史，又能从"专题史"角度彰显人类文明"多元与共存"的细节。

按照"专题史"重构世界文明史，除了与"通史"类世界文明史作区分外，另一个重要的出发点是与中学历史教育相衔接。中学历史教材，均采用统编教材，尤其是高中历史教材，必修部分《中外历史纲要》是"通史类"的，而选修部分是"专题式"的，分为"国家制度与社会治理""经济与社会生活""文化交流与传播"三大专题，涉及"物质文明、政治文明、精神文明、社会文明和生态文明"五大方面，需要大学师范教育作相应呼应，以契合中学历史教育改革的需要。该书按"专题"叙述"五大文明"，因应了这一需求。

【学习拓展】 人类命运共同体的构建[①]

2017 年 1 月，习近平主席在联合国日内瓦总部发表题为"共同构建人类命运共同体"的主旨演讲。面对当今世界中错综复杂的问题，为了"让和平的薪火代代相传，让发展的动力源源不断，让文明的光芒熠熠生辉"，习近平主席给出的中国方案是：构建人类命运共同体，实现共赢共享。推动构建人类命运共同体，关键在于行动，习近平主席在具体行动上提出了努力的方向，"构建人类命运共同体，国际社会要从伙伴关系、安全格局、经济发展、文明交流、生态建设等方面作出努力。坚持对话协商，建设一个持久和平的世界。坚持共建共享，建设一个普遍安全的世界。坚持合作共赢，建设一个共同繁荣的世界。坚持交流互鉴，建设一个开放包容的世界。坚持绿色低碳，建设一个清洁美丽的世界"。

---

① 中共中央党史和文献研究院 . 中国共产党的一百年 中国特色社会主义新时代 [M]. 北京：中共党史出版社，2022：1155.

参考文献

1. 高力克，顾霞."文明"概念的流变 [J]. 浙江社会科学，2021（4）.

2. 韩炯. 文明史叙事与历史规律的探寻 [J]. 史学理论研究，2021（6）.

3. 马克垚. 世界文明史（上、下）[M]. 北京：北京大学出版社，2016.

4. 塞缪尔·亨廷顿. 文明的冲突与国际秩序的重建 [M]. 北京：新华出版社，2002.

5. 奥斯瓦尔德·斯宾格勒. 西方的没落 [M]. 成都：四川人民出版社，2021.

6. 基佐：欧洲文明史 [M]. 北京：商务印书馆，2005.

7. 约翰·麦克尼尔，威廉·麦克尼尔. 麦克尼尔全球史：从史前到 21 世纪的人类网络 [M]. 北京：北京大学出版社，2017.

8. E.H. 卡尔. 历史是什么？ [M] 北京：商务印书馆，2007.

9. 柯林伍德. 历史的观念（增补本）[M]. 何兆武等，译，北京：北京大学出版社，2010.

10. 彼得·伯克. 历史学与社会理论 [M]. 上海：上海人民出版社，2010.

11. 威廉·麦克尼尔. 西方的兴起：人类共同体史 [M]. 北京：中信出版社，2015.

12. 斯塔夫里阿诺斯. 全球分裂：第三世界的历史进程 [M]. 北京：商务印书馆，1993.

13. 郭双林. 近代英美等国文明等级论溯源 [J]. 中国人民大学学报 .2017（6）.

专题二　环境与文明

在人类及其文明形成和发展过程中，环境都扮演了重要角色。它不仅为人类社会的发展提供物质基础，而且对人类文明形态起到了塑造作用。人类在自然界中生存，也会有意或无意地作用于环境，对其进行改造以适应自身的生存。因此，人类与其所依存的环境之间是一种相互作用的关系。随着环境以及人类知识和生产力等因素的变化，这种互动关系也不断发展演变。人类与其环境之间的不断变化的互动关系，是人类文明史形成和演进过程中的一种重要力量。对人类与环境互动关系历史的认知、分析和经验总结，将为理解人类发展历程、应对环境问题挑战和实现文明的可持续发展提供启示。本专题将首先对"人类与环境的互动关系"相关概念进行辨析，并介绍对这种互动关系的历史进行研究的新史学——环境史，然后，围绕不同时代的核心环境要素，阐述从农业文明时期到工业文明时期人类与环境互动关系的变迁。最后，以复活节岛为例，探讨环境退化与文明危机的关系。

一

人类与环境的互动关系

■ 人类与环境的互动关系

在生态学中，环境是指生物有机体的外界自然条件的总和。在环境与生物之间，经常进行着各种各样的能量交换和物质循环。[①] 一方面，生物从环境中取得必需的能源和营养物质，以建造自己的身体；另一方面，它又把不需要的代谢产物排放到外界环境中，以维持其正常的生命活动和种族繁衍。因此，任何生物有机体都不能脱离环境而生存。环境控制和塑造着生物的生理过程、形态构造和地理分布。生物与环境的关系并不是单方面的，在环境对生物发生影响的同时，生物有机体尤其是其群体也对

---

① 周鸿. 人类生态学 [M]. 北京：高等教育出版社，2001：20.

环境产生明显的改造作用。^①

图 2-1　生物与环境关系示意图

对人类而言，人类环境是指人类赖以生存、从事生产和生活的外界条件，包括自然环境和人工环境两部分。^② 人工环境是人类在自然环境的基础上创造出来的以人群聚集和活动为主要特征的环境，如城市和农村等聚落。实际上，随着人类在地球表面的扩散和改造环境能力的不断增强，几乎地球的每一个角落都打上了人类的烙印，因此也很难找到完全不受人类影响的自然环境。

从环境的定义可以看出，环境是人类社会发展的重要基础，并且与生活在其中的人类存在着密切的交互关系，人类环境也应该是人类历史的重要组成部分。然而，传统的历史学里常常缺少环境的身影，历史学被认为是"人的科学"，环境被排除在现代历史学之外；即使有些历史学家注意到环境的作用，也只是把它当作历史发生的背景或舞台来处理。^③ 因此，需要一种新的历史来讲述环境在人类社会发展中所扮演的角色，以及它在历史中发挥的能动性作用。这种新的历史也就是接下来要讲的 20 世纪后半期在美国诞生的"环境史"（environmental history）。

■ 环境史的诞生

环境史在美国的诞生有其深刻的社会背景，也就是从 19 世纪末到二战后美国所出现的三次环保运动浪潮。

首先是 19 世纪末 20 世纪初的资源和荒野保护运动。在这场运动中，出现了以吉福特·平肖为代表的功利主义的自然资源保护派与以约翰·缪尔为代表的超功利的荒野保护派的论争。林业局局长平肖以理性主义为基础，从经济的和功利的角度出发，认

---

① 刘本培，蔡运龙. 地球科学导论 [M]. 北京：高等教育出版社，2000：250.
② 周鸿. 人类生态学 [M]. 北京：高等教育出版社，2001：20.
③ 包茂红. 环境史学的起源和发展 [M]. 北京：北京大学出版社，2012：3.

为有必要合理地规划并明智地利用自然资源。作家缪尔则是以浪漫主义为基础，从美学的和超功利的角度出发，认为应当重视自然的精神价值。他们的主张、活动和作为最终促成西奥多·罗斯福总统大力推行自然资源保护政策。

图 2-2　约翰·缪尔与西奥多·罗斯福

其次是 1933—1943 年的自然资源保护运动。主要是富兰克林·罗斯福总统为了应对经济萧条和自然灾害频发问题，采取一系列治理措施，包括：颁布资源保护立法，以工代赈，植树种草，兴修水利。其中，成效最为卓著的是对田纳西河流域的综合整治、对美国大平原尘暴灾区的治理，以及在西部兴建一系列的水利水电工程。①

图 2-3　美国海洋生物学家蕾切尔·卡逊

最后是二战后以环境污染治理为主要议题的环保运动。二战以前，人们所关注的环境问题主要是资源浪费和破坏以及生态退化。然而，随着化石燃料的广泛应用以及化学工业在第二次工业革命中的兴起，各类污染问题逐渐凸显，甚至引发公害事件，如 20 世纪 40 年代在美国发生的洛杉矶光化学烟雾事件和多诺拉烟雾事件。二战后，随着环境危机的愈演愈烈，环境保护运动在美国再次兴起。在此过程中，1962 年美国海洋生物学家蕾切尔·卡逊（Rachel Carson）（图 2-3）出版的著作《寂静的春天》②，在激起全民环境意识觉醒和声势浩大的环境主义运动方面发挥了重要作用，并且在世界范围产生了广泛的影响。

《寂静的春天》指出人类社会面临着紧迫且严重的环境污染问题，尤其是以 DDT 为代表的有机氯类杀虫剂的广泛应用所产生的污染和危害。尽管 DDT 早在 1874 年就已被合成，但是它作为一种杀虫剂的特性直到 1939 年才被发现。随后，它在战时被用于喷洒在士兵、难民和俘虏身上，用以灭杀虱子，也被用于消灭传播疟疾的蚊子；此外，它还被用来杀死农业害虫。因此，在疾病控制和农业生产中 DDT 都受到青睐，其发现者瑞士化学家保罗·穆勒也获颁诺贝尔生理学或医学奖。③然而，在人们为这种药剂的神奇功效而感到欣欣鼓舞时，它也在悄然地污染着人类所依存的环境，甚至最终威胁人类的健康和生命。DDT 及其同类药剂的险恶特性之一在于它们能够通过食物链

①　高国荣. 美国环境史学研究 [M]. 北京：中国社会科学出版社，2014：50.
②　蕾切尔·卡逊. 寂静的春天 [M]. 吕瑞兰，李长生，译. 长春：吉林人民出版社，1997.
③　蕾切尔·卡逊. 寂静的春天 [M]. 吕瑞兰，李长生，译. 长春：吉林人民出版社，1997.16-17.

的所有环节从一个有机体传至另一有机体。[1] 当人们将这些药剂大量地喷洒于农田和园林等系统之后，它们会逐渐在土壤和水系统中累积，并通过食物链而不断传递、迁移、转化和富集，最终危及动植物和人类的健康。[2] 胎盘通常是母体隔离胚胎和有害物质的防护罩，但是动物实验表明，DDT 等氯化烃类药物能够自由地穿过胎盘这一关卡，从而对新生婴儿产生影响。[3] 卡逊从 DDT 等杀虫剂切入，敏锐地发现滥用杀虫剂所带来的巨大危害，并且大声疾呼人们关注环境污染问题和正确地处理人与自然的关系，有力地推动了战后环境运动的到来和发展。

【史料阅读】 明天的寓言

从前，在美国中部有一个城镇，这里的一切生物看来与其周围环境生活得很和谐。这个城镇坐落在像棋盘般排列整齐的繁荣的农场中央，其周围是庄稼地，小山下果树成林。春天，繁花像白色的云朵点缀在绿色的原野上；秋天，透过松林的屏风，橡树、枫树和白桦闪射出火焰般的彩色光辉，狐狸在小山上叫着，小鹿静悄悄地穿过了笼罩着秋天晨雾的原野。

郊外事实上正以其鸟类的丰富多彩而驰名，当迁徙的候鸟在整个春天和秋天蜂拥而至的时候，人们都长途跋涉地来这里观看它们。另有些人来小溪边捕鱼，这些洁净又清凉的小溪从山中流出，形成了绿荫掩映的生活着鳟鱼的池塘。野外一直是这个样子，直到许多年前的有一天，第一批居民来到这儿建房舍、挖井筑仓，情况才发生了变化。

从那时起一个奇怪的阴影遮盖了这个地区，一切都开始变化。一些不祥的预兆降临到村落里：神秘莫测的疾病袭击了成群的小鸡，牛羊病倒和死亡。到处是死神的幽灵，农夫们诉说着他们家庭的多病，城里的医生也愈来愈为他们病人中出现的新病感到困惑莫解。不仅在成人中，而且在孩子中出现了一些突然的、不可解释的死亡现象。

一种奇怪的寂静笼罩了这个地方。比如说，鸟儿都到哪儿去了呢？许多人谈论着它们，感到迷惑和不安。园后鸟儿寻食的地方冷清了。在一些地方仅能见到的几只鸟儿也气息奄奄，它们战栗得很厉害，飞不起来。这是一个没有声息的春天。这儿的清晨曾经荡漾着乌鸦、鸫鸟、鸽子、鲣鸟、鹪鹩的合唱以及其他鸟鸣的音浪；而现在一切声音都没有了，只有一片寂静覆盖着田野、树林和沼泽。

上述的这个城镇是虚设的，但在美国和世界其他地方都可以容易地找到上千个这种城镇的翻版。我知道并没有一个村庄经受过如我所描述的全部灾祸；但其中每一种灾难实际

---

① 蕾切尔·卡逊. 寂静的春天 [M]. 吕瑞兰，李长生，译. 长春：吉林人民出版社，1997.16–17.

② 钱易，唐孝炎. 环境保护与可持续发展 [M]. 北京：高等教育出版社，2010：144.

③ 蕾切尔·卡逊. 寂静的春天 [M]. 吕瑞兰，李长生，译. 长春：吉林人民出版社，1997.19.

上已在某些地方发生，并且确实有许多村庄已经蒙受了大量的不幸。在人们的忽视中，一个狰狞的幽灵已向我们袭来，这个想象中的悲剧可能会很容易地变成一个我们大家都将知道的活生生的现实。

　　——节选自：蕾切尔·卡逊：《寂静的春天》，吕瑞兰，李长生，译．吉林人民出版社1997年版，第1-3页。

【问题探究】

　　是什么东西使得美国无数的城镇的春天之音沉寂下来了呢？

　　正是在这样的社会和时代背景之下，美国的一些历史学家也通过关注和研究环境问题而投身环境运动当中，为其提供支持。其中的代表人物之一就是历史学家罗德里克·纳什。1969年，美国加利福尼亚州南部海域的一座石油钻井平台爆炸，导致圣巴巴拉海滩布满油污并使多种海洋生物遭殃，这就是圣巴巴拉泄油事件。事后当地民众纷纷行动起来，清除油污和保护海鸟。作为加州大学圣巴巴拉分校历史系的一名教授，纳什也参与其中，并且效仿托马斯·杰克逊起草的《独立宣言》而撰写了《圣巴巴拉环境权利宣言》，阐发人与环境相互依存的观点。他还在学校联合其他老师开启了名为"环境研究"的新的跨学科专业，吸引了大量学生选课。1969年，纳什在演讲中首次使用"环境史"这一术语，翌年以"环境史的状况"为题发表。[①] 这也标志着环境史研究正式登上学术舞台。随后，纳什还开设了名为"美国环境史"的课程，并推动其成为美国大学生的一门必修课。

■ 环境史的定义和内容

　　环境史学者关于"环境史"的定义有着诸多不同的表述，核心的表达是：人类社会与其环境之间相互作用的历史。可见，环境史并非"环境的历史"（history of environment），而是人与环境相互作用的历史。需要注意的是，人类也是自然的一部分，人类与其环境共同构成了整个自然界；人类作为自然界的一部分，有其自然的生物属性，又在其与环境的互动过程中形成了自身的文化和社会属性。

　　美国环境史学的开拓者之一唐纳德·沃斯特（图2-4）认为，环境史诞生之前，自然研究中几乎没有历史，在历史研究中几乎没有自然。在历史研究中增添了生态学视

---

① 梅雪芹，等．直面危机：社会发展与环境保护 [M]．北京：中国科学技术出版社，2014：代序．

图 2-4　美国环境史学家唐纳德·沃斯特

角后，人类将拥有两类历史：一是自己国家的历史，二是人类共有的地球之史。环境史是研究自然在人类生活中的角色与地位的历史，包括三项内容：一是自然在历史上是如何组织和发挥作用的？二是社会经济领域是如何与自然相互作用的，即生产工具、劳动、社会关系、生产方式等与环境的关系？三是人类如何通过感知、神话、法律、伦理以及其他意义上的结构形态与自然界对话的？ ①

美国环境史学的另一位开拓者 J. 唐纳德·休斯在其著名的环境史入门书《什么是环境史》中给"环境史"下了一个定义："它是一门历史，通过研究作为自然一部分的人类如何随着时间的变迁，在与自然其余部分互动的过程中生活、劳作与思考，从而推进对人类的理解。" ② 他也指出人与环境的这种互动关系在每一历史时期都发挥了关键作用。与沃斯特类似，他也将环境史的主题分为三大类：其一，环境因素对人类历史的影响；其二，人类行为造成的环境变化，以及这些变化反过来在人类社会变化进程中引起回响并对之产生影响的多种方式；其三，人类的环境思想史，以及人类的各种态度借以激起影响环境之行为的方式。③ 尽管表述上有所差异，但是他们对环境史主题或研究内容的归纳和分类是一致的。

环境史的诞生给历史书写带来了怎样的变化呢？从狭义的环境史来看，它是在人与环境相互作用的框架下，把历史研究中缺少的自然部分补回来。比如在政治、经济、社会、文化等内容之外，增加环境变迁、自然观念、环境污染等与环境相关的问题。从广义的环境史来看，历史的主体从人变成了人与环境。历史主体的变化，也就意味着我们可以结构一种新型的、全面的、整体的历史。④ 这样的环境史最终探索人与环境共同构成的自然界或地球的历史。

环境史所带来的史学思维的变化是多方面的，特别是表现为对历史主体的变化和环境能动性的新认识。过去通常认为历史只是人类有意识的创造的结果，而环境顶多只是这种创造活动的背景或舞台。然而，人类社会发展的过程不只是人类主动改造环境的过程，还包括人类适应环境，以及环境对人类的生态作用的过程。环境对人类的这种作用通常包括两个方面：一方面是短时段剧烈的环境变动对人类社会的显著影响，

① 包茂红．环境史学的起源和发展 [M].5-6.
② 唐纳德·休斯．什么是环境史 [M].梅雪芹，译．北京：北京大学出版社，2008：1.
③ 唐纳德·休斯．什么是环境史 [M].梅雪芹，译．北京：北京大学出版社，2008：3.
④ 包茂红．环境史学的起源和发展 [M].7.

比如水旱灾害对农业的影响、风暴对战役的影响；另一方面是长时段的环境因素对人类社会的塑造作用，如耕作、捕捞等生产方式及其饮食结构的形成。

在人类社会发展过程中，不论是在农业文明时期还是工业文明时期，人类与环境的相互作用都创造了璀璨的文明成果，其中环境的重要作用需要去发现、书写和讲述。人与环境相互作用的过程存在于不同尺度的时空范畴，从短时段到长时段，从区域到全球范围。以大卫·克里斯蒂安为代表的史学家甚至书写宇宙大爆炸以来的"大历史"，人类文明在这样的时空背景下诞生和发展，只是整个过程中短暂的"瞬间"。

对人与环境互动过程的认识，不仅需要历史学的基本方法，也需要包括社会科学和自然科学等在内的跨学科方法，尤其是生态学和环境科学的理论和方法。这也对环境史学研究者的个人素质和跨学科的团队合作提出了更高的要求。比如关于气候变化的研究，研究者可以使用的传统资料如气候观察记录往往只有两三百年甚至更短，更大时间尺度的气候变化研究则需要借助树木年轮、极地冰芯、黄土高原的黄土层以及湖泊沉积物所记录的信息。

【问题探究】

环境史与传统史学存在着哪些差异？

二

水与农业文明

地球是生命孕育的场所，也是地球生物共同的家园。它主要由水圈、大气圈、岩石圈和生物圈等四个相互作用的圈层共同构成（图2-5）。人类是其中的组成部分，同时又依赖这些圈层所构成的环境而生存和发展。以水为例，它是人类和动植物的重要组成部分，也是其维持生存的不可或缺的物质。在水圈的14亿立方千米的水中，97%是海洋中的咸水；其余的淡水的69%以冰盖和冰川的形式主要封存于南极，剩下的以液态形式存在的水也多深埋地下，实际上容易被人类利用的河湖中的水资源仅占淡水资源的 0.25%。[①]从现代社会来看，水的用途主要体现在三个方面：农业、工业和市政（包括饮用）。尽管用于农业灌溉的水的比例在 20 世纪从 90% 降至 64%，但是灌溉用水仍然占据了最大的份额。[②]

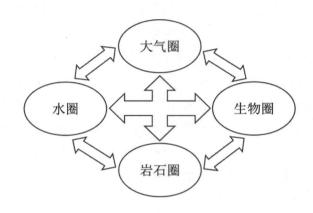

图 2-5　地球四大圈层关系示意

对于农业文明来说，水不是唯一重要的环境因素，但是它至关重要；即便对于工业文明里的农业生产来说，它的作用同样重要，只不过生产力水平的提升使人类调配水资源的能力得到了极大的提升。水不仅塑造了早期的农业文明，而且为农业文明的繁荣提供了支持，有时候它也会给人类带来灾难和损失。人类也正是在与水环境的互动过程中，创造了适合自身生存的环境和璀璨的农业文明。这些过程在人类集体记忆、历史遗迹和历史记录中留下了深深的印迹。

■ 洪水神话

人类及其世界的诞生与水有着密切的联系。早期人类关于这种联系的想象、认识和记忆形成了世界各地普遍存在的"洪水神话"。其故事内核是洪水所导致的世界毁灭，讲述方式通常是：天神发怒，降下大洪水以惩罚人类，人都被淹死，只留下少量幸存者（一个人、一对兄妹、一家人或数人）重新开始繁衍人类，成为现今人类的始祖。这种洪水神话被故事学称为洪水来世后人类再繁衍的故事，简称"洪水再殖型故事"。[③]

① 　约翰·R. 麦克尼尔. 阳光下的新事物：20 世纪世界环境史 [M]. 韩莉，韩晓雯，译. 北京：商务印书馆，2013：121.
② 　约翰·R. 麦克尼尔. 阳光下的新事物：20 世纪世界环境史 [M]. 韩莉，韩晓雯，译. 北京：商务印书馆，2013：122-123.
③ 　陈建宪. 中国洪水再殖型神话研究 [M]. 西安：陕西师范大学出版社，2019：前言.

在众多的洪水神话中，最为人们所熟知的故事之一出现于《圣经旧约·创世记》：耶和华看到人的罪恶，决定灭除人类和其他生灵。惟有挪亚得蒙神恩，耶和华警示其造方舟以逃脱洪水灭世之灾。后来洪水泛滥，仅挪亚带领家人和一些牲畜、动物幸免，而其他生灵皆被灭除。挪亚一家成为人类的祖先。

图 2-6　挪亚方舟

然而，《圣经》中的洪水神话故事并不是最早的版本。1872 年，大英博物馆的一名年轻的管理员乔治·史密斯，在清理西亚两河流域泥版残片时，发现了包含洪水叙事的片段。该故事与《创世记》中的描述极为相似，但它无疑比《圣经》中的文本要古老得多。史密斯所识别的这块泥版即《吉尔伽美什史诗》12 块泥版中的第 11 块。[1] 史诗中说，乌尔城国王吉尔伽美什去见祖先乌特纳皮什提姆（Utnapishtim，意为"长寿"），询问永生之道。乌特纳皮什提姆给他讲述了一个大洪水故事：他曾住在一个芦苇棚里，神告诉他洪水将临，叫他毁掉房子，建造"宽度必须和深度一致"的船，"将一切活物的物种运进船中"。果然出现了六天六夜的狂风暴雨，洪水灭世，乌特纳皮什提姆的船停在尼什尔山顶，躲过此劫。后得主神恩利尔赐福，得到了永生。[2]

在中国，各民族也存在着不同版本的洪水神话和传说，最为我们所熟知的是女娲补天和大禹治水的故事。关于女娲补天以救天地和颛民的神话，西汉淮南王刘安及其门客所著《淮南子·览冥训》有载：

① 阿兰·邓迪斯编 . 洪水神话 [M]. 陈建宪，等译 . 西安：陕西师范大学出版社，2013：19-20.
② 陈建宪 . 中国洪水再殖型神话研究 [M]. 西安：陕西师范大学出版社，2019：10.

往古之时，四极废，九州裂，天不兼覆，地不周载，火爁炎而不灭，水浩洋而不息，猛兽食颛民，鸷鸟攫老弱。于是女娲炼五色石以补苍天，断鳌足以立四极，杀黑龙以济冀州，积芦灰以止淫水。苍天补，四极正，淫水涸，冀州平，狡虫死，颛民生。

这里讲道，古代天柱倾折，天地破裂，洪水泛滥，女娲补天，拯救了人类和生灵。关于女娲和洪水的最早记载，可以追溯到战国时期的楚帛书中。战国楚帛书中关于宇宙起源的文字讲述了创世之初的洪水故事：创世之初，天地混沌无形，风雨大水，伏羲乃娶女皇，生四子，协助禹和契平水土。后来还有炎帝、祝融、帝夋、共工等人多次治理，才最终完成创世工作。[①] 可见，战国时期人们已经在努力将当时各地的神话连缀起来，进行系统化，也反映了当时人们对文化一统的追求和努力。

关于洪水神话，人类学、民俗学、文学和历史学等诸多学科的学者都对其进行了研究。一些研究者认为，它反映了人类关于原始社会和文明时代初期广泛存在的洪水灾害的记忆。也有研究者反对这种观点，认为洪水神话里的灭绝与再生反映的是人类借此切断文明人与人之初作为"众生"之一的生物的联系，将人类与其他造物进行区隔，使人类从中独立出来。[②] 总的来说，它们都反映了人类文明形成过程中和文明社会初期的自然观念，以及对人与环境关系的认识，或者是敬畏，或者是对人类文明超越其他生物存在状态的自觉意识。

■ 水、水利与农业

水之于人类并不全然是威胁，它也是人类文明的载体，文明的诞生和发展均与之息息相关。被称为四大文明古国的埃及、巴比伦、印度和中国，均发祥于大河流域，属于大河文明。在西亚，幼发拉底河和底格里斯河所形成的冲积平原孕育了美索不达米亚文明。在北非，尼罗河谷地和三角洲滋养了古埃及文明。在南亚，印度河和恒河的河水浇灌出了古印度文明。在东亚，黄河和长江则孕育了中华文明。

基于埃及如今以沙漠和半沙漠为主的景观，我们可能难以想象曾经璀璨的古埃及文明是如何诞生的。有研究认为，公元前12000年之前，埃及不像现在这样干旱，人类以采集和狩猎为生；之后经历了两个干旱期，到公元前4000年，人类的活动范围退缩到尼罗河谷地和少数绿洲，只能转向农耕。尼罗河在埃及形成纵贯南北、狭长的泛滥平原，其面积仅占埃及国土不到5%面积，但平原上生活着这个国家96%以上的人

---

① 陈建宪. 中国洪水再殖型神话研究 [M]. 西安：陕西师范大学出版社，2019：58.
② 郭静云，郭立新. 中国洪水与治水故事：范型神话或历史传说 [J]. 史林，2020（4）：52–53.

口。古罗马地理学家斯特拉波曾指出，埃及其实只由河流沿岸的土地组成。[①] 在埃及炎热、干燥的环境中，纵贯埃及全境且定期泛滥的尼罗河对农业的形成和发展起到了关键作用，它不仅规定了古埃及农业的生产节奏，而且关系着农业的丰歉和社会的兴衰。每年 6—9 月，尼罗河定期泛滥，将肥沃的淤泥带到两岸的谷地。洪水退去后，人们将种子播撒在自己的土地上，让牲畜去践踏，此后便可等待收获。在尼罗河三角洲，古埃及人依靠集体力量排干沼泽，开沟筑坝，兴修水利系统，在肥沃的土地上种植大麦、小麦和亚麻，将这片土地变成了古代著名的粮仓。在古埃及人与尼罗河独特的水环境的互动过程中，形成了古埃及文明。公元前 6 世纪，希腊历史学家希罗多德在游历埃及之后，称"埃及是尼罗河的赠礼"。

图 2-7　尼罗河岸的生活

类似的文明创生的故事也在其他大河流域上演。在中华文明早期，人类不再像洪水神话那样，依赖神的拯救或示警而逃生；而是像大禹治水的传说所显示的，依靠自身的智慧和力量，主动防治洪水，从而保全族群。实际上，中国远古先民与水的斗争是一个漫长的过程，从传说中的尧时代就已开始，在经历了鲧筑堤堵水失败之后，大禹以"疏川导滞"之法平定了水患，安定了九州。治水在一定程度上强化了族群领袖的权力，为后来早期国家的形成奠定了基础。大禹治水的传说反映了先民对恶劣生存环境的改造，在定居农业形成过程中起到了重要作用。

随着农业的发展，以防洪和灌溉为目的的水利设施在各农业区域广泛地发展起来。战国时期李冰主持修建都江堰，使原本深受水患困扰的成都平原变成天府之国；西门豹引漳水灌溉邺城之地，使魏国的河内成为富庶之地；水工郑国在秦国主持兴修郑国渠，关中成为沃野和粮仓，为秦统一诸国奠定了物质基础。

———————————

① 托比·威尔金森. 尼罗河：穿越埃及古今的旅程 [M]. 罗静，译. 北京：生活·读书·新知三联书店，2020：4.

秦朝统一之后，核心农业区和经济重心的变化成为水利设施的主要影响因素之一。秦汉至唐朝中期，以黄河中下游为中心的广大北方地区，一直是全国人口最集中、经济最发达的地区，而富庶的关中地区[①]又是其中的腹心。同样，在这个时期，水利建设的重点也集中在关中地区。汉武帝时期修建了连通国都长安和黄河的漕河以及六辅渠、白渠等水利灌溉工程，进一步完善了关中地区的水利系统。[②]唐中期以后，随着经济重心的南移，南方土地的开垦和水利设施的兴建越发重要。宋元明清时期，国家每年完成的水利工程数量相比之前的朝代大幅度增加，而且集中于福建、浙江、江苏、江西和广东等南方地区。[③]例如在南宋时期，随着大量北方人口南移以及人口的自然增殖，人地矛盾激化，人们更多地将目光投向沼泽地、河床和湖床，通过筑堤隔水的办法形成大量围田和圩田。这为南方农业经济的长期繁荣奠定了基础。此外，转运粮食的运河也在政治中心和产粮中心修建起来。

【史料阅读】 水利建设与泛滥洪水的利用

说到位于冲积平原、河谷或者旧河床与旧湖床等处的农业耕地，不管在北方还是南方，都是属于最上等的农业生产区。灌溉对肥料所起的媒介作用，就这些农耕地来说，与在黄土草原上所起的作用虽然不相同，但同样是重要的。在这些地带，灌溉的效果大部分是由洪水的泛滥完成的。直至今天，在华北地区，每在夏季暴雨之后，还可以见到大量的挟带着泥沙的急流自山上奔泻而下。为了得到这种挟带泥沙的水流，并将其导入农田，从而达到灌溉、施肥与防洪的三重目的，农民们则开挖了各种沟渠；而对于大型的沟渠，就由政府主持开挖。

中国北方的一些大河，如泾水和渭水（陕西）、汾水（山西）、洛水（河南）和黄河，它们沿途所汇集的洪流，实际上都挟带有惊人数量的泥沙，而这种泥沙，又能够很方便地由渠网系统引入农田。黄河的含沙量平均为11%。传统的中国著作家们，都遵循着前汉张戎的估计，认为黄河的水与沙之比为10比6。明朝官员潘季驯，因治水卓有成效而驰名，他认为，黄河在秋季的含沙量将由60%增至80%。这些说法，很明显地只能把它们看成是文学上的夸张，而决不能认为是一种科学上的估计。然而，这些材料确实说明在很久以前，黄河的大量泥沙已经引起了中国统治者的注意。

---

① 关中指的是函谷关（在今河南新安县东）西、大散关（在今陕西宝鸡市西南）东、秦岭北、陕北黄土高原南，以西安为中心的陕西关中平原。秦、西汉，以及西魏、北周、隋、唐，都把国都定在这个地区。

② 郭松义.水利史话[M].北京：社会科学文献出版社，2011：24-26.

③ 冀朝鼎.中国历史上的基本经济区与水利事业的发展[M].朱诗鳌，译.北京：中国社会科学出版社，1981：36-37.

有这样一则权威性的记载，表明早在前汉时期，中国农民就知道了泥沙的肥效价值。大约在公元前 95 年，当白渠（这是一条将含有泥沙的泾水引入今陕西省中部大片农田的渠道）竣工之后，这一带的农民就为它唱起了赞美之歌。歌词是："泾水一石，其泥数斗。且溉且粪，长我禾黍。衣食京师，亿万之口。"

——节选自冀朝鼎：《中国历史上的基本经济区与水利事业的发展》，朱诗鳌译，中国社会科学出版社 1981 年版，第 18-19 页。

【问题探究】

淤沙具有怎样的价值？如何发挥作用？

水的时空分布不均匀的特性，决定了农业社会需要依赖水利设施来供水、排水或者防洪；人类也通过水利设施的建设不断重塑水环境，使之满足人类的需要。大河文明的诞生清晰地展示了人类与环境的互动关系，也正是在这种互动过程中形成了早期的人类文明史。不同流域的气候、地理和水环境共同塑造了当地的族群、聚落和文化形态，当地人又通过发挥自身的能动性如建造庞大的水利系统去适应和改造水环境，从而创造了灿烂的以农业为主的古典文明。在一些区域，随着自然环境和人类社会内部矛盾的演变，作为农业社会基础的水利系统逐渐崩坏，它的文明也因此出现地域迁移，甚至是消亡。

三

哥伦布大交换

15 世纪以前，尽管世界范围内的物质和文化交流已突破一国和一个区域的限制，出现全球化发展趋势，如丝绸之路和印度洋贸易圈等区域性贸易网络，然而覆盖全球的交流和贸易网络仍未形成。这种状况从 15 世纪开始逐渐被打破，并为近代工业社会的到来提供了契机。在世界各地从分散的、相对孤立的状态连结成一个整体的过程中，地理大发现是一个重要的转折点，其中代表性事件之一便是哥伦布发现美洲大陆。

■ 大西洋群岛的发现与欧洲人的海上探索

欧洲的大航海时代始于欧亚大陆最西端的伊比利亚半岛，它位于欧亚大陆的贸易和知识交流网络的边缘。1415 年，葡萄牙人占领非洲摩洛哥北端的穆斯林港口休达，并意识到他们或许可以绕过伊斯兰世界，沿着海岸用船载着黄金和奴隶与外部世界进行交易。15 世纪后期，卡斯提尔和阿拉贡王国合并为西班牙王国，和葡萄牙一样开启了海外探索。

伊比利亚航海家向外探索的第一个跳板是文艺复兴时期水手们重新发现的大西洋群岛，包括：加那利群岛、亚速尔群岛、马德拉群岛和佛得角群岛。古罗马时代人们已经知道了它们的存在，但是中古时期欧洲人似乎又将其遗忘了。文艺复兴时期，在海上进行探索的伊比利亚水手遇到加那利洋流，沿着非洲海岸驶向西南方。在北纬 30 度附近，东北盛行风又将其带到加那利群岛。因为加那利群岛恰好位于东北信风和西南信风的交界附近，水手们接下来正好可以借助西南信风返回伊比利亚半岛。[①]

重新发现的这几个群岛除加那利群岛外均无人居住，它们成为欧洲人进行生态扩张的实验室。欧洲人将一些羊和兔子投放到岛上，任其自由生长。它们很快发现岛上有着营养丰富的植物和适宜的、没有天敌的环境，就热火朝天地繁衍起来，很快出现"羊口""兔口""驴口"的"爆炸"。欧洲人还引进了小麦和染料作物菘蓝，都取得了成功，并且能够用来出口。更为重要的是，葡萄牙人在马德拉群岛成功种植了甘蔗，并且建立了一座水力糖厂。大量的糖出口到欧洲各地，也吸引了大量移民的到来。为了更好地发展甘蔗和小麦种植业，欧洲人在群岛开辟了梯田，并建造了广大而复杂的灌溉系统。[②]欧洲人的生态扩张不仅在很大程度上改变了这些群岛的地貌，而且改变了它们的生态系统构成，使之适应欧洲人的需求。或者说，通过由旧大陆的人、动物、植物和微生物所构成的"生态旅行箱"，在新发现的土地上塑造出"新欧洲"。

除了用于作物生产，这些群岛的另一个重要功能是作为航海和向外扩张的据点和补给站。葡萄牙人沿着非洲西海岸南下，最终绕过好望角，借助季风横穿印度洋北上到达印度沿岸，也因此找到了海上的通往东方的财富之路。需要注意的是，早在 1405—1433 年，郑和下西洋，加强了东亚的中国贸易圈与印度洋贸易圈的联系。随后

---

① 刘易斯·达特内尔.起源：地球如何塑造了我们 [M].李亚迪，译.北京：新世界出版社，2021：208-209.
② 艾尔弗雷德·克罗斯比.生态扩张主义：欧洲 900—1900 年的生态扩张 [M].许友民，许学征，译.沈阳：辽宁教育出版社，2001：68-74.

欧洲人的到来，实际上是加入既有的东方贸易和交流网络，而不是开辟了一个新的网络。在近代早期，中国、印度和中近东伊斯兰国家仍然是这里的主角，而欧洲只是充当了一个渴望亚洲滚滚财源的配角。[①]

15世纪末，在葡萄牙人开辟通往亚洲航路的同时，热那亚航海家克利斯托弗·哥伦布反其道而行，试图一直向西航行到达东方。哥伦布无法意识到向西通往中国的航路上还有美洲大陆的存在，低估了航程，并且没有得到葡萄牙人的赞助；因为东向航路的开辟，热那亚、威尼斯和英国同样拒绝了。最后，西班牙王室意外地同意赞助哥伦布的冒险，使得美洲的发现及早地到来，而哥伦布的成功也部分地因为他是从西班牙控制之下的加那利群岛出发驶向大西洋深处，能够借助东北信风，全程顺风到达加勒比海；如果是从葡萄牙控制下的另外三个群岛出发，他则很可能会失败。

■ 环境史视角下的哥伦布航海

1492年10月11日的晚间，哥伦布站在圣玛利亚号主舰上，似乎看到大西洋远处有微光。几个小时后，他的船队果然看到了陆地。次日早晨，他带着船员登上了巴哈马。一万年以来，欧亚大陆和美洲大陆再次紧密地联系了起来。以哥伦布发现新大陆为代表的地理大发现，揭开了世界近代史的序幕。哥伦布突破浩渺大洋的阻隔，在新旧大陆之间建立紧密的联系，使真正意义上的全球史成为可能。

哥伦布的航海活动在世界近代史、欧洲殖民史、美洲史当中的重要地位毋庸多言。不过，它还有另一种曾被忽视的历史，那就是它所带来的疾病、人口、物种和思想文化在新旧大陆之间的交流。为了表述这种历史，美国环境史学家艾尔弗雷德·克罗斯比创造了一个新的概念，也就是"哥伦布大交换"。

哥伦布航海的一个直接后果是西班牙对美洲的征服。人们常有疑问，为何欧洲人能够轻而易举地征服美洲？难道西班牙冒险家科特斯、皮萨罗等刽子手拥有某种神力？对此，有诸多解释，比如：欧洲人在武器上的优越，钢铁优于石头、大炮火药打败了弓箭投石；马匹带来的惊恐效果，印第安人部族之间缺乏统一，以及印第安人神话传说讲白色神人降临的预言；等等。[②]

① 罗伯特·马克斯．现代世界的起源——全球的、生态的述说[M]．夏继果，译．北京：商务印书馆，2006：61.
② 艾尔弗雷德·克罗斯比．哥伦布大交换——1492年以后的生物影响和文化冲击[M]．郑明萱，译．北京：中国环境科学出版社，2010：21.

图 2-8　哥伦布到达美洲

　　然而，人口众多且已经高度组织化、军事化的阿兹特克帝国和印加帝国，所面对的不过是 100 余人至数百人的欧洲入侵者，入侵者所拥有的也不过是数门火炮、少量步枪和马匹。传统的解释并没有足够的说服力。克罗斯比发现，美洲土著面对旧大陆的人所带来的疾病几乎全无抵抗力。对旧大陆的疾病已经有一定免疫力的入侵者，在 16 世纪 20 年代前后带到美洲的疾病，对于印第安人来说是致命的灾难。曾有传教士这样夸张地说："印第安人这么轻易就会死去，似乎只消见到、嗅到一名西班牙人，就足以令他们失魂丧命。"[1] 记录显示，1520—1600 年，墨西哥一地就曾发生过 14 起瘟疫，秘鲁更高达 17 起。1519 年初，当圣多明各出现天花时，疫病只感染了少数西班牙人，却夺去了印第安人三分之一到一半的人口。正是借助旧大陆的这些传染病，欧洲的入侵者不仅在战争中取得优势，灭绝大多数土著人口，而且能够巩固对美洲土著的统治。

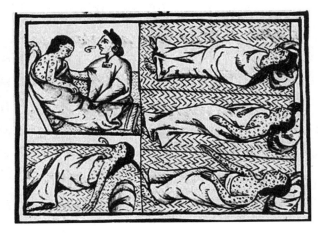

图 2-9　天花袭击墨西哥印第安人

---

① 艾尔弗雷德·克罗斯比. 哥伦布大交换——1492 年以后的生物影响和文化冲击 [M]. 郑明萱，译. 北京：中国环境科学出版社，2010：21.

　　当然，就在哥伦布和后继入侵者给印第安人带来深重灾难的同时，他们也悄然从新大陆带回了一种疾病，也就是梅毒。一些研究者认为，梅毒是在1493年被哥伦布连同玉米和其他美洲新事物一起带回欧洲的。然而，梅毒的传播方式和天花不同，只有在社会秩序混乱至极、性道德也陷入崩溃之际，性病型梅毒才会以瘟疫或斑疹伤寒的形式，以很快的传染速度进行扩散。这种可悲的状态，往往是战争造成的结果。

　　西班牙人征服美洲之后，开始大肆剥削殖民地的人民和掠夺他们的财富。1500—1650年，从美洲流入西班牙的白银达1.6万吨，黄金达180吨。在采矿的过程中，也有大批的印第安人死去。此外，殖民者在美洲建立起了大牧场和大种植园，大量印第安人沦为农奴。随着土著人口的大量损耗，殖民者开始从非洲贩运黑人奴隶，开启了罪恶的奴隶贸易。1880年之前，跨越大西洋来到美洲的人，绝大多数是非洲人。

　　伴随着新旧大陆之间人口流动的不仅有疾病，还有植物和动物。为了能够在美洲长期立足，欧洲人试图在美洲种植小麦或其他谷物，然而早期的尝试大多失败了，只能慢慢接受美洲当地的树薯、玉米和马铃薯等主食，好在包心菜、生菜、蜜瓜和橘子等蔬菜水果的移植比较成功，后来还从非洲引进了香蕉。解决了吃饭问题之后，殖民者更多地考虑如何在广袤的美洲殖民地赚取财富，于是引进甘蔗、咖啡、靛蓝染料等经济作物，建立了大量种植园。

　　除了这些植物，殖民者还引入猪、牛、马等牲畜。猪有着强大的适应能力和惊人的繁殖能力，征服古巴的西班牙殖民者曾写信向国王报告，他带到古巴的猪很快繁殖到3万头。殖民者带到美洲的牛，在新世界的极其适宜的环境中，同样以惊人的速度繁殖。这在早期为殖民者提供了充足的肉食，后来畜牧业则成为美洲的支柱产业之一。马作为重要的交通工具和役畜，也被殖民者引进到美洲和快速繁殖。鉴于它们的重要作用，克罗斯比认为，在西班牙人对美洲的征服中，三大动物扮演了领衔的角色，也就是西班牙贵族、猪和马。[①]

　　新旧大陆之间的物种流动不是单向的，新大陆也向旧大陆输出了玉米、马铃薯、甘薯、树薯、南瓜、花生、辣椒、番茄、菠萝、可可等多种作物。它们不仅很大程度上改变了旧大陆的饮食结构，丰富了人们的食物，更重要的是那些高产主食作物的广泛种植极大地提升了人类的粮食产量。从表2-1可以看到，美洲主食作物的单位面积产出可以提供更高的热量。

---

① 艾尔弗雷德·克罗斯比. 哥伦布大交换——1492年以后的生物影响和文化冲击.45–47.

表 2-1　新旧世界主食作物种类（单位：百万卡路里 / 公顷）①

美洲主食作物		旧世界主食作物	
玉米	7.3	稻米	7.3
马铃薯	7.5	小麦	4.2
甘薯、山药	7.1	大麦	5.1
树薯	9.9	燕麦	5.5

　　不仅如此，美洲主食作物对环境的适应能力更强，既耐干旱又耐贫瘠，使原本难以利用的荒地、山地得到利用。新石器时代以来，全球人口经历了两次快速增长：第一次是在原始人类发明农业之后；第二次是在哥伦布大交换所带来的美洲高产作物在全球广泛种植之后。

　　明末以后，美洲作物在中国的传播和种植就是对这一历史过程的完善诠释。它不仅促成了以辣为特色的川菜，也促成了清朝人口从 17 世纪中期的 1 亿迅速增长至 20 世纪初的 4 亿。当水稻和小麦等本土粮食作物的产量出现瓶颈时，美洲高产作物的广泛种植就使得底层民众得以生存和繁衍。

　　然而，过度依赖马铃薯也曾使爱尔兰人遭遇近代史上最严重的饥荒之一。16 世纪末，马铃薯传播至爱尔兰后，爱尔兰人爱上了这种食物并广泛种植。在医疗和卫生等条件没有明显改善的情况下，爱尔兰人口从 1754 年的 320 万增长到 1845 年的 820 万，这还不包括此前已移居他乡的 175 万人。然而，1845 年，马铃薯枯萎病突然来袭，便出现了主食歉收，爱尔兰人口锐减近四分之一。

图 2-10　搜寻土豆的爱尔兰饥民

---

① 艾尔弗雷德·克罗斯比 . 哥伦布大交换——1492 年以后的生物影响和文化冲击 .101.

哥伦布大交换是世界近代史上物种和文化交流的典型事件，对世界范围的生态系统、人口分布、饮食结构和文化进行了重塑。近代以来，新旧大陆之间联系的建立和交流网络的逐渐形成，使得世界范围内的能量和物质的流动成为可能，也为工业革命的发生提供了条件。

【问题探究】

我们的日常食物有哪些原产自美洲？

四

工业文明时代的能量和物质流动

从近代早期开始，在人类社会的全球性联系构建过程中，工业文明逐渐诞生。现代化的工业文明具有政治民主化、经济工业化和思想理性化等特征，与之前的农业文明存在着显著差异。从居于人类社会核心位置的物质生产来看，它所反映的人类与其环境的互动关系的变化，不只表现为量的极大提升，而更多的是互动关系的质的变化。这些变化集中地展现了工业文明时代的能量和物质流动。

■ 工业文明时代的能量流动

人类社会的发展通常伴随着人口的增长、社会和生产的复杂化，以及更多人生活质量的提升。根据一种基本的生物物理学观点，史前人类的进化和人类历史都可视作寻求控制更多样、更集中的可用能量并使其实现更大规模的存储和流动，以及用更实惠的方式、更低的成本和更高的效率将能量转化为光、热以及运动的历程。[1] 也就是说，能量利用规模和效率的提升，是人类社会历史发展和福祉提升的基础。

---

[1] 瓦茨拉夫·斯米尔. 能量与文明 [M]. 吴玲玲，李竹，译. 北京：九州出版社，2021：1-2.

从根本上来说，一切地球文明社会都是依赖太阳辐射的太阳能社会。前工业社会主要通过当时的动物、植物以及风和水的流动间接地利用太阳能量。人类所使用的能量主要是由太阳的电磁能经由光合作用转化的化学能，以及进一步通过新陈代谢作用转化而成的人和动物用肌肉提供的机械能。就其本质而言，农业是利用一定的土地来收集太阳，并将其转化为人体所需的营养和人类社会所需的原材料。[①] 农业的扩张和农业文明的发展往往伴随森林的消耗和面积缩减，冶炼、取暖等生产生活活动都依赖于林木提供的热量。然而，农业社会中生物质能量和人类能够利用的风能和水能都是有限的，这也就意味着农业文明最终会面临其发展的极限。

摆脱这种限制的唯一方法是使用不需要直接吸引阳光的能源。人们找到的方法是大规模使用深藏于地下的能量——煤炭、石油、天然气等化石燃料，它们是数亿年前由动植物储存的太阳能。化石燃料相比植物燃料进步，不仅仅是化石燃料拥有更高密度的能量，能够提供更多、更高效的光和热，更重要的是它带来了人类的两大进步：其一是转化化石燃料的新方法的发明、改进和大规模传播，包括引入蒸汽机、内燃机、汽轮机等原动机，以及提出用煤生产冶金焦炭和精炼原油等新工艺。其二是使用化石燃料发电。电是一种全新的商业能量，它是最方便、用途最广、使用过程最洁净的现代能量形式。[②] 自 18 世纪后期瓦特改良蒸汽机以来，机器的运转主要依赖于化石燃料或以电力为代表的二次能源，因此工业文明实际上也是化石燃料文明。由此可见，不同时期社会所用能量的主要形式，可以作为文明发展阶段的标志。

人类对石油的利用可以追溯到古埃及、古巴比伦时期，而煤炭的利用则可以追溯到中国汉代。然而，化石燃料的大规模使用始于近代的英国。16—17 世纪，英国成为首个完成从植物燃料向煤炭转变的国家。这种转变首先是因为英国出现了严重的木材短缺，以至于薪柴、木炭和原木的成本增加；随着冶铁需求的增长，燃料短缺的问题进一步加剧。这就推动了煤炭的开采和利用。到 1650 年，英国的煤炭年产量已超过 200 万吨；到 18 世纪末，也就是蒸汽机得到大规模应用后，煤炭的年开采量超过了 1000 万吨。[③]

① 刘易斯·达特内尔 . 起源：地球如何塑造了我们 .243.
② 瓦茨拉夫·斯米尔 . 能量与文明 .226.
③ 瓦茨拉夫·斯米尔 . 能量与文明 .230.

图 2-11　英国工业革命中的煤炭

　　煤炭对生物质燃料的替代经历了一个漫长的过程。在英国，这个替代过程早一些，17 世纪初煤炭的份额就已经超过了生物质燃料，到 19 世纪中期煤炭份额超过了 98%，直到 20 世纪 60 年代煤炭仍占英国初级能量的 77%。在法国，直到 1875 年，植物燃料的比重才降到 50% 以下；到 20 世纪 50 年代以后，进口石油成为法国的主要能源。在美国，直到 1884 年，煤炭提供的能量才超过了薪柴提供的能量。在日本，直到 1901 年煤炭的份额才达到 50%。在俄国，石油和煤炭等化石燃料的份额到 20 世纪 30 年代才过半，而在中国，直到 1965 年，生物质燃料在初级能量供应中的比重才降到一半以下，并在 2006 年降到 10% 以下。

　　在工业革命时期，煤炭的广泛应用所带来的效率的提升是显而易见的。冶铁业原本使用木炭进行冶炼，对木材有着庞大的需求，不仅效率低、成本高，而且严重消耗了森林资源。煤炭所转化的焦炭不仅能量密度高，而且具有更高的抗压强度，因而能够适用于更高、容量更大的熔炉。到 19 世纪末，性能最好的木炭炉日产生铁量不到 10 吨，而焦炭炉超过 250 吨。全球生铁的产量也从 1750 年的约 80 万吨提升至 1900 年的约 3000 万吨。[1] 这一进步为 19 世纪中期以后的现代钢铁工业的发展奠定了基础，进而为工业化的扩大和升级奠定了基础。

———————————

① 瓦茨拉夫·斯米尔 . 能量与文明 .235.

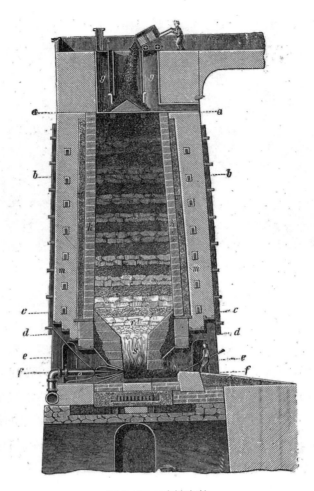

图 2-12 冶铁高炉

煤炭和石油等化石燃料使蒸汽机和内燃机等新型原动机的发明成了可能，进而极大地提升了生产和交通的效率。瓦特改良的蒸汽机首先在采煤业中用于抽取矿井中的水，而煤矿易得且廉价的燃料使蒸汽机的数量猛增，因此采煤业和蒸汽机相互促进、共同发展。此后，蒸汽机的应用也扩展到各种固定和移动的应用场景。它在无数工厂中的应用推动了机器大生产时代的到来；而商品和燃料运输需求的增加也促进了蒸汽机车和汽船的发明。到1900年，英国的铁路里程达到3万千米，欧洲的铁路里程接近25万千米，美国的超过19万千米。铁路网络的扩张也促进了钢铁工业的发展，并为商品的交流提供了便利。

可见，化石燃料的使用、机器的发明、钢铁业的发展、水陆交通网络的扩张以及物质的流动，这些工业文明时代的核心要素之间是相互促进的。

在工业文明的早期，主要工业国的能源需求主要是通过本国甚至是本地的化石燃料来满足的。英国相对较小的面积以及优良的海运条件，使其核心城市能够容易地获得廉价的煤炭，从而支持工业化的发展。在差不多同一时期的中国长三角地区，尽管手工工业和商品经济也发展到了较高水平，远离北方煤炭资源的劣势仍限制了工业革命发生的可能性。随着工业国本土化石燃料的消耗，再加上化石能源的地理分布与经济发展水平的错位，能源的全球流动越来越显著。尤其是到 19 世纪末，随着石油的大规模开采和利用，殖民列强对殖民地的能源掠夺以及全球能源贸易不断增长。这也在很大程度上影响了国际关系，比如中东地区战略地位的提升以及欧美强国对这一地区的势力扩张，还有以中东为核心的向东和向西的海上石油生命线的形成。

■ 工业文明时代的物质流动

在前工业时代，物质的跨区域流动已经非常频繁。中国的丝绸、瓷器和茶叶，印度的棉纺织品，印度尼西亚的香料，非洲的象牙和黄金，日本的白银，各地的特产和畅销商品经由当时的贸易网络在区域间流动。17 世纪后期，英国本土的棉纺织品面对印度的棉纺织品，在价格和质量方面都处于劣势，因此大量的棉纺织品从印度输入英国。1750 年，印度的棉纺织品产量占世界总产量的四分之一，远超本国的需求，因此印度成为当时棉纺织品的主要出口国。[①]

然而，这种状况随着欧洲国家的海外殖民和工业革命的发生而逐渐发生变化。一方面，英国对北美和印度的殖民，使其能够获得价格低廉的棉花等原材料；另一方面，随着北美殖民地种植园的发展和人口的增长，棉纺织品市场日益扩大。在大西洋世界，欧洲的纺织品和金属工具等制成品被运往西非换取黑人奴隶，黑人奴隶被卖到加勒比海、北美等地换取原棉、蔗糖和烟草等原料和初级产品，再输送到欧洲用于生产和消费，从而形成了跨大西洋的三角贸易圈。其中的每一个环节，均能使欧洲殖民者获得丰厚的利润，也为工业革命的发生和发展积累了资本。这样在欧洲和殖民地之间，或者说在工业生产国和原料产地之间形成了一种互动关系，它促进了工业革命的发生，也使殖民地陷入依附地位，除非它能够通过革命走上自主发展道路。

工业革命使西方世界在经济和军事上获得显著的优势，使英、法等列强能够瓜分更多的殖民地。它们一方面从殖民地掠夺工业原料和初级产品，在生产力方面逐渐超越传统农业帝国；另一方面向殖民地和传统帝国输出工业品，重塑原来的贸易网络，甚至击垮传统帝国内部旧的生产和贸易系统，从而在全球范围建立起一个新的物质流动网络。

---

① 　罗伯特·马克斯 . 现代世界的起源——全球的、生态的述说 .132-133.

　　如图 2-13 所示，从 1700 年印度、中国和欧洲的 GDP 来看，它们各自占全球的约 23%，之后中国以更快的速度增长而超过欧洲，印度则不断下降；但是到 19 世纪 20 年代，接近完成工业革命的英国再加上已经开启工业革命的其他欧洲国家开始逆转这一趋势，欧洲的比重很快超过了中国。如图 2-14 所示，从制造品生产的份额来看，开始工业革命以后，欧洲在 19 世纪初取得了压倒性的优势。

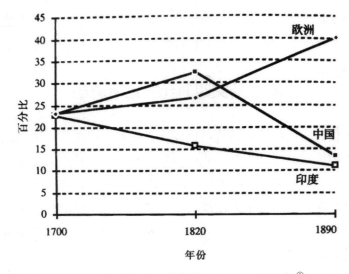

图 2-13　世界 GDP 的份额，1700—1890 年 [1]

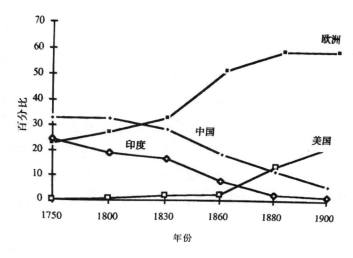

图 2-14　世界制造品生产的份额，1750—1900 年 [2]

① 罗伯特·马克斯.现代世界的起源——全球的、生态的述说.168.
② 罗伯特·马克斯.现代世界的起源——全球的、生态的述说.169.

西方通过能源利用上的优势、工业化的发展、殖民体系和世界资本主义体系的建立，构建了一个由西方主导的能量和物质的流动体系，这种优势地位是建立在对亚非拉落后地区掠夺的基础之上的。二战以后，随着发达国家的产业升级，污染严重和劳动密集型产业逐渐转移到发展中国家，发达国家不仅通过资本和技术优势继续从落后国家攫取丰富利润，而且享受着发展中国家物美价廉的商品。更甚者，发达国家还将落后地区作为垃圾场，以消化本国不能处理的各种废弃物。

五

环境退化与文明危机

随着人口的增长、消费水平的提升和技术的进步，人类社会对环境的影响也会不断增强。当这种影响超出环境的承载力之后，往往会导致环境退化，继而对社会本身的持续发展构成威胁，甚至引发文明危机。环境退化导致文明危机和社会崩溃的例子并不鲜见，太平洋上的孤岛复活节岛、墨西哥尤卡坦半岛的玛雅文明以及格陵兰岛上的维京社会都有类似的经历。尽管因为生产力的提升和管理的改善，现代社会很大程度上提升了社会面对外部环境压力的韧性，但是潜在的威胁并没有消除。人类文明的可持续发展仍然是当今世界的一大议题。

■ 人类社会对环境影响的衡量

澳大利亚生态学家斯蒂芬·鲍汀指出，除了生物性新陈代谢，文化使人类群体额外地增加了资源和能源的输入和输出，这部分额外的输入和输出用于各种形式的技术过程，因此也被称为技术性新陈代谢。人类社会一方面以生物圈作为生存的家园和发展的资源，一方面又用人类创造的文化技术来适应、改造和干扰生物圈。人类社会的生物性新陈代谢和技术性新陈代谢，对生物圈的影响是巨大的。[1]

① 周鸿.人类生态学.189.

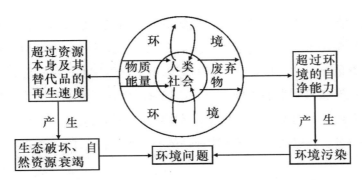

图 2-15　人类社会与环境的互动以及环境问题的产生

生态经济学家用下述方程式表示人类社会对生物圈的影响：

$$I=P \cdot A \cdot T$$

其中：I——影响；

　　　P——人口；

　　　A——富裕程度（即消费）；

　　　T——对环境不利的技术。[1]

人类社会对生物圈的这种影响可以概括为生态危机、环境危机或环境退化，它们有着诸多表现，如：水资源危机、森林破坏、土地丧失、生物多样性减弱、物种灭绝、环境污染和全球变暖等。它们反过来也会损害人类健康、降低经济生产率和导致"舒适感"的丧失，更为严重的是它们在历史上也曾导致区域性文明危机。以下就以复活节岛曾经遭遇的社会崩溃危机为例，来说明人类作用下的环境退化所导致的文明危机。

■ 复活节岛的悲剧

在距离智利海岸约 3600 千米的东南太平洋洋面上，孤悬着一座名为复活节岛的小岛。1722 年 4 月 5 日，也就是复活节，荷兰探险家雅各布·罗泽维恩偶然发现了它，并将其命名为复活节岛。[2] 欧洲人到来时所看到的景象是：数千饥饿消瘦的岛民生活在一个仅有 160 多平方千米的荒芜小岛上，没有树木的存在，灌木杂草最高也不过 3 米；然而，他们却在岛上发现数百座散落的巨石人像，当地人称之为"摩艾"。它们有的完整耸立，有的倒下和断裂，火山口内外还有大量已完工和未完工的石像。这些石像大多 4.5～6 米高，最高达 21 米，重 10 吨～270 吨。除了石像，还有大量竖立石像的大石台，当地人称之为"阿胡"。原本默默无闻的孤岛也因为这些巨石人像而闻名

① 周鸿．人类生态学．190．
② 贾雷德·戴蒙德．崩溃：社会如何选择成败兴亡 [M]．江滢，叶臻，译．上海：上海译文出版社，2008：50．

于世。不论是最初到来的欧洲人，还是后来的研究者，都好奇这些石像是如何被制造、运输和竖立起来的，并且对复活节岛原本的面貌和演变过程感到疑惑。经过考古学、人类学和自然科学等多个学科的研究者们不断努力，复活节岛神秘的面纱和尘封的历史逐渐被揭开。

图 2-16　复活节岛上的巨型石像

　　复活节岛由三座相邻的海底火山爆发而形成，呈三角形。自人类占据复活节岛以来，这些火山一直处于休眠状态。大约 20 万年前，最近一次火山喷发的岩浆覆盖了全岛近 95% 的面积，火山灰使土壤肥沃丰厚。除了火山锥，全岛地势较为平坦。复活节岛位于南纬 27 度，属亚热带，气候温和，风大。其年降水量约 1270 毫米，但是因为火山土的渗透性强，岛上的淡水供应有限，只有一条间歇性的小溪。岛周围的海水温度较低，不利于珊瑚礁的生长，也难以吸引鱼类和贝类。[1]总体而言，复活节岛的自然环境对于人类而言不算优越，但也并不算太糟糕。

　　复活节岛民源于擅长航海的波利尼西亚人，这从语言、DNA 和作物等方面都得到了验证。研究者认为第一批人类定居复活节岛的可靠年代为公元 900 年。欧洲人到来时发现岛民以种地瓜、山药、芋头、香蕉、甘蔗和养鸡为生，鱼类和贝类的比重比较小。据推算，其人口最多时不少于 6000 人，最多可达 3 万人，人口密度为 38 ～ 180 人 / 千米^2。[2]复活节岛社会结构像波利尼西亚其他地方一样，有酋长也有平民。根据岛民的口头历史和考古学家的研究，岛上的土地被分为 11 个或 12 个领地，各属一个氏族或宗亲团体，且每一块都自海边向内陆延伸。每一块领地都有自己的酋长和放置

① 贾雷德·戴蒙德. 崩溃：社会如何选择成败兴亡，52-53.
② 贾雷德·戴蒙德. 崩溃：社会如何选择成败兴亡，57-58.

石像的祭祀平台。各个氏族争先恐后地在岛上建造石像，最后难免演变成残酷的斗争。不过，他们又可借助宗教、经济或政治因素而重新结合在一起，而归于最高酋长的领导之下。

复活节岛民为何狂热地制造巨石人像呢？这至少有四方面的原因：首先，当地的凝灰岩是优质的雕刻石材；其次，与世隔绝的复活节岛民常常无事可干，酋长无法像其他岛屿那样通过贸易、掠夺和探险等方式提高声望，只能依靠石像和平台来占据霸主地位；再次，复活节岛的资源可以互补，各氏族部落都可以和平地获得凝灰岩；最后，当时的粮食尚有富余，可以供养参与制造和运输的劳动力。

更让人困惑的是，当时岛民没有金属工具、轮子和役畜，更没有起重机，欧洲人到来时甚至找不到树木，岛民是如何将巨像从火山口搬运到十几千米之外的平台的呢？研究者认为，复活节岛民可能是将波利尼西亚群岛常用的舟梯改装后用来搬运石像。这就需要大量木材和绳索，而这在18世纪均已无法获得。

图 2-17 可能的搬运石像的方法

植物学家通过分析沉积物中的花粉，确定复活节岛曾是一个树木繁茂的亚热带森林。岛上曾广泛地分布着高大粗壮的棕榈树，最高可达 20 米、最粗近 1 米。还有高至 30 米的麦珠子树和 15 米的大果杜英。它们都可以用来制造独木舟。此外，豪豪树的树皮可以用来制作绳索。考古学家对炭屑和垃圾的研究，也印证了这样的结论。这些树木被大量砍伐，其不仅被用来搬运石像，也用于建筑、造船和薪柴。

动物学家对贝冢的研究则发现，早期岛民的食物包括海鸟、鱼类、贝类、海豚、海豹、金枪鱼、海龟，还有老鼠。这表明岛民未来之前，复活节岛的环境为海鸟和一些海兽提供了良好的栖息地。岛民在到来后不仅过度捕杀这些物种，而且破坏了它们的栖息地，使其在这个区域灭绝或者不再来此繁衍。大型树木的减少也使岛民无法制造远离海岸的独木舟，不仅无法捕捞大型鱼类，而且无法向附近岛屿迁移，因此陷入真正的与世隔绝的状态。当欧洲人到来时，看到当地只剩下几艘残破的、无法离岸远航的独木舟。

复活节岛数百具巨石人像向世人诉说着这个小岛曾经取得的文化成就，并与荒芜的景观和凄凉的岛民形成鲜明的对比。复活节岛生态系统的脆弱性，岛民对这种脆弱性认知的缺乏，人口的增长，以及对岛上有限资源的无节制利用，这些因素共同作用，导致了复活节岛环境的退化和社会的崩溃，以至于出现人吃人的惨剧。

在人类历史上，因为环境的自然变化以及人类的过度索取和肆意破坏而出现环境退化，进而出现社会崩溃和文明衰落的例子并不鲜见，如玛雅文明遭遇了类似的命运，最终湮没于历史长河。四大文明古国和罗马帝国的局部区域也都曾面临环境退化的威胁。人种、消费和不利的技术均在环境退化的过程中发挥了重要作用。

人们对复活节岛的兴趣并不只是因为它那些石像和神秘的历史，更多的是因为与世隔绝、孤悬海上的这个小岛是我们人类家园地球的隐喻。作为目前已知的唯一适合人类生存的星球，地球是我们人类也是地球所有生物的共同的家园。在地球数十亿年的生命过程中，人类的文明史不过是短暂的一瞬间。人类所诞生且依赖的大自然，不仅塑造了人类这种物种，而且深深塑造了人类文明的发展历程。人类在对环境的适应和改造的过程中，创造了璀璨的文明。随着人类生产力和改造环境能力的提升，人类对地球的影响愈加显著，以至于有人将工业革命以来的或者二战结束以来的时期命名为"人类世"，表示人为活动与环境相互作用的新地质时代。在这个时期尤其是1945年以来，整个人类文明面临诸多共同的全球性的环境问题，如：全球变暖、森林滥伐、物种灭绝、资源损耗甚至耗竭、环境污染等。[①] 在这样的时代背景下，推进人与自然和谐共生的现代化，构建人类命运共同体，共同应对人类社会发展的危机，成为文明发展的必由之路。

【学习拓展】 习近平总书记关于生态文明的论述

生态文明是人类社会进步的重大成果。人类经历了原始文明、农业文明、工业文明，生态文明是工业文明发展到一定阶段的产物，是实现人与自然和谐发展的新要求。历史地看，生态兴则文明兴，生态衰则文明衰。

——习近平：《建设美丽中国，努力走向社会主义生态文明新时代》（2013年5月24日），《论坚持人与自然和谐共生》，中央文献出版社2022年版，第29页。

---

① 包茂红.人类世与环境史研究——《大加速》导读 [J].学术研究，2020（2）：110-116.

走向生态文明新时代，建设美丽中国，是实现中华民族伟大复兴的中国梦的重要内容。中国将按照尊重自然、顺应自然、保护自然的理念，贯彻节约资源和保护环境的基本国策，更加自觉地推动绿色发展、循环发展、低碳发展，把生态文明建设融入经济建设、政治建设、文化建设、社会建设各方面和全过程，形成节约资源、保护环境的空间格局、产业结构、生产方式、生活方式，为子孙后代留下天蓝、地绿、水清的生产生活环境。

——《致生态文明贵阳国际论坛二〇一三年年会的贺信》（2013 年 7 月 18 日），习近平：《习近平书信选集》第一卷，中央文献出版社 2022 年版，第 5-6 页。

参考文献

1. 包茂红 . 环境史学的起源和发展 [M]. 北京 : 北京大学出版社，2012.

2. 卡逊 . 寂静的春天 [M]. 吕瑞兰，李长生，译 . 长春 : 吉林人民出版社，1997.

3. 克罗斯比 . 生态扩张主义 : 欧洲 900—1900 年的生态扩张 [M]. 许友民，许学征，译 . 沈阳 : 辽宁教育出版社，2001.

4. 克罗斯比 . 哥伦布大交换——1492 年以后的生物影响和文化冲击 [M]. 郑明萱，译 . 北京 : 中国环境科学出版社，2010.

5. 达特内尔 . 起源 : 地球如何塑造了我们 [M]. 李亚迪，译 . 北京 : 新世界出版社，2021.

6. 戴蒙德 . 崩溃 : 社会如何选择成败兴亡 [M]. 江滢，叶臻，译 . 上海 : 上海译文出版社，2008.

7. 邓迪斯 . 洪水神话 [M]. 陈建宪，等译 . 西安 : 陕西师范大学出版社，2013.

8. 郭松义 . 水利史话 [M]. 北京 : 社会科学文献出版社，2011.

9. 休斯 . 什么是环境史 [M]. 梅雪芹，译 . 北京 : 北京大学出版社，2008.

10. 冀朝鼎 . 中国历史上的基本经济区与水利事业的发展 [M]. 朱诗鳌，译 . 北京 : 中国社会科学出版社，1981.

11. 马克斯 . 现代世界的起源——全球的、生态的述说 [M]. 夏继果，译 . 北京 : 商务印书馆，2006.

12. 麦克尼尔 J R. 阳光下的新事物 : 20 世纪世界环境史 [M]. 韩莉，韩晓雯，译 . 北京 : 商务印书馆，2013.

13. 麦克尼尔 J R，恩格尔 . 大加速 : 1945 年以来人类世的环境史 [M]. 施雾，译 . 北京 : 中信出版社，2021.

14. 梅雪芹等 . 直面危机 : 社会发展与环境保护 [M]. 北京 : 中国科学技术出版社，2014.

15. 斯米尔 . 能量与文明 [M]. 吴玲玲，李竹，译 . 北京 : 九州出版社，2021.

16. 周鸿 . 人类生态学 [M]. 北京 : 高等教育出版社，2001.

专题三　城市文明

人类文明因城市而兴。早在原始社会时期，城市就是人类进入文明时期的标志。在漫长的古代社会，军事城市、宗教城市、商业城市应运而生，孕育了现代文明的种子，也成为实现人类日益密切联系的重要纽带。工业革命带来了城市化的时代，时至今日，人类已经生活在一个"城市的世界"中。根据联合国人居署的统计，2011年城市人口首次占世界人口的多数。城市是多样的，今日的城市既有纽约、伦敦、上海这样具有国际影响力的大都市，也有西雅图、汉堡、杭州这样具有特色的区域性城市，它们体现了人类文明的多样化特征。城市也存在着诸多的问题，环境污染、人口涌进、通勤时间过长成为当今世界三大城市问题。多年以来，城市规划师、建筑师、学者和民众投入巨大精力规划、设计一座美好的城市，一批具有典范意义的友好型城市逐渐出现。城市竞争即国家的竞争，城市水平已经成为人类文明发展程度中最重要的标志。本专题将从文明的角度介绍城市发展的主要历程、城市研究的主要成果和特色城市的现状和未来，以期向读者展示当今城市世界的面貌。

一

城市与文明的发展

■ 什么是城市

城市是人类聚居的重要形式之一。第一，城市通常是某个行政或地理区域的中心，如首都和省会等。第二，区别于农村经济结构，城市产业构成里第二、三产业的比重份额较大，第一产业多处于边缘化状态，其经济活动具有较强的对外开放性。城市一般有着行政硬性规划的边界，或根据地理地形形成的疆界，同时，在有限的空间内供养着密度远高于农村且总体数量庞大的人口。

■ 为什么研究城市文明

图 3-1　穆卡达西
（约 945/946—991）

早期城市的综合影响力大多限于地方区域，随着贸易蓬勃发展、交通技术改善，各地区交流日益频繁，历史舞台上出现了一批世界名城。公元 9、10 世纪，学者们便已经开始初步研究世界名城。公元 985 年，阿拉伯地理学家穆卡达西（图 3-1）在其著作《关于地域知识的分类法》中将他曾经游历过的聚落以规模等级体系区分出城市、城镇和村庄，同时还提出了国家性和区域性城市的概念。值得注意的是，穆卡达西主要关注的是地中海东岸的城市体系。

人类进入 20 世纪后，在工业化的大背景下，世界各地交往日益频繁，学者们更加注重对城市问题的研究。1915 年，城市研究先驱帕特里克·格迪斯（图 3-2）在《进化中的城市》中用进化论的视角对城市发展进行了系统性分析，并创造了世界城市这一概念。它用于指代世界范围内的城市区域和集合城市。格迪斯理念遍布全球。在格迪斯之后，城市地理学家马克·杰斐逊于 1939 年提出首位城市律。他认为各个国家内部普遍存在首位城市或领导型城市的现象，即通常首位城市在规模上要显著超越该国第二大城市，以至于该国的人口特征、经济体系、社会风尚、政治体制都浓缩在这个城市中，由这个城市体现，而这种浓缩程度或者集中程度被称为首位度。

图 3-2　帕特里克·格迪斯
（1854—1932）

第二次世界大战之后，世界政治经济格局发生了巨大变化。欧洲资本主义强国受战争摧残元气大伤，新兴强国美国和苏联发挥着更大的作用。在美苏两极对抗体系内，国家间的贸易、文化交流却进一步大发展。全球城市研究进入一个小高潮。1967 年，英国地理学家彼得·霍尔将"世界城市"描述为能够或已经对其他国家造成全球性政治、经济和文化影响的国际一流大都市。他比较研究了巴黎、伦敦、兰斯塔德、莫斯科、莱茵鲁尔、纽约、东京等七个"世界城市"，并在后期出版的书籍《城市与区域规划》中以国家/区域和区域/国家为视角分析了欧美城市化和城市规划的发展进程。

到了 20 世纪 80 年代后，越来越多的学者将世界城市作为一种特殊的城市类型进行研究。1986 年，约翰·弗里德曼提出了世界城市假说。他首次从网络的视角研究了世界城市的空间结构。弗里德曼将世界城市特征概括为主要金融中心、重要制造中心、跨国公司总部、国际化组织聚集地，商业服务部门和国家/区域中心等；他还进一步划分了世界城市等级，提出不同城市在国际经济秩序中的定位和功能有所不同。在弗里德曼等人的研究基础上，美国经济学家斯奇雅·沙森提出根据金融、信息等生产性服务来鉴别世界城市，创新性地提出了信息时代下的"全球城市"概念，把世界城市定义为发达的金融、商业服务和信息产业中心。

随着世界城市概念愈加清晰，一些学者投入对城市评价、分级工作中。2009 年，英国拉夫伯勒大学的学者组建了"全球化和世界城市研究小组"，将 242 个世界城市分为五个等级，用以衡量其各自所处的地位。处于等级金字塔的是纽约、伦敦和东京三个城市，三者均为全球信息和投资流的新节点。除了三个顶级城市外，还有顶级 B 段的世界城市，如巴黎、芝加哥、法兰克福、香港、北京、上海、首尔、洛杉矶、新加坡等。2019 年 11 月 12 日，中国社会科学院财经战略研究院与联合国人类住区署合作推出的《全球城市竞争力报告 2019—2020：跨入城市的世界 300 年变局》中，将纽约、伦敦、东京、北京、巴黎依次评为五座最具竞争力的全球城市。

不管怎样，城市研究越来越受到学术界和社会的关注，产出的成果也越来越多，充分体现了城市在人类文明发展过程中的重要性。我们今天生活在一个城市的世界。

■ 世界主要城市的历史起源

20 世纪 50 年代，英国考古学家詹姆斯·拉梅特在今天土耳其安纳托利亚地区的加泰土丘发掘了一处城镇遗址。该遗址以蜂窝形式排布着大小不一的土质房屋，房屋间由简单街道结构分割，整体布局上能看出明显的规划痕迹。根据估计，该聚落能容纳7000 左右的人口。同时，随着考古发现的推进，该城镇被看作是引领人类城市化发展道路的先进城市。城市起源复杂多样，且历史悠久，但城市起源有其共同的原因。最早期的人类以采集、渔猎为生，随着生产力的发展，人类开始制作工具，生活水平也得以提升。人类搬出了洞穴，搬到水草丰茂、适宜居住的平原地带，形成了一个个小型聚落。聚落因为食物来源的稳定化和多样化而迅速膨胀，并最终产生了城市。

根据芒福德在《城市发展史》中的观点，虽然城市都发挥着其初级形态，即村庄所承担的各类基础性功能，如提供庇护所、供给食物等，但每个城市都具备自己得天独厚的优势，或是自然资源，或是文化因素，或是交通便利，或是军事需要。卡尔维诺在经典之作《看不见的城市》中，借助马可·波罗向忽必烈大帝讲述天下奇闻为线索，串联起 55 个关于城市的故事。他讲述的城市蕴含着多元魅力，城市"既是轻盈的，又是连绵的，又是隐蔽的"，同时还和记忆、欲望、名字等与人类的存在切身相关的元素互相纠缠。

【史料阅读】《看不见的城市》节选

可汗梦见一个城：他向马可·波罗这样描述：

"港口在阴影里，朝北。码头比黑色的海水高出很多，海浪拍击护墙；石级上铺着海藻，又湿又滑。出门的旅客在港湾流连着跟家人道别，码头上系着涂过沥青的小艇等待他们。告别是无声的，有眼泪。天气寒冷，每个人都用围巾包着头。艇上的人喝了一声，不能再拖延了；小艇载着旅人离岸，他在船头望向尚未散去的人；岸上的人已经看不清他的面目；小艇靠近停在海上的船；一个缩小的人形攀上梯子，消失了；锈蚀的锚链在拉起的时候发出碰撞锚管的声音。岸上的人在石码头上，他们的目光越过土地，随船绕过海角：他们最后一次挥动白色的布块。"

"去罢，去搜索所有的海岸，找出这个城，"可汗对马可说，"然后回来告诉我，我的梦是不是符合现实。"

"请原谅，汗王，或早或迟，有一天我总会从那个码头开航的"，马可说，"但是我不会回来告诉你。那城确实存在，而它有一个简单的秘密：它只知道出发，不知道回航"。

【问题探究】

在小说中，可汗梦见的可能是哪一座城市呢？

总体来看，城市在早期产生时，与以下三个元素息息相关。

1. 城市与城墙

"城"字本身含有城墙和防御的意思。英文的 town 和俄文的 gorod 在字根上也有"围"的意思。在对古代城市考古中也发现，早期城市在形成时充分考虑到了防卫的作用。比如，图 3-4 中杭州的良渚古城遗址，就以规模宏大的城墙工事结构而著称，良渚城墙长约 1910 米，东西宽 1770 米，总面积 300 公顷。

古代希腊雅典城也注重城墙防卫功能，雅典在鼎盛时期建造的从雅典到比埃雷夫斯港的雅典长城就是为了军事防御。中古时代，欧洲各地陷入一片混乱，为了保卫自己，大量城堡和防御工事在欧洲出现。12—14 世纪时，英法曾修建过大约 200 座堡垒城市。

2. 城市与贸易

贸易也是城市天生所具备的功能之一，城市中的"市"字充分说明了这一点。从形态上讲，西方城市多以市场为中心，剩余空间围绕市场展开；而中国城市是政治象征，是衙门和官府所在地。例如，北京就以紫禁城为中心，东西南北延展出中轴线。

城市商贸是大量早期城市发展和崛起的支柱。《城市经济》的作者简·雅各布斯就认为，城市诞生于贸易基础上，居住在城镇的人们借助较高的生产效率推动了农业生产，并通过贸易交往把农产品传播出去。

商贸活动中有一种特殊的城市形态即殖民城市。15—17世纪地理大发现后，西方国家在新发现的土地上创建了殖民据点或城市。西班牙人就在拉丁美洲创立了标准化的城市中心的建造规则，典型形态包括网格状街道，其中包括教堂、城镇议院办公区、总督中央广场和西班牙管辖的住宅区。

3. 城市与符号

早期城市的符号分两种：一是宗教符号，二是王权权威。

首先是宗教符号。3500年前，苏美尔文明的每个城市都建造了大量塔庙建筑。3.5平方英里①的乌鲁克城中，伊什塔神庙就占3平方英里。宗教对于城市的意义在于，它是一种构建社会秩序的力量，也是维持人民保持集中式生活的基本凝聚力（图3-3）。

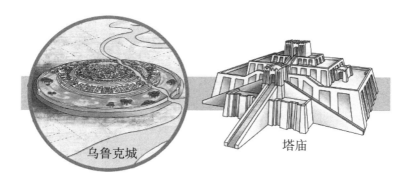

乌鲁克城　　　　　　塔庙

图 3-3　乌鲁克城及其神庙

其次，王权礼制也是人类早期建城的重要原因。中国古代尤其如此。中国古代城池大多按照《周礼·考工记》所记载的制度进行建设，强调"九经九纬"等方方正正城市建设要求。在城市布局上，体现皇权至上、以王权为中心的政治体制在中国古代城市建设过程中留下了深深的烙印。

---

① 　1平方英里 =2.5899 平方公里

■ 现代城市的发展趋势

当今世界城市化已经成为主流发展趋势。城市不仅在体量和人口上实现了对乡村的绝对优势，城市本身还在空间、结构和功能等方面发生根源性的变动，城市社会正以不断变换的形式呈现着自己。

自二战结束之后，城市的结构与再结构经历了大致四个主要过程：首先是 20 世纪 50 年代战后经济复兴，各地区的城市区域开始全面发展，人口迅速向城市集聚，城市化水平快速提高。进入 60 年代后，郊区化现象开始冒头，城市白领阶层和高收入蓝领阶级为追求舒适的居住环境向郊区住宅移动，推动了产业、就业和零售商业向郊区大规模转移，致使中心城区衰败。70 年代，随着 "郊区的前沿" 逐步向外扩张，占领了大块远离城市的土地，逆城市化现象应运而生，人口停止了向中心城区移动的脚步，转而流入城市边缘区域，乃至更遥远的小镇和乡村，为这些地方带来发展的新机遇，催生了一系列中小型卫星城市。在这一过程中，城市与郊区之间的界线开始模糊，大都市圈和功能性都市区之间的边缘地区界线开始模糊。80 年代以来又出现了再城市化现象，原先衰落的内城在政府和市场的双重引导下开始再度繁荣，一批中产阶级重新回到内城居住，驱逐了常年居住在这些区域的贫困市民，将已经衰败的城区变革一新，城市 "绅士化" 运动快速开展。

英国学者彼得·霍尔在描述 "世界城市" 的定义时就特意强调了这些城市在资本、贸易和金融方面的独特影响，它们大都扮演着本国甚至是邻国的贸易货栈的角色，再施加着区域性、国家性乃至国际性的影响，同时也带来了丰厚的品牌效应。比如新加坡的自由贸易港，汇聚着区域原材料、密集资本及移民人才等硬软件资源，因而才能在东南亚地区占据着举足轻重的地位；温哥华以旅游胜地闻名于世，但是它的海港是北美西岸最为繁忙的港口，进出于此的海运量比西雅图、波特兰甚至旧金山还要可观。金融和贸易产业是当今全球化市场里竞争的重要优势资源，而实用工业及特色制造业等第二产业业态为主的经济构成成为城市发展的动力支持，如芝加哥的成长就依托于铁路、船运、谷物贸易与肉类包装等行业的发展。

精神标识是一座城市维系自己生命所依仗的精神源泉。在城市中，市民追捧城市的精神标识。东京秋叶原是全球动漫爱好者和商家的集聚地，集合了世界上最流行的玩具模型、漫画周边及电子产品的售卖店，代表着二次元文化的世界中心。德国的魏玛城也是如此，它在 1999 年被评为 "欧洲文化之城"，是联合国教科文组织认定的世界文化遗产城市。魏玛一直保持着原有的城市风貌，以 "公园城市" 的美名保持着独特的生命力，象征着一种对人文历史追溯的情怀。

城市在农业文明和工业文明中承担着怎样的作用?

二

古代城市：罗马

■ 地中海城市：罗马

亚平宁山脉自北向南纵贯整个半岛，山脉周围是大片肥沃的平原和发达的水系，气候湿润温和，适合多种农作物生长。除北部和中部少数山区外，半岛上基本没有闭塞的地区，各地区之间联系比较方便。这种地形有利于发展工商业和航海业，但早期各个独立的部落间缺乏天然屏障作为设防边界，易受外来侵略。罗马城邦自诞生之日起，就与周围城市和部落处于不断的战争中。另外，这种地形为罗马提供了坚实的农业作为经济基础，罗马因此成为一个农民的国家，典型的罗马人是"农民—战士"。等罗马强大起来之后，这种地理条件也方便了罗马不断扩张，统一意大利半岛，并最终成为世界帝国。

罗马人是古代世界最讲求实效的民族。他们要求立即可见的效益，讲究速度、效率和经济核算。罗马人为自己的城市建立的第一项大型公共设施就是"大排水沟"。他们还修建了工业时代之前唯一的洲际公路网和远程供水系统。罗马帝国崩溃之后，这些工程设施逐渐衰败和失效，被中世纪虔诚的基督徒们称为"魔鬼桥"。这些工程不仅超出了他们的工程能力，甚至超出了他们的理解能力。

传说罗马城的创造者是罗慕洛。他于公元前753年在亚平宁半岛中部台伯河畔的丘陵地区建立了罗马城，并以他自己的名字命名。此后，罗马的历史经过了：伊达里亚时期、罗马共和时期、罗马帝国时期。其间，公元395年，罗马帝国分裂为东西两部分。帝国盛期是图拉真皇帝统治时，人口达到1亿，意大利本土有800万人。下面我们看一下作为政治中心的罗马城的建设过程。

■ 罗马城政治中心的建设

罗马城位于意大利中部靠近第勒尼安海岸的台伯河平原。台伯河在这里拐了个大弯，岸边有七座小山丘，称罗马七山：阿文提诺山、西里欧山、卡比多山、埃斯奎利诺山、帕拉丁山、奎利那雷山和维米那勒山。罗马城就在这七座小山之间发展起来，因此也被称为"七山之城"。

公元前 6 世纪后期，在罗马建成了第一条"大排水沟"（图 3-4）。它将帕拉丁山附近山谷里的水排入台伯河，从而使这一地区能够进行开发建设。最初它是一条明沟，大约在公元前 184 年前后被覆盖成暗沟。因此，罗马从一开始就是工程师的城市。差不多同一时期，在卡比多山上建造了第一座大神庙，即朱庇特神庙。此后，在南面的山谷里开始形成市场广场。它继承了希腊市场广场的传统，成为以后的罗马广场群的起点。卡比多山以西靠台伯河的大块平地则保留为军队的练兵场，称战神广场。

图 3-4　古罗马的大排水沟（1814 年绘制）

公元前 450 年前后，罗马城建成区的面积已经超过 2.8 平方公里，成为亚平宁半岛上最大的城市。公元前 387 年，北方的游牧民族高卢人入侵，城市大部分被占领和烧毁。赶走入侵者后，罗马人建造了城墙以保卫城市，称作塞维安城墙（Servian Wall，图 3-5），用大块凝灰岩建造，高约 10 米，底宽 3.6 米，长 11 公里，设防面积约 4.2 平方公里，结合地形布置，形状弯曲，将罗马七山全部包括在内。

图 3-5　塞维安城墙

　　日益强大的罗马开始将它的工程能力应用于提升城市生活的质量。公元前 329 年，在帕拉丁山南面建造了罗马城的第一座竞技场，即玛卡西姆大竞技场。它长约 621 米，宽 118 米，可容纳至少 15 万人观看竞技。

　　公元前 184 年，共和国时代的著名政治家老加图当选为罗马监察官。他自己出钱在古老的市场广场的中心建成了一座大型建筑——波西亚巴西利卡，作为他的执法场所，同时也供商人和其他平民举行聚会和其他公共活动。巴西利卡成为罗马城市的公民会堂。

　　公元前 61 年，名将庞培自己出钱在竞技场和台伯河之间建造了罗马城的第一座永久性剧场，被称为庞培剧场（图 3-6）。和希腊人依托自然地形顺着山坡建造的剧场不同，这座剧场是一座混凝土和大理石的巨大建筑，按照希腊的方式在平地上架起了高高升起的观众席、舞台、后台以及其他配套设施，一应俱全的建筑，显得拥挤不堪。

图 3-6　庞培剧场（1911 年绘制）

公元前 54 年，另一位名将恺撒在市场广场的东北部开始建造由柱廊环绕的封闭广场，基本上是一个规整的矩形，东西长 160 米，南北宽 75 米，具有显著的几何形态和轴线对称。广场在公元前 46 年建成启用，拓展了市场广场的规模。在广场的西北端建有一座维纳斯神庙，但是广场却以恺撒自己的名字命名，称朱利安广场，不过后来一般通称恺撒广场。

公元前 44 年，恺撒在罗马遇刺身亡。他的继承人屋大维在恺撒广场的北面建造了一个新广场。这个广场和恺撒广场一样具有规整的几何形态和环绕的柱廊，长轴与恺撒广场的长轴垂直。广场东北端建有战神神庙，但广场本身却被命名为奥古斯都广场。后来的皇帝们又在这两个广场的东西两面增加了若干个广场，以 113 年全部建成启用的图拉真广场为最大，形态也最为复杂，包括沿轴线布置的广场、巴西利卡、内院和神庙。从恺撒广场开始的这些皇帝纪念广场，被称为帝国广场群。

■ 罗马城生活中心的建设

1. 罗马浴场。 公元前 25 年，阿格里帕当时担任罗马市政官，在万神庙以北建成了第一座大型浴场，向罗马人开放，每位收费一个铜板，当时罗马城里工人的日工资大约为 64 个铜板。公元前 12 年，阿格里帕去世前，将浴场遗赠给罗马人民，一应开销全由皇帝屋大维负责。它就此成为第一座完全免费的帝国浴场，并开辟了皇帝建造巨大浴场供人民自由享用的传统。

2. 大斗兽场。 公元 72 年，皇帝韦斯帕芗下令在奥古斯都广场以东修建一座巨大的圆形剧场，称为大斗兽场。直到公元 80 年，其子即皇帝泰塔斯在位时建成，是古罗马帝国标志性的建筑物之一。

3. 多层公寓建筑。 公元 4 世纪左右，罗马城出现多层公寓住宅。由于罗马城内用地紧张，公寓越建越高，间距越来越小，质量低劣，经常发生火灾，也缺乏卫生设施。屋大维时期将这种建筑限定在 21 米，图拉真时期进一步限定到 18 米。帝国时代大部分罗马居民都是居住在这种多层公寓中。

4. 输水管道。 公元前 312 年，建成了第一条架空输水道，向地势较高的城区供水，通过街头喷泉供市民取水。此后，在罗马逐渐形成城市输水道体系，又逐渐传播到意大利各地，并成为罗马殖民地城市的标准做法。

■ 古罗马城建设的完成

270—275 年，罗马进行了最后一次筑城活动。皇帝奥理安（Aurelian）建造了一个完整的城防体系，包括城墙、壕沟和要塞。这一体系此后一直是这座城市防卫的基础。奥理安城墙围合的罗马城设防面积达到 13.8 平方公里，但罗马的建成区早已超出这一范围。在奥理安城墙之外，还有大面积的居住区和城市设施，总面积大约 20 平方公里，人口接近百万。

到了 3 世纪时，罗马帝国遭遇了严重的社会和经济危机，古罗马的建城活动明显放缓并趋于停滞。283 年，罗马城遭遇的火灾几乎摧毁了城市中心的大部分地区。灾后朱利安广场、元老院、农神神庙和庞培剧场等重要建筑较快得到重建。

4 世纪起，罗马城不再是帝国的都城，410 年西哥特人闯入罗马进行劫掠。斗兽场、罗马广场和帕拉丁山等重要区域逐渐废弃。部分公共建筑被贵族据为己有，部分被拆除、改建，一些大理石建筑材料和雕塑被烧成石灰，并运到意大利和欧洲各地。此后，罗马城不断衰落，建筑活动基本停滞，直到 11 世纪初才恢复。

■ 罗马城的营城理念

古代罗马城是在适宜的地理条件下自然形成的人类聚居点，自公元前 8 世纪建城开始，历经几个世纪的建设，形成了固定的城市格局。在罗马城市建设史中，共和国末期奠定了城市的基本发展模式。该模式呈现以下特点：

第一，因地制宜利用自然环境布局。罗马城最初起源于七丘和台伯河之间，从小小的聚落扩张成帝国都城，其成长过程结合了当地的地理环境，并且较好地利用了周边的自然资源和交通位置。

第二，注重建造纪念性建筑。罗马城追求永恒性建设。公元前 7 世纪，出现了砖石结构的耐久建筑。共和国晚期，由于控制了地中海世界，石料来源丰富，包括本地的凝灰岩、赤陶，外来的大理石、石灰岩。大量希腊建筑师和艺术家也来到罗马城，他们利用罗马多年征战获得的战利品，建设了坚固的、永久性的城市。

第三，开拓出大片公共空间。帝国时期实行了元首政制，但是仍保留了共和时期的元老院等元素，所以宪政思想依然存在于罗马，大量的贵族群体在城市内依然有发言权。罗马城市布局就体现了这种特征，皇帝不断支持公众空间的建设，包括广场、廊柱、公园、浴场、体育场、市场、演讲厅、剧场、斗兽场等。这些公共空间既是休闲交际的场所，也是笼络贵族、市民的手段，还体现了元首的威严和权力。

第四，注重建设的艺术性。罗马城到处可见建筑、雕塑、浮雕和绘画等艺术品。这些艺术品在艺术风格和品位上具有明显的差异，带有设计者或创作者个人的烙印。这些艺术品既体现了审美情趣，更是政治宣传的手段，力求以视觉形式直观地展现帝国的统治政策和理念以及元首的权威。

【学习拓展】 文化自信

人类历史发展到公元前后数世纪，欧亚大陆两端各自出现了一个伟大而辉煌的文明：秦汉文明和罗马文明。长安城和罗马城代表两种城市特质，但是它们都是两大文明体系的标志性形态。历史学家将长安城看作集权制的都城模式：

中央集权下的都城，最核心的理念是为最高统治集团服务并保障权力的安全。"卫君"成为都城最主要和最突出的功能之一，唯一的中心是皇帝以及从属于他的中央统治机构，都城的布局和结构表现出严格的等级秩序，世俗社会里的各个阶层按照一定的社会分层标准各安其所。

罗马城则是一种分权制的都城模式：

帝国时期罗马城市的理念延续了希腊"polis"和古意大利"civitas"的观念，也即城市是一个具有一定行政自主权的地理学实体，是"领土、城市、公共利益以及市民的civitas"，是一个包含领土、城市中心、公共生活和市民四重概念的复合体。根据这种定义，罗马帝国的每个城市都有各自的宗教权和公民权，保障着城市居民的公共和私人生活。

三

近代城市：伦敦

■ 伦敦的兴起

众所周知，今天的伦敦是英国的首都，也是欧洲的门户、世界的金融和文化中心。不过，伦敦成为世界级大城市是 18 世纪后半期的事情。18 世纪以前，伦敦人口增长率非常缓慢，只是在进入 18 世纪以后，伴随着产业化风潮和大英帝国的扩张，以及国际贸易的繁荣才迎来了急速增长期。

伦敦原来是罗马帝国时期，大不列颠岛上罗马的一个小兵站。罗马之所以选择这里作为兵站，是因为它处于泰晤士河下游这一有利位置。进入中世纪后，诺曼王朝和金雀花王朝时期，伦敦只是国王巡视过程中歇息的一个地方，布里斯托尔和约克等城市同样是国王驻跸之地。中世纪晚期开始，国王在伦敦建造威斯敏斯特宫（图 3-7），并且议会也在这里活动后，伦敦才成为名副其实的首都。

图 3-7　威斯敏斯特宫

17 世纪以后，英国打败了老对手荷兰和法国，在国际贸易和海外殖民地的争夺中大出风头。英国的这一发展导致了金融革命和产业革命，并最终形成了大英帝国。伦敦也借助这一东风兴起。到了 17 世纪 60 年代，伦敦经历了"伦敦大鼠疫"和"伦敦大火"等浩劫（图 3-8）。但是伦敦在经历了挫折后，还是急速发展起来了。

图 3-8　1666 年 9 月 2 日的伦敦大火，烧毁了泰晤士河北岸 80% 的住宅

■ 塞缪尔·约翰逊的伦敦

伦敦城高夫广场 17 号，是一座三层楼的砖瓦房。这里是著名作家、诗人塞缪尔·约翰逊编写《英语大辞典》的地方。约翰逊出生在利奇菲尔德，但他始终以自己是一个伦敦人而自豪。当他的朋友詹姆斯·鲍斯威尔问他久居伦敦后，是否会不再喜欢这座城市时，约翰逊说："不，先生，你在所有的知识分子里，找不到一个愿意离开伦敦的人。先生，如果一个人厌倦了伦敦，他也就厌倦了生活。"[①] 这是约翰逊为伦敦留下的名言。

约翰逊生活在 18 世纪中叶，当时伦敦有 67 万人，到了 18 世纪末则达到 90 万。到了 18 世纪后半期，伦敦旧城区基础设施老旧，环境恶劣。为了解决这些问题，伦敦人对旧城区进行改造，建设了花园广场、园林广场等，郊区也得到了扩张，重点开发的是泰晤士河北岸的西部新居住区。这个地区后来被叫做伦敦西区，成为富裕阶层和中产阶级贵族绅士生活的地区。

■ 伦敦郊区的开发

到了 19 世纪，伦敦人口快速上升。19 世纪初，伦敦人口仅为 100 万；到了 1901 年，则达到 658 万人。快速增长的人口给城市地域结构带来巨大变化。过去伦敦城是"内富外贫"。但是由于大力开发郊区，中产阶级逐渐转移到郊区居住，而市中心则留给了穷人。

---

① 詹姆斯·鲍斯威尔.约翰生传.蔡田明，译，北京：国际文化出版公司，2005：169.

为什么会出现这种现象呢?

1.19 世纪产业革命时期,伦敦形成了以低工资、高强度的"血汗制"为代价的廉价制造业,家具、服装和皮革等小规模手工作坊繁荣起来。这也是伦敦能吸纳大量农村人口和年轻人的原因。这样,城市中心涌入了大量贫困工人阶级。

2.郊区开发和中产阶级逃离。按照历史学家劳伦斯·斯通的观点,工业革命形成了新的以"感性个人主义"为基础的家庭伦理,"以家庭为中心的核心家族"出现了。夫妻关系和父母子女关系跟以前不一样了。家庭关系从开放型向封闭型转变,而市中心不利于封闭型家庭关系,所以中产阶级迁到郊区。

那么伦敦郊区是怎样开发的呢? 18 世纪最先开发的是克拉伯姆区域。之后,在泰晤士河北岸的亨普斯特德、海格特、荷莫塞、沃尔瑟姆斯托,以及南岸的达利奇、沃尔沃斯等地,建立了富裕的住宅区。由于住宅群沿着道路修建,呈现明显的带状分布。值得注意的是,地主和建筑师共同参与开发,建设计划十分周密,整个建筑群与附近的其他古建筑和谐共存。伊顿公学所在的温莎镇就是其中的典型。

1822 年,建筑师约翰·索购买了 230 英亩的宅基地建造了 34 幢独立住宅。后来他的儿子继续建造,而且十分注重楼与楼之间的空间。约翰·索在每建造一幢楼之前都会先建造教会、酒吧等公共设施。

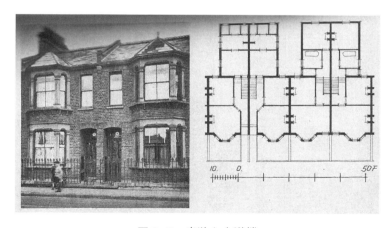

图 3-9 半独立小洋楼

当时,伊顿公学也想把自己学校周围开发成典型的中产阶级居住区。开发商为他们设计了侧重城市公共设施的建筑风格。住宅以"独立小洋楼"和一个屋檐下住两户的"半独立小洋楼"为主(图 3-9)。"半独立小洋楼"的每个住户前后都有一个 1—3 英亩(1 英亩 =4046.8 平方米)的庭院和后院,属于"园林式村庄"的住宅。随着英国人生活水平的提高,甚至高级工人阶层也能住进"半独立小洋楼"。

【问题探究】

伦敦作为世界级的城市，具有哪些地标性的建筑？

■ 伦敦市区的改造

1832 年，伦敦暴发大鼠疫，政府意识到要对公共卫生、给排水设施进行改善。1848 年，在埃德温·查德威克的倡导下，英国通过了《公众保健法》。不过，后来伦敦又遭遇鼠疫，人们认为这跟市政府权力分散有关。1855 年，英国又通过了《首都地域政府法》，将原先 250 个行会和团体组成的松散政府改造成一个个区域委员会，设置了给排水、道路建设、路灯安装等综合管理机构。根据法规，伦敦成立了"首都建设委员会"，开始对伦敦进行大规模改造。

此外，英国人还为展示伦敦文化上的优越性而努力。19 世纪中期，伦敦旧城区出现了所谓维多利亚风格的大型石雕建筑物。这些建筑物是展示高品位文化的大型空间。这个时期建造的象征性建筑物有大英博物馆、皇家阿尔伯特音乐厅、维多利亚和阿尔伯特博物馆、自然史博物馆、国立美术馆等。

在旧城区大发展的同时，贫困的伦敦东区也受到关注。当时伦敦东区形成了贫民窟，如圣吉尔斯教区（图 3-10）。这里基础设施很差，疫病横行。东区主要是工人阶级居住地带。当时搬迁到干净、美丽郊区的富裕起来的中产阶级甚至出现游览贫民窟的景象。贫困成了一种被"欣赏"的对象。

SKETCHES OF OLD HOUSES IN St. GILES'S.

图 3-10　圣吉尔斯教区：典型的伦敦贫民窟

■ 伦敦社会人口的变化

20 世纪的伦敦迎来了移民高潮，伦敦人口结构非常复杂，呈现以下阶段性特征。第一个阶段是 1939 年第二次世界大战之前。20 世纪上半期，伦敦人口持续增长，到二战前夕达到 861 万人，所增人口占到全国增长人口的 1/3。一战之前，至少有 20 万犹太人移居英国，大部分人定居在伦敦。19 世纪末，伦敦东区的服装制造业部门几乎全是犹太人。20 世纪后期，又有大批印度人涌入伦敦。这些印度移民来到伦敦后，继续从事"血汗制"工厂工作，挣到钱后，寄回家乡，让家人们购买土地，过上自给自足的小日子。

　　第二个阶段是 20 世纪中叶伦敦人口逐渐减少时期。1951 年后，伦敦每年有 3 万人离开，居住到伦敦远郊，甚至超出了伦敦的行政区域范围。第二次世界大战到 1981 年期间，伦敦人口处于缓慢流失中。1961 年跌破 800 万，随后 10 年减少了 55 万人；1971 年人口下降到 745 万；1981 年下降到 680 万。1981 年人口普查显示，大伦敦地区在过去 10 年里失去了 10% 的人口，内伦敦失去了 20% 的人口，外伦敦失去了 5% 的人口。

　　第三个阶段是 1981 年以后的新增长时期，开始了伦敦的"再城市化"。1981—1991 年这十年中，伦敦人口保持稳定并略有增长，1991 年达到 682 万，伦敦人口减少的趋势开始扭转。进入 20 世纪 90 年代后，伦敦的人口增幅加大，2001 年达到 732 万人。在伦敦"再城市化"过程中，内外伦敦人口聚集的增长速度也在加快。20 世纪八九十年代，内伦敦人口平均增长率分别为 0.332% 和 0.525%。这一时期，伦敦的移民大多居住在东区。到了 2000 年，伦敦政府开始改造东区，现在这里出现了一座座新式建筑物。不过，伦敦东区仍有贫民区存在，以孟加拉移民和加勒比移民为主。

【史料阅读】　伦敦供水系统的发展

　　19 世纪下半叶，伦敦迎来发展的转折点，城市居民的规模史无前例，城市范围扩展到周边以及农村地区。泰晤士河不再是伦敦生活的中心。在泰晤士河南边，沿岸的古老房屋逐渐被新的城市街区所取代，这些街区很快覆盖了那些原始花园和村庄。东部地区的变化最明显，出现了大量的仓库，造船业与冶金业迅速崛起。这座密集型城市从 1801 年开始逐步发展，城市中心最终主要集中在白教堂和威斯敏斯特之间的泰晤士河北部，到 19 世纪末成为世界上最大的城市。

　　随着城市的演变，伦敦各大自来水公司的权重也在发生变化。1820 年，新河公司和东伦敦公司两家供水公司瓜分了伦敦最大的市场份额。前者的用户占总人口的 39%（61.3 万家用户），后者占 24%（约 37.7 万家用户），其他 6 家公司则远远落后。但这一比例在世纪进程中渐渐地发生了变化：虽然新河公司不断获得新的客户，但它逐渐失去了领先地位，在 1880 年被东伦敦公司超越，后者的发展得益于东伦敦地区人口爆发式的增长。

1903 年，新河公司服务的人口仅占 18.4%（约 120 万居民），而东伦敦公司以 23.1%（150 万居民）占据榜首。其他公司规模也在发展壮大，并在某些领域发挥着举足轻重的作用。

　　——选自克里斯托夫·德费耶:《君主与承包商：伦敦、纽约、巴黎的供水变迁史》，社科文献出版社 2019 年版，第 112-113 页。

四

现代城市：芝加哥

■ 芝加哥的基本情况

　　芝加哥是一座建于 1833 年的年轻城市。虽然它的历史不长，但是发展速度却非常快。19 世纪的芝加哥发展之快几乎成了"快速发展"的代名词。根据美国人口普查，芝加哥在建市不到 20 年的时间内城市人口已经排行全国第九位，30 年后，城市人口位居全国第二位。总体上，从 1840 年到 1890 年的短短 50 年内芝加哥人口增长了 200 倍以上。

　　芝加哥是一座充满活力的城市，是一座具有"开拓者精神"的城市。1893 年，历史学家弗雷德里克·特纳发表了《边疆在美国历史上的重要性》一文，力挺"西部开发"在美国历史上具有重要意义。根据特纳的看法，美国通过向西部开拓，形成了开拓者精神、个人主义、民主主义。根据特纳的观点，芝加哥正是在西部开发过程中成长起来的城市，也具备了这种美国国家特征——"开拓者精神"。

　　芝加哥毗邻五大湖之一的密歇根湖，由于一年四季有湖风吹来，被称为"风之城"；由于芝加哥是全美第二大城市，因此有"全美第二城"之称；由于芝加哥是畜产、屠宰、肉类加工的中枢，又被称为"世界杀猪场"；由于该城暴力团伙猖獗，也被称为"巨肩之城"。芝加哥充满活力，也被称为"劳动的城市"。下面我们将跟随芝加哥的别号，一览芝加哥的历史。

■ 城市的开拓与发展

芝加哥最初是作为美国中西部主要产业的畜牧业、林业、谷物业的集散、中介、购销中心而得到发展的。1820 年，随着伊利运河连接了纽约的哈得孙河，芝加哥与纽约互动发展。到了 19 世纪中期，芝加哥因为成为面向西部的中转地而得到极大地发展。

但是，1871 年，芝加哥发生了一场大火。火灾遍及市区 5631 平方米的范围，烧毁了 1.8 万幢建筑，全市三分之一的人口失去家园（图 3-11）。但是大火之后，芝加哥快速重建，成功地建造了一个更为华丽、更为壮观的城市。芝加哥的重生引起了世人的关注。大量欧洲游客来到芝加哥旅游，对全新的芝加哥称赞不已。

图 3-11　1871 年芝加哥大火

1893 年，为纪念哥伦布来到美洲 400 周年而举办了"1893 年芝加哥哥伦布纪念博览会"。这场博览会的主会场是一座叫作"白城"的大理石庞大建筑。这处白城的宏伟建筑展现了古希腊罗马帝国的样貌，意图表现芝加哥的宏伟（图 3-12）。

图 3-12 "白城"

【问题探究】

芝加哥在美国社会经济发展中起到了怎样的作用?

■ 芝加哥屠宰产业和劳工问题

在芝加哥博览会热潮外还有另一面。1893 年，意大利作家乔赛普·贾科斯访问芝加哥后留下了这样的记录："这一个星期内，我在芝加哥所看到的只有黑暗。城市上空弥漫着煤烟、雾霾、粉尘，所到之处人满为患，且都是阴郁、哀伤的表情。"

芝加哥在快速发展的同时，空气污染、环境脏乱、人口过密问题也非常严重。

芝加哥最令人震惊的是屠宰场。当时有一位作家厄普顿·辛克莱在《屠场》一书中描述了屠宰场的"残酷"和"血腥"的场面，令人毛骨悚然。《屠场》的主人公是一位斯洛伐克人，而在屠场中工作的人几乎都是来自不同国家的移民集团。

这些人来到芝加哥时满怀希望，但是却遭到了严苛的对待。这些工人们忍无可忍，在 1877 年爆发了工人大罢工和 1886 年干草市场恐怖炸弹袭击事件（图 3-13）。工人们要求提高待遇，却遭到了镇压。于是劳工运动发展为向警察投掷炸弹的恶性事件。参与这次干草市场炸弹事件的 6 个人都被处死。但工人阶级继续战斗，成立了"世界产业工人联盟"这样的激进组织。所以我们看到，在芝加哥举办世界博览会的同时，还饱含着无数工人的奋斗和抗争，芝加哥就是在这样的矛盾中不断发展的。

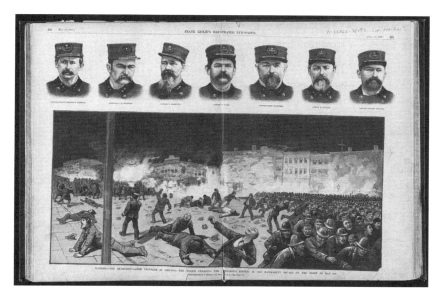

图 3-13　干草市场炸弹事件

■ 来到芝加哥的黑人群体

20 世纪初，一大批南方的黑人来到芝加哥。这被称为"黑人大迁徙"时代。黑人们之所以迁徙，是因为他们在南方地区备受种族歧视。黑人选择芝加哥为目的地是因为：第一，芝加哥是美国南北交通的枢纽。第二，先来到芝加哥的黑人向南方黑人宣传北部，鼓励大家迁徙到芝加哥。从 1916 年到 1920 年的四年内就有 7.5 万名南方黑人来到芝加哥。

到达芝加哥的黑人自称"新黑人"。因为他们是脱离了南部奴隶制束缚的黑人，而且也是尚未品尝过奴隶制的新生代黑人。他们来到北方后，可以获得相对平等的待遇，不需要像在南方那样向白人点头哈腰。

但是，芝加哥仍然是存在种族隔离的社会。这体现在黑人和白人居住地的差异上。1910 年，芝加哥黑人中的 70% 集中在南区的一条街上，当地白人称之为"黑色地带"。另外，大多数黑人只能从事屠宰场工作，在职业链条上属于最底层。

另外，白人也对黑人展开暴力行为。1916—1917 年，芝加哥白人暴徒公然对黑人实施暴力。1918 年 3 月到 1919 年 7 月间，共发生 25 起针对黑人住房和黑人不动产的爆炸事件。到 1919 年夏天，黑人和白人之间的矛盾到了一触即发的地步。7 月 29 日导火索被点燃了。在密歇根湖游泳的一名黑人少年无意中游入了白人游泳区，被白人扔过来的石头砸死。事件发生后，白人警察根本不理会黑人指认犯罪嫌疑犯的举动，试图以简单驱散双方人员的办法草草了事，于是很快就发生了黑人和白人的互斗，蔓延全城。警察束手无策，整个芝加哥的暴力事件持续了四天四夜，酿成了 23 名黑人死亡、15 名白人死亡、双方 537 人受伤的惨剧。1919 年芝加哥种族暴乱是在现代城市发展过程中，不同种族集团之间矛盾难以调和而导致的一个极端事例（图 3-14）。

图 3-14　1919 年，芝加哥暴乱时武装起来的黑人群众

到了 20 世纪 20—30 年代，以阿尔·卡彭为首的芝加哥暴力集团兴起了。这个暴力集团攻击性强、手段残忍，至今让人认为芝加哥是世界黑手党的中心。

当然，芝加哥社会快速发展过程中暴露的问题，也引起一些人推动城市改革。劳拉·简·亚当斯在芝加哥建设了"霍尔馆"，推动建立女性邻里友好关系。通过"社会睦邻运动"，亚当斯为那些有才华却找不到机遇的女性创造了交流互助的平台。"霍尔馆"成为美国社会福利学的鼻祖。芝加哥也成为进步主义时代美国城市改革的典范。

■ 现代城市规划的起源：《芝加哥规划》

1906 年 6 月，伯莱姆接受了芝加哥商人俱乐部的委托着手编制芝加哥规划。1907 年商业俱乐部规划委员会正式成立。规划编制得到了政府官员、社区委员会和众多组织的全程参与。规划参与组织包括铁路终端站委员会、城际公路委员会、湖滨委员会、南北林荫道委员会、库克郡委员会、排水委员会、教育委员会、艺术协会、芝加哥商业协会，以及西区、北区、南区公园委员会等等。在编制规划过程中，市长和地区领导人经常受到邀请参加讨论；规划委员会每周至少安排一次会议。在此后两年多的时间里，共召开了包括各委员会协调会、信息发布会、公共听证会和政策咨询会在内的数百次会议。最后形成的《芝加哥规划》被叫做"伯莱姆规划"，但也获得了商业俱乐部的全力支持。这部规划是美国历史上第一个现代城市总体规划，对芝加哥历史产生了深远的影响。

《芝加哥规划》对芝加哥城市进行了以下规划：

1. 园林绿地系统规划。以现有园林绿地、湖泊、水系和森林资源为基础，依托东部密歇根湖建设大型连续完整的湖滨绿地。在城市内部建设围绕中心区外缘、贯穿建成区中部、防护城市边缘的三大绿化圈层。这三个圈层通过林荫大道、园林大道与湖滨绿地串连，建设尺度由内向外依次增大。

2. 综合交通体系规划。考虑到铁路在芝加哥货运中占据了 95% 的比例，规划提出改变现有的多家铁路公司独立经营、自成体系的混乱局面，共享四条环形铁路线，将现有的铁路线整合成协调运作、相互衔接的高效营运系统。外迁现有的拥挤在中心区的铁路货物，在城市外围集中选址大型货物终端站。考虑到水陆联运，规划提出在芝加哥河和卡尔穆特河入湖口处的两个货运港配套建设货物装卸中心，这两个港口通过高架和地下的铁路线实现快速连接。

3. 城市街道系统规划。规划在现在的网格加放射的城市路网基础上提出进行一系列城市主干道的拓宽和改造工程，延长计划作为城市中轴线的国会大道，增加一大型弧状的林荫大道连接规划提出的第二绿化圈层，增加大量的城市放射性道路以实现快捷的交通联系。规划对芝加哥河畔的道路进行了设计，认为滨河大道的设计对减少城市交通拥堵作用重大。滨河大道进行双层高差处理，上层高于普通交通平面，与同样需要进行抬高处理的街道衔接；下层为近水区，建设为仓储区。

4. 设计中央商务区。《芝加哥规划》将中央商务区界定为约 30 平方公里的区域。商务区遍布办公、商店、银行、旅馆、剧院、铁路终端等公共设施。规划认为当时商务区中最突出问题是各类交通流混杂，已制约了城市商务功能的进一步提升。解决商务区交通问题应从密歇根大街入手，大街西侧是商店、剧院、旅馆和音乐厅，规划提出拓宽和向北延伸密歇根大街，横断面上涉及步行、观光、过境三类不同的交通流。

■ 现代芝加哥

到了 20 世纪六七十年代，芝加哥再次迎来了腾飞。在民主党的治理下，芝加哥迅速发展。1998 年开始建设千禧年公园，到 2004 年竣工。这座位于市中心的公园吸引了无数游客的目光。成为芝加哥的新象征。

公园内最引人注目的是不锈钢椭圆形"云门"。由于拱门的形象既像巨大的水银珠，也像一粒巨大的豆子。芝加哥人就送给它"大豆"的美称。

2009年，在芝加哥开启政治生涯的奥巴马当选为总统。他的当选体现了美国黑人人权史的一次变化，而这种变化与芝加哥城市史又紧密地结合在了一起。今天的芝加哥依然是一座伟大的城市，它如同历史上那样，依然充满了活力和未来的可能性。

【史料阅读】 芝加哥的当地酒吧

芝加哥的睦邻得分排名一直高于纽约和洛杉矶，在很大程度上是因为它有大量的公园、酒吧和公共图书馆。最近一篇由《纽约客》和《经济学人》的博主瑞安·埃文特撰写的文章，声称美国缺乏社区酒吧，而欧洲的社区酒吧正是它们优越性的标志。这篇文章引发了忠实的芝加哥人对 Andrew Sullivan 网站博主的愤怒，例如，他们邮件回应称："很明显这个作者从来没有去过芝加哥。"有的读者说："至少在北面一条街的范围内漫步，如果你没有遇到一个像埃文特描述的那样的酒吧，是很困难的。大概一年前我从华盛顿搬到这里，这些日子这里的啤酒真是棒极了，拥有美味的汉堡和友好的调酒师的街角酒吧无处不在……像是为我来到这个新城市而举行的最好的欢迎仪式。""在罗杰斯公园这个沿湖最北端的地区，我们做了很多探索。从我的前门到当地的酒吧只有一条街区……到三个街区的话，就有六个街区酒吧……这个国家之外的人对芝加哥的生活简直一无所知，几乎在整个城市都存在他们所不知道的东西。"这些电子邮件既可以用来确定睦邻的指标，又突出了芝加哥和美国其他城市之间的差异。

　　——节选自丹尼尔·亚伦·西尔、特里·尼克尔斯·克拉克：《场景：空间品质如何塑造社会生活》，社会科学文献出版社 2019 年版。

五

全球城市：新加坡

■ 古代新加坡

早在13、14世纪，新加坡岛上有一个部落叫Temasek，意思是"海城"。传说，一位来自巨港的王子，由于躲避风雨而来到Temasek，他看到一个动物，以为是狮子，于是将此地命名为Singapura。在马来语中，Singa是狮子的意思，Pura是地方之意。于是后人将此地称为"新加坡拉"，也叫做"狮城"。

到了1330年前后，有一位来自中国的商人汪大渊到达新加坡后，根据Temasek音译将这个部落称为"淡马锡"。于是，淡马锡的名称就沿用至今，被用于一些街道、学校、大厦，甚至公司的名字。

1. 新加坡是多元文化的汇聚地。在过去的2000多年里，马六甲海峡及两岸的马来半岛、苏门答腊以及爪哇岛一直都面临着印度文化、中国文化和伊斯兰文明的流入，并不断对这些外来文明进行吸收和融合。

2. 新加坡是古代亚洲贸易中心。中国宋朝时期，允许并鼓励私人在境内经营进口商品的贸易，并允许商人出境贸易。所以，在宋朝时期，中国和东南亚之间船只数量猛增，古代新加坡的商业地位也不断提升。古代新加坡主要向来自各地的商人提供三种优质商品：犀鸟盔、香檀和棉花。其中，犀鸟是一种热带鸟类，产于东南亚热带雨林。犀鸟盔就是犀鸟的头盖骨，传入中国后叫做鹤顶红，可用于制作杯子、鼻烟壶、挂饰等。

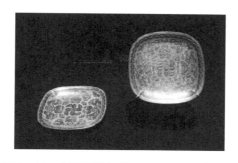

图3-15　中国沉船打捞品—"卍"字符金碟

明朝时期，1405 年，郑和下西洋标志着东南亚"贸易时代"的开始。由此，东南亚与明朝之间建立了朝贡体系。新加坡这里也建立了一个马六甲王国，并与明朝建立了紧密的朝贡关系。1411 年和 1414 年，马六甲王国的拜里米苏拉两次访问中国。马六甲地理位置重要，所有经印度洋到南中国海的船只，都要在马六甲停靠，甚至将其作为货物中转集散地，与印度、阿拉伯国家及欧洲进行贸易活动。

不过，马六甲王国在 1511 年沦落为葡萄牙的殖民地。此后，葡萄牙、西班牙、荷兰和英国人陆续来到这里。自此，古代新加坡时期就结束了，殖民时代的新加坡开始了。

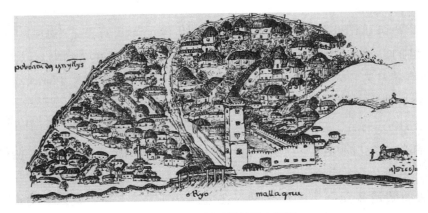

图 3-16　明朝时期的马六甲城

■ 莱佛士发现新加坡

1818 年，一位叫莱佛士的英国人被派遣到苏门答腊。莱佛士到了后发现，荷兰人正准备控制苏门答腊。于是，莱佛士给英国政府写信："我们的船只必须穿过巽他海峡和马六甲海峡，才能抵达马来及爪哇各群岛，而这些海峡现在都在荷兰的控制之下。英国在好望角和中国之间已无立足之地，也没有一个友好的港口可以补充淡水和食物。"

莱佛士虽然没有获得英国政府的回复，但是他却获得了一次去印度加尔各答的机会。他把想法说给了印度总督黑斯廷斯。在黑斯廷斯的指示下，莱佛士乘船从加尔各答到了槟城，并与那里的英国殖民者法夸尔少校达成一致，由英国保护马六甲海峡的南端区域，抵制荷兰人的垄断。在这种情况下，1819 年 1 月 28 日，莱佛士率领一支 8 艘船的舰队，停泊在新加坡河的入口圣约翰岛附近。随船的华人曹亚志带领一队人上岸勘察，没有发现荷兰人，

图 3-17　莱佛士

于是在山上竖起一面巨大的英国国旗。新加坡开始了在英国人统治下的殖民历史。

■ 新加坡独立

第二次世界大战之后，英国已经无法统治在亚洲的殖民地。当时，英国希望在东南亚建立一个包括马来亚联合邦、新加坡和婆罗洲领地在内的，属于英联邦国家的马来西亚联邦。1959 年，在新加坡人民行动党的努力下，新加坡终于与马来亚合并，成立马来西亚，新加坡成为新联邦的一个州。

但是，马来西亚成立后，新加坡与吉隆坡的马来西亚政府之间存在着种种矛盾。双方矛盾不可调和，新加坡最终在 1965 年 8 月 9 日脱离马来西亚独立。著名华人政治家李光耀出任第一任总理。

独立后的新加坡追求独立自主的发展道路。1967 年，新加坡财政部长吴庆瑞提出：亚洲国家城市要把自己的角色从西方帝国主义的滩头阵地转变为在自己独立政府领导下的、有活力的、为改变乡村状况而实行现代化进程的阵地。

那么该如何判断自己在世界经济中所扮演的角色呢？新加坡将西方市场作为主要目标。它采纳了联合国顾问的建议，开始重组经济，由国内市场的进口工业化转变为向西方市场的出口工业化，也就是所谓的"加速出口导向工业化"。

由于新加坡天然的地理优势，可以与世界各国紧密相连，加工的产品可以以低廉的成本，轻松、快捷地运往终端市场。1968 年，新加坡拥有了自己的第一个航运公司——东方海皇轮运公司。1969 年，新加坡超过伦敦成为英联邦里最繁忙的港口。1975 年，紧跟纽约、鹿特丹后，新加坡成为世界第三大最繁忙的港口。

为了应对经济挑战，新加坡政府对教育体系进行了重组。新加坡的教育开始转向以技术和职业培训为主，因为技能的不断提高是劳动力经济生产率不断提高的重要途径。1970 年，新加坡马来联合学院申请用英语作为教学语言。到 1980 年，新加坡全国教育系统以英语为教学语言，汉语、马来语、泰米尔语为第二官方语言。

【问题探究】

为什么新加坡能够在独立后快速发展起来？

■ 新加坡城市规划

新加坡独立之后，面对土地稀缺、过度拥挤、基础设施不足等城市问题，新加坡政府希望寻求更高效的土地利用方式以支持社会需求。新加坡政府集中全力，建立规划署和房屋建设局，具体负责政府的政策。在新加坡的城市规划中，最重要的是实现了政府对土地的公共控制和所有权。为了解决住房问题，新加坡政府抛弃了英国的土地私有制原则。1966年，新加坡颁布了《土地征用法》确保国家能够以低于经济水平的价格回购土地，引入了被称为"社会主义立法"的"公用征地"概念，支持政府获得土地用于公共住房和商业发展，从而推动更广泛的利益。

新加坡城市更新中的另一个政策是收费制度。开发商在获得开发许可后必须向国家支付开发费用，防止土地所有者对社区发展和公共基础设施建设所带来的土地增值坐享其成。收费制度为公共设施的开发开辟了税源，保证了后续的可持续发展。

在具体的城市规划中，新加坡的城市更新团队推出了一个环形概念，围绕中央集水区周围开发，并辅以沿南部海滨的东西走廊。大部分就业机会集中在中央地区，而以铁路为基础的快速交通系统则保护了土地，防止公路占据过多的城市空间。1991年，新加坡推出了新的更新概念方案，力求创造一个美丽独特的亚洲城市，并保证城市的经济竞争力。更重要的是，该方案呼吁通过大众轨道交通MRT系统和综合高速公路网络连接各个区域中心。

■ 国际大都市的标志

在许多学者看来，今日的新加坡具备全球城市的许多特征，新加坡是一个稳定、富裕、多元化、相互联系、富有创造力的城市，也是其他城市的榜样。在此过程中，也产生了能体现新加坡全球城市地位的标志。

1. 鱼尾狮。鱼尾狮是新加坡的标志。1964年，老范克莱水族馆馆长弗兰克·布伦纳提议设计此标志，并得到了新加坡旅游局的同意。鱼尾狮最初的设计者是教育家关世强先生，后来他担任过新加坡大学副校长。1972年，雕塑家林浪新根据关世强先生的设计制作了鱼尾狮。鱼尾狮如今已经成为新加坡向世界开放，欢迎各国游客的标志（图3-18）。

图 3-18 鱼尾狮

2. 富丽敦大厦。新加坡河口的富丽敦大厦建于 1928 年，是新加坡的邮政总局，现在则是一家五星级酒店。大厦建成后，邮政总局占了 3 层楼面，总面积约 33850 平方米。邮政总局创下了 1 项世界纪录：全球最长的服务柜台（长 90 米）。邮政总局采取了一种先进的邮件传送系统。在修建富丽敦大厦时，还修建了一条地下道，地下道直通码头，小汽船还可以从地下道开进富丽敦大厦（图 3-19）。

图 3-19 富丽敦大厦

3. 亚洲文明博物馆。在今天的新加坡有一座亚洲文明博物馆。这是一座建于 1864 年的白色建筑，也叫做皇后坊大厦。它最初是一个法院，后来改为殖民政府办公大楼。1987 年，新加坡政府将其重修为新加坡文物馆。1989 年到 1995 年，新加坡文物馆举办了 11 项大型展览。1998 年，新加坡文物馆再次改造为亚洲文明博物馆。亚洲文明博物馆的使命是展出和新加坡人有关的亚洲文明，重点是介绍文化，以及文化传播的历史。

参考文献

1. 阿克罗伊德.伦敦传 [M].南京：译林出版社，2016.

2. 伯纳姆.芝加哥规划 [M].南京：译林出版社，2017.

3. 格林.伦敦六百年 [M].海口：南海出版社，2020.

4. 克鲁克香克.摩天大楼：始于芝加哥的摩登时代 [M].北京：北京燕山出版社，2020.

5. 里斯.城市：一部世界史 [M].上海：上海三联书店，2021.

6. 芒福德.城市发展史 [M].北京：中国建筑工业出版社，2005.

7. 麦克伊韦迪，道格拉斯·斯图尔特·奥尔斯.古典世界的城市：从地图探寻文明的细节 [M].桂林：广西师范大学出版社，2022.

8. 诺里奇.伟大的城市 [M].北京：中国致公出版社，2022.

9. 佩里.新加坡：不可思议的崛起 [M].北京：九州出版社，2021.

10. 沙恩.1945 年以来的世界城市设计 [M].北京：中国建筑工业出版社，2016.

11. 藤布尔.崛起之路：新加坡史 [M].上海：东方出版中心，2020.

12. 希伯特.罗马：一座城市的兴衰史 [M].南京：译林出版社，2016.

13. 休斯.罗马：永恒之城 [M].上海：上海文艺出版社，2021.

专题四　人类战争

人类文明史也可以看作一部战争的历史。早在 10000 多年前的史前时代，战争便已经存在于原始部落之间，并在之后的历史长河中一直与人类社会的发展相伴相随。纵观人类文明走过的 5000 多年，大多数时间都在经历战争。有资料指出，从公元前 3500 年至 20 世纪末，没有发生战争的年代只有 300 年左右。布雷特·鲍登在其著作《文明与战争》中指出，文明与战争是共同成长的，他用同一枚硬币的两面来形容文明与战争的紧密关系。[1] 的确，战争如同一把双刃剑，对人类的文明有深远影响：一方面，作为人类最具杀伤性的活动，战争能够摧毁文明，给人类社会造成巨大灾难；另一方面，战争也能重塑文明，给人类社会带来进步和机遇，人类文明正是在战争的洗礼中才发展成如今的模样。反过来，文明也改变着战争，战争的形态、规模、工具、组织以及作战方式无不跟随着人类社会的发展而变化。总之，如果想要真正了解人类文明的历史，以及我们为何会生活在如今的这个世界，就不得不了解人类战争。本专题将以时间为线索，结合文明的发展，对人类战争的历史进行梳理。

一

冷兵器战争

冷兵器战争是人类经历的第一种战争形态，指使用石制、铜制以及铁制的刀、枪、剑、戟、弓箭等冷兵器进行的战争，其历史时期为公元 10 世纪火药用于战争之前，经历了石器时代、青铜时代与铁器时代三个阶段。

■ 冷兵器战争的产生

冷兵器战争产生于石器时代。根据考古学的研究，人类战争可追溯至中石器时代，证据之一便是在苏丹的捷贝尔·撒哈巴。考古学家发现了距今有 13000 年历史的中石器

---

① 布雷特·鲍登. 文明与战争 [M]. 唐建国，王冰，译. 哈尔滨：哈尔滨工程大学出版社，2019.

时期的墓地，墓地中有 45% 的骨骼残骸显示出暴力死亡的痕迹（图 4-1）。在西班牙东部卡斯特龙台的中石器时代的岩画中也有着对战斗场景的描绘。[①] 中石器时代的人类过着以采集狩猎为生的群居生活，爆发冲突的原因主要是氏族或部落之间争夺生存资源、血亲复仇、抢夺配偶（女人）、满足特定心理（如荣誉、尊严）等因素。[②] 冲突所用的武器来源于用石、木、骨制作的狩猎工具，如木棒、石刀、石斧等。由于人口稀少，部落与部落之间交流不多，作战工具落后，战斗没有统一的组织，所以这一时期的战争规模小，造成的伤害也有限。

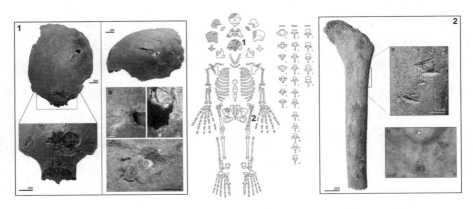

图 4-1　捷贝尔·撒哈巴史前墓地发现的遗骸伤痕的位置及图像

进入新石器时代，农业和畜牧业开始出现，人类从适应狩猎采集的游居生活变为适应农耕的村落定居生活，战争也随着生活方式的改变而多了起来。村中的粮食会招致村外狩猎采集者的垂涎，武装冲突因此时不时地发生在农业较为发达的区域，农业定居者便有意识地为可能到来的侵扰做出一定的防御准备，防御工事就是在这种情况下产生的。建造于大约公元前 7000 年的耶利哥古城中已经发现了应对战争的防御城墙、塔楼和护城河（图 4-2）。

---

① 王育成 . 史前战争述略 [J]. 历史教学问题，1987（3）：2.
② 阿扎·加特 . 文明世界的战争 [M]. 钱铖，译 . 上海：华东师范大学出版社，2022：40、41、111、114、115.

图 4-2　耶利哥城墙遗迹

　　此外，稳定的农耕生活使得新石器时代人口增长较快，部落数量和规模急剧增大，部落之间的交流与冲突也有所增加，冲突的主要原因是争夺农业社会所需要的自然资源，如土地、水源等。随着生产力的发展，在新石器时代的晚期（原始社会晚期），手工业从农业中分离出来，私有制萌芽，社会开始出现分化，部落之间的冲突不仅包括自然资源的竞争还包括对手工制品、财富、奴隶和权力的争夺。[1] 中国古代传说中的部落或部落联盟战争就发生在这一时期，如黄帝部落联盟与蚩尤部落的战争以及尧、舜、禹同三苗部落的战争。面对愈加频繁的战争，军事组织开始出现，军事行动有了统一的调度和指挥。专门用于战争的武器也在新石器时代晚期从生产工具中分化出来，它们以石制兵器为主，形成了冷兵器的基本类型，包括长杆格斗兵器戈、矛，短柄卫体兵器刀、匕首，远射兵器石镞等，原始的防护装备，如竹、木、皮制造的盾以及用藤或皮革制作的甲、胄也已经出现。[2]

【问题探究】

　　农业和战争之间存在怎样的关系？

①　阿扎·加特. 文明世界的战争 [M]. 钱铖，译. 上海：华东师范大学出版社，2022：264-265.
②　中国大百科全书总编辑. 中国大百科全书·军事Ⅱ [M]. 北京：中国大百科全书出版社，1989：1309-1310.

■ 冷兵器战争的发展

青铜时代是冷兵器战争的发展阶段，这一时期产生了国家和军队，作战工具和方式有了新的变化，战争的频次增加，规模扩大。

公元前 3500 年至公元前 2000 年，西亚、北非、欧洲、中国和印度相继进入青铜时代，几乎在同一时间，在这些地区原始社会瓦解，国家开始出现，人类进入奴隶社会。公元前 3500 年至公元前 3000 年，西亚两河流域的苏美尔人就建立了若干奴隶制城邦；埃及第一个统一的奴隶制国家也在公元前 3100 年左右形成；公元前 21 世纪，中国拥有了第一个奴隶制国家夏朝；公元前 2000 年，希腊的克里特岛也有国家出现。奴隶社会的战争主要包括奴隶主扩张的战争、奴隶制国家之间兼并与争霸的战争以及国家内部反抗奴隶主统治的战争。公元前 2900 年左右，两河流域的苏美尔城邦因水权、贸易等事务进入了长达数百年的"诸国争霸"时代。在中国，也是通过战争实现了夏、商、周政权的更迭，并于公元前 770 年进入春秋诸侯兼并、大国争霸时期。在古埃及，中王国（公元前 2009 年—公元前 1650 年）时期多次进行对外扩张战争，目标包括利比亚、努比亚以及西亚地区。

进入青铜时代，武器从石制逐渐过渡到青铜制。公元前 1800 年，青铜成为武器制作的主要金属材料。[①] 青铜兵器包括戈、矛、钺、戟、刀、剑、弩等进攻性武器以及甲、胄、盾等防具（图 4-3）。随着青铜武器的发展以及木工技术的不断完善，新的作战工具——战车应运而生。最早的战车于公元前 2500 年出现在西亚的两河流域，公元前 1600 年，战车传入埃及，古希腊也在公元前 1600 年左右出现战车。在中国，战车最早出现于夏朝。[②]

① 英国 DK 公司 .DK 军事历史大百科 [M]. 袁月杨，王雪娇，董秋楠，译 . 北京：电子工业出版社，2020：15.
② 史滇生 . 战争简史 [M]. 北京：海潮出版社，2006：8.

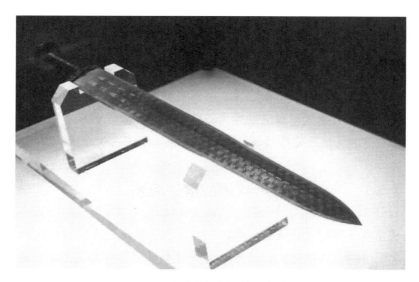

图 4-3　春秋青铜剑　越王勾践剑

　　军队作为专门的军事组织伴随着国家的产生而诞生。公元前2600年，苏美尔人制作的手工制品"乌尔军旗"最早描绘了有组织的军队（图4-4）。[①] 奴隶制国家的军队主要由奴隶主和自由民构成，最初实施兵民合一的制度，即兵民不分，在需要作战时临时组建军队，然而这种制度渐渐无法满足战争的需求，生产力的发展也使更多的人能够脱离生产，常备军因此出现。中国古代的常备军是在周朝出现的，直属于中央。在西亚地区，阿卡德国王萨尔贡一世（公元前2354—公元前2279）建立了常备军。埃及在中王国时期也已具备了常备军的雏形[②]，不过这一时期常备军的人数非常有限。

图 4-4　苏美尔遗物"乌尔军旗"，现存大英博物馆

---

① 英国DK公司.DK军事历史大百科[M].袁月杨，王雪娇，董秋楠，译.北京：电子工业出版社，2020：15.
② 史滇生.战争简史[M].北京：海潮出版社，2006：8.

军队中最早的兵种是步兵,与之相适应的战斗队形为方阵,方阵是冷兵器时代最主要的战斗队形。公元前 3000 年,苏美尔人手持长矛的步兵首先组成了密集型方阵。随着战车的出现,战车兵逐渐成为军队的主力,步兵降为辅助兵种,方阵也进一步发展,由步兵和战车兵共同组成。在中国,商朝时就形成了由步兵、战车兵联合组成的密集方阵队伍。春秋时期战车兵已经成为主要兵种,如公元前 632 年晋国与楚国之间的城濮之战,双方就大规模使用战车,这场战争也是中国古代车战的典型案例。[①]

■ 冷兵器战争的成熟

冷兵器战争在铁器时代进入到成熟阶段。世界上最早进入铁器时代的是位于小亚细亚地区的赫梯王国,其于公元前 15 世纪已能大量炼铁,并最先使用铁制兵器。在埃及,铁制兵器出现于新王国(公元前 1553—公元前 1085 年)时期。约公元前 1000 年,印度的雅利安人开始使用铁制兵器。公元前 800 年左右,欧洲也进入铁器时代,古罗马统治时期铁器的生产与传播达到顶峰。中国在春秋时期有了铁制农具和铁兵器,在战国末期军队开始正式装备铁制兵器。[②]

炼铁技术的出现对战争产生了诸多影响。相比青铜兵器,铁兵器更加锋利且更有韧性,用于近身肉搏的铁制格斗兵器具备了劈砍与直刺的功能,杀伤力更强,青铜兵器因此逐渐被铁兵器取代,防护用具也以铁制为主。武器的进步使得尚武的民族有更好的条件进行争霸战争,战争也变得更残酷。公元前 10 世纪至公元前 6 世纪,从赫梯引进的铁制兵器帮助亚述进行大规模的扩张战争,最终成为近东地区最厉害的军事力量以及横跨亚非大陆的强大帝国。

战车虽有力量、速度方面的优点,但也有笨重、受地形限制多的缺点。装备铁制兵器以及改良弩的步兵能够有效阻遏车阵的冲击[③],因此进入铁器时代后,具体时间范围大约从公元前 1200 年至公元 5 世纪古罗马在西方衰落,在整个欧亚大陆,战车失去了作战优势,战车兵随之没落,步兵重新成为军队的主力。中国在战国晚期步兵为主要兵种,步战为主要作战方式。[④]在西方,希腊重装步兵与罗马军团尤为著名。希腊重装步兵出现于公元前 700 年,装备精致的青铜防具(盔甲、头盔与护腿),进攻武器主要为铁制刺枪与铁剑(图 4-5)。公元前 490 年波斯人入侵希腊,在马拉松战役期间,希腊重装步兵排成方阵队形打败了规模远大于自己的波斯军队,并在之后的一系列战

① 蔺玄晋 . 战争简史——军事科技进步与战争形态的演变 [M]. 北京:兵器工业出版社,2017:24-25.
② 中国大百科全书总编辑 . 中国大百科全书·军事 Ⅱ [M]. 北京:中国大百科全书出版社,1989:1311.
③ 蔺玄晋 . 战争简史——军事科技进步与战争形态的演变 [M]. 北京:兵器工业出版社,2017:23.
④ 中国大百科全书总编辑 . 中国大百科全书·军事 Ⅰ [M]. 北京:中国大百科全书出版社,1989:4.

争中取得胜利，而以步兵为主的罗马军团可以称为罗马的"战争机器"，在罗马共和国和罗马帝国统治时期的军事行动中发挥重要作用，其装备主要有铁制防护用具鳞甲、头盔、板条甲与铁制短剑、匕首、铁头标枪和矛等。

图 4-5　希腊士兵图

铁器的使用提高了农业生产力，推动了社会经济的发展，促进了奴隶社会的瓦解和封建社会的产生。封建社会战争频繁，是当时社会变革、王朝更迭的重要原因，战争类型也多种多样，有国家之间的争霸、统一、割据战争，有农民反抗封建地主阶级的战争，有不同民族之间的战争，也有因宗教引起的战争等，战争持续更长，规模也更大。

马镫作为铁器时代的发明对冷兵器战争有着深远影响。骑兵在马镫发明前并不是军队的主力，马镫发明后，骑士可以更稳固地控制马匹且能更自由地挥舞手中的兵器，这使得骑兵的战斗力显著上升，因此马镫的到来引领了骑兵革命，使得骑兵成为封建社会的重要兵种。[①]中国在汉朝时期为对抗匈奴大力发展骑兵，随着公元 4 世纪马镫在中国普及，重装骑兵在南北朝时期成为军队的主力，直至明朝之前，骑兵一直在中国军队中占据重要地位。元朝是中国骑兵的极盛时代。蒙古西征期间（1217—1260 年）采取多迂回、大纵深、高速度的战术，将冷兵器时代的骑兵战术发挥到极致，正是拥有最优秀的骑兵部队，蒙古才能横扫欧亚大陆，建立起庞大的帝国。公元 8 世纪马镫从亚洲传入欧洲并引起了当地的社会变革，骑兵主宰着欧洲中世纪的战场，骑士阶级也成为一种特殊的阶级而诞生。随着骑兵成为作战主力，战斗队形也有着相应变化，密集方阵队形逐渐没落，机动、灵活的多元队形越来越多地出现在战场之上。

① 蔺玄晋. 战争简史——军事科技进步与战争形态的演变 [M]. 北京：兵器工业出版社，2017：41-43.

【史料阅读】 性别与战争

女人有时是引起战争的原因，有时则被用作战争的借口——抢妻是原始社会冲突的一个主要原因，有时也是挑唆极端暴力的煽动者——麦克白夫人的类型众人皆知。女人作为战士的母亲也可以是铁石心肠，宁肯承受失子之痛，也不愿忍受懦夫儿子生还的耻辱。而且，女人可以成为激情洋溢的战争领导者，通过男性对女性特质的反应这一十分复杂的化学过程，女性领导人在男性下属心中激起的高度忠诚和自我牺牲的精神是男性领导人难以企及的。不过，除少数例外，战争是世界各地的女性一直置身事外的一项人类活动。女人指望男人保护她们免遭危险，当男人没有履行保护者的责任时对他们痛加责备。女人参军入伍，照顾伤员，男人去打仗后担起耕种田地和放养牲畜的活计，甚至挖掘由男人来守卫的战壕，在工厂里为男人生产武器。然而，女人不参加作战。女人之间很少动手，而且从未在军事意义上和男人动过手。如果说战争自古就有，是全人类的普遍现象的话，那么现在就必须加上一条最重要的限制：它完全是男性的活动。

——选自约翰·基根：《战争史》，中信出版集团 2018 年版。

【问题探究】

请结合所学知识和相关材料思考为什么战争"完全是男性的活动"？

二

早期火器战争

火药的发明引起战争的革命性变化，人类战争自此从短兵相接的冷兵器时代逐渐过渡到远程射杀的火器时代。10 世纪至 17 世纪中叶为火器用于战争的早期阶段，当时世界各国基本仍处于封建社会，科学技术发展缓慢，火器虽已用于战争中，冷兵器仍然占有重要地位，这段时间也称为冷兵器、火器并用时期。

■ 火药在中国的发明及应用

火药是中国古代四大发明之一，这里主要指的是黑火药。黑火药的发明来源于炼丹术。中国古代帝王为追求"长生不死"，不断广纳贤士寻求炼丹之法，促使了炼丹术的发展，这也为火药的发明奠定了基础。炼丹家们在制作丹药的过程中，使用不同矿物质进行反复试验，最终发现硝石、硫磺、木炭的混合物能够引发爆炸，火药就是这样被研制出来的。[1] 中国最晚在 808 年以前就发明了火药[2]，经炼丹家传入军事家之手后，火药开始被用于军事当中。

火药最早用于军事是在唐朝末年，唐哀宗在位期间的地方势力战中曾使用"发机飞火"摧毁城门，"发机飞火"即用投石器发射火药。北宋时期，火器的使用开始具有一定规模，出现了火箭、火球、火蒺藜等多种火器。1126 年开封保卫战中，宋军使用了火箭与霹雳炮使金兵死伤惨重。北宋军事著作《武经总要》中记录了多种火器的制作方法并列出三个火药配方（图 4-6）。南宋时期，火器有了进一步的发展，产生了竹制管形火器突火枪，为之后枪、炮的产生奠定基础。

【学习拓展】

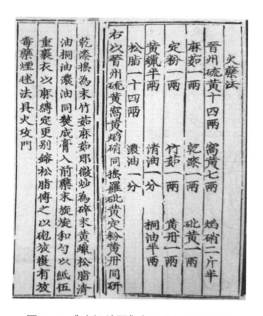

图 4-6 《武经总要》中记录的火药配方

① 钟少异 . 中国早期火药火器史概观 [J]. 文史知识，2021（10）：6.

② 中国大百科全书总编辑 . 中国大百科全书·军事Ⅰ [M]. 北京：中国大百科全书出版社，1989：563.

《武经总要》是宋仁宗赵祯命曾公亮、丁度编纂的一部内容广泛的军事教科书，也是中国第一部由官方主持编写的兵书。《武经总要》中记载了火球、蒺藜火球、毒药烟球这三种火药配方，是迄今为止世界上能见到的最早文字记载的火药配方。这三种火药配方的发明是我国古代劳动人民勇于探索、敢于创造的体现，也是中华民族优秀的文化遗产。它们的公布标志着我国军用火药发明阶段的结束。在此之后，火药的研制方向主要在于改良火药性能和增加火药品种。

两宋期间，火器处于初创阶段，在战争中起决定作用的仍然是冷兵器。宋、金、蒙古之间频繁的战争推动了火器的传播与发展。金在宋朝的基础上研制出铁火炮、飞火枪。南宋嘉定十四年（1221年），金军在攻打蕲州时就使用了铁火炮。[1]元朝在宋、金的基础上创制了最早的金属管形火器——火铳。相比竹制管形火器，主要以铜制成的火铳能反复填装弹药使用，寿命较长。至元朝末年，火铳已经广泛使用于战争之中并显示出巨大威力（图4-7）。[2]

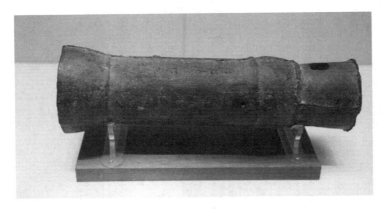

图4-7　元朝至顺三年（1332年）的青铜火铳

【问题探究】

战争与武器发展之间存在怎样的关系？

到了明朝，火器发展到鼎盛时期。火器的种类繁多、形式复杂。手铳在元朝的基础上进行改良，有三眼铳、四眼铳、连子铳等多种样式；爆炸性火器分为炸弹、地雷

---

① 中国大百科全书总编辑 . 中国大百科全书 · 军事Ⅱ [M]. 北京：中国大百科全书出版社，1989：1313.
② 中国大百科全书总编辑 . 中国大百科全书 · 军事Ⅱ [M]. 北京：中国大百科全书出版社，1989：1314.

和水雷三种；火箭的品种也分为单级、多级、有翼火箭等几十种。明代的火炮也十分发达，代表性的有仿制西方的佛郎机、红夷大炮。1626 年，明将袁崇焕在对金战争中，就是用红夷大炮抵御金朝的进攻，成功守住宁远。[①] 火器在明朝时期开始大量装备军队，在洪武年间，装备火器的军人占总人数的十分之一。[②] 永乐年间，明朝建立了专门的火器部队神机营（图 4-8），在正统十四年（1449 年）京城保卫战对抗瓦剌军中发挥重要作用。

图 4-8　明朝神机营使用火器

■ 火器在欧洲的发展与应用

13 世纪，蒙古西征时将火药与火器的制造技术传给阿拉伯人，后又经阿拉伯人传入欧洲。当时的欧洲正处于封建割据、小国林立的状态，频繁的战争促使统治者们研制先进的火器。工场手工业的发展（特别是冶金工业）以及文艺复兴带来的思想解放与科技进步也为欧洲火器制造提供了有利条件。14、15 世纪，欧洲早期民族国家建立，王权的增加及中央集权的确立使得国家有稳定的财政来源用于军事发展。随着 15 世纪"新航路"的开辟，为争夺海外市场抢夺殖民地，欧洲海上强国竞相发展军事力量，火器的数量和质量就成为竞争的关键。因此，火器在传入欧洲不久便得到较快发展。

14 世纪是欧洲火器的初创阶段，西班牙人发明了欧洲最早的手持枪，即火门枪。

① 中国大百科全书总编辑 . 中国大百科全书·军事 II [M]. 北京：中国大百科全书出版社，1989：1315.
② 王兆春 . 中国火器史 [M]. 北京：军事科学出版社，1991：104.

射石炮、加农炮、青铜炮也在这一时期出现。15 世纪，欧洲的火器制造技术取得很大进展，首先出现了火绳枪。相较于火门枪，火绳枪更易瞄准，射速较快，射程更远，因此在 15 世纪末得到广泛应用。[①]1494—1559 年，在法国和西班牙为争夺亚平宁半岛而引发的持续数十年的意大利战争期间，双方火器的较量成为战争的重点，尤其是火绳枪发挥出巨大的作用。西班牙的火绳枪令法军损失惨重，西班牙最终获得意大利的支配权。[②]

【史料阅读】 "文艺复兴之父"彼特拉克眼中的 14 世纪时期的欧洲火器

除了伴着喷涌的火焰和骇人的雷声射出的铜弹，它简直是奇迹，好像不朽的上帝发怒时降下的天雷还不够似的，可怜的凡人（啊！ 真是残酷又骄傲）非要在地上弄出雷声：人类的癫狂再现了不可模仿的、通常从云端而来的雷霆 [如马洛（维吉尔）所说]。当然，它是用一个木头做的但仍然带有地狱气息的装置发射的，有人以为它是阿基米德的杰作……这种凶器不久前还很罕见，人们觉得它特别好玩；现在，因为人的头脑容易被最恶毒的事情驯服，所以它已经像任何武器一样普遍了。

——弗兰齐斯科·彼特拉克：《论好运与厄运的补救》，转自汉斯·德尔布吕克：《战争艺术史（第四卷）: 现代战争的黎明》，世界图书出版公司 2021 年版。

【问题探究】

文中彼特拉克描述的"用木头做的……装置"可能指什么？

14 世纪时期的火炮威力有限，在攻城战中并不能给攻城的一方带来绝对优势；15 世纪后火炮制作技术出现较大突破，火炮威力更强，使用更方便，成本更低，攻城战中守军一方面对强大的火炮几乎没有招架之力。[③]在英法百年战争中，法国能取得最后的胜利与后期积极发展火炮密切相关。1450—1453 年，法国依靠火炮的力量，射穿英国的多处要塞，最终把英国人赶出诺曼底。后法国完成统一，成为欧洲顶级强国也与其发达的火炮有关。1453 年发生在奥斯曼土耳其帝国与拜占庭帝国之间的君士坦丁堡围攻战中，土耳其利用火炮的优势，最终战胜拜占庭帝国（图 4-9）。15 世纪八九十年代，正是火炮的使用才使得西班牙在不到一个月的时间里迅速攻下摩尔王国的城池。

---

① 王兆春 . 世界火器史 [M]. 北京：军事科学出版社，2007：135.
② 史滇生 . 战争简史 [M]. 北京：海潮出版社，2006：46.
③ 蔺玄晋 . 战争简史——军事科技进步与战争形态的演变 [M]. 北京：兵器工业出版社，2017：75-76.

图 4-9　1453 年君士坦丁堡陷落

16 世纪，欧洲创制了燧发枪。在燧发枪发明之前，火绳枪作为主要的手持枪在欧洲已经使用百年。火绳枪主要靠燃烧的火绳点燃火药，点燃火绳需要明火，容易对士兵造成危险且使用不便。[①] 燧发枪是用转轮摩击燧石来点火发射，使用更方便、灵活且射速更高。因此，燧发枪在发明后不久便替代了火绳枪，在 17 世纪后成为欧洲军队的主要装备。[②] 总的来说，15 世纪至 17 世纪期间，火器在战争中的作用越来越重要，冷兵器日益衰退。

■ 火器在军事领域里引起的变革

中世纪的欧洲，步兵是辅助骑兵的次要兵种。15 世纪后步兵再次成为主要兵种，骑兵地位下降。火器的发展是其中一个原因，人们发现手持火器的步兵能够击败战马上的骑士，步兵因此得到重视。西班牙作为 15 世纪以后的欧洲军事强国，其步兵团也被称为"步兵之花"，主要由长矛兵与火绳枪手组成。西班牙还开创了新兵训练制度，对当时欧洲各国军队都有深远影响（图 4-10）。[③] 西班牙步兵团统治欧洲大陆近 200 年，直至 17 世纪被法国军队终止。燧发枪的发明使得骑兵也能使用手持枪作战，骑兵的地

①　蔺玄晋．战争简史——军事科技进步与战争形态的演变 [M]．北京：兵器工业出版社，2017：81-83.
②　王兆春．世界火器史 [M]．北京：军事科学出版社，2007：243-245.
③　史滇生．战争简史 [M]．北京：海潮出版社，2006：43.

位因此在 17 世纪稍有改善，如英国内战期间的马斯顿荒原战役（1644 年）中，克伦威尔领导的骑兵队伍冲散了保皇派的马匹，导致皇家步兵暴露在攻击之下，最终议会派取得了战争的胜利。[①]

图 4-10　手持火绳枪的西班牙步兵

随着火器的发展，炮兵成为继步兵、骑兵后陆军中的第三个兵种。法国的炮兵在欧洲处于领先地位。1450 年，英法百年战争期间，法国建立了世界最早的攻城炮队。[②]17 世纪初，瑞典国王古斯塔夫二世进行炮兵改革，建立了第一个炮兵连。后来法国又建立了炮兵团。[③]17 世纪之后，随着埋雷、坑道爆破等战法的使用，工兵成为一种独立的兵种。法国、俄国、英国、美国都相继建立了工程兵部队。

火器的出现引起了海上作战的巨大变化。15 世纪新航路开辟后，为扩大殖民地和争夺海上霸主地位，欧洲海战频繁，西班牙、荷兰、英国、法国等海上强国均重视海上力量的建设。首先是在舰船上安装火炮，舰船的性能和构造也由此出现改变，桨

① 英国 DK 公司.DK 军事历史大百科 [M].袁月杨，王雪娇，董秋楠，译.北京：电子工业出版社，2020：126-127.

② 史滇生.战争简史 [M].北京：海潮出版社，2006：44.

③ 中国大百科全书总编辑.中国大百科全书·军事 I[M].北京：中国大百科全书出版社，1989：9.

帆战舰最终被风帆火炮战舰所取代。[①] 第一次由炮火决定胜负的大规模海战是发生于
1571 年 10 月 7 日的基督教同盟国家与奥斯曼土耳其之间的勒班陀海战[②]，拥有较多火
炮的基督教同盟国家获得战争的胜利，奥斯曼土耳其遭到重创，失去了其在地中海的
霸主地位。这场战役让人们看到风帆战舰与火器在海战中的重要性，自此传统的撞
角冲击、接舷肉搏的海上作战方式落下帷幕，远距离火炮射击的战术战法登上历史舞
台。[③] 英国的战舰及舰炮在 16 世纪的欧洲处于领先地位，且英国是较早使用海上远程
炮战的国家。16 世纪末，已是海上霸主的西班牙与新兴殖民国家英国之间展开激烈的
争夺，双方进行多次海战。在 1588 年的格拉沃利讷海战中，英国利用其舰船快速机动
和火炮射程远的优势，在作战中使用单纵队队形，充分发挥舷侧炮的威力，打败了仍
然使用传统接舷战术的西班牙无敌舰队。[④] 战争的胜利使英国获得了大西洋的制海权，
之后英国加紧殖民扩张，向海上霸主地位迈进。

三

近代火器战争

17 世纪中叶至 19 世纪末，资本主义处于上升发展的阶段。生产力的提高、科技
的进步与大工业的出现使得率先资本主义化的欧美各国军事实力迅速增强，处于世界
领先水平。资本主义与封建制度的矛盾、资本主义国家争夺势力范围的矛盾、资本主
义扩张导致的民族矛盾等引发了资本主义上升期的各种战争。军事技术的进步使这一
时期冷兵器基本退出历史舞台，主战兵器完全转为火器，作战方式也由此发生新的
改变。

---

①② 蔺玄晋. 战争简史——军事科技进步与战争形态的演变 [M]. 北京：兵器工业出版社，2017：93.
③ 史滇生. 战争简史 [M]. 北京：海潮出版社，2006：54.
④ 史滇生. 战争简史 [M]. 北京：海潮出版社，2006：56—57.

■ 军事技术的新发展

17 世纪中叶，法国人发觉冷兵器与火器混编不便，枪手只能远攻，而长矛只能近战。法国人发明刺刀解决了这一矛盾，将刺刀直接嵌入枪中，这样就兼顾了远近作战（图 4-11）。刺刀的发明结束了冷兵器、火器并用的时代，自此冷兵器基本从欧洲战场上消失，欧洲真正意义上进入了以火器为主要作战兵器的热兵器战争时代。

18 世纪 60 年代发源于英格兰中部的工业革命，使资本主义生产从工场手工业过渡到机器工业。科学技术的进步、蒸汽机的发明及冶金、化学、机械制造等工业的发展开启了军

图 4-11　19 世纪前装式火枪使用的插座式刺刀

事技术蓬勃发展的新时期。19 世纪中叶以前主要使用的火绳枪、燧发枪等属于前膛枪，射速有限，填装弹药的时间较长。19 世纪中期，枪炮结构经过一系列的改进出现后膛枪，使用方便，射程射速及命中率均有提高。在 1866 年的普奥战争和 1870 年的普法战争中，击针后膛枪表现亮眼，在普法战争之后，欧美军队开始纷纷装备后膛枪。1883 年，美国人 H.S. 马克沁发明了首个以火药燃气为能源的现代机枪，开启了枪炮自动装弹的新时代。此后，自动步枪、冲锋枪及其他不同结构的机枪也相继诞生。[1]19 世纪末，无烟火药的发明促进了枪炮结构与性能方面的改进，马克沁发明的机枪能广泛普及正是因为其使用了无烟火药。

17 世纪中叶以后，欧洲的火炮制造技术迅猛发展，瑞典、法国、普鲁士、英国等均对炮制进行改革。19 世纪中叶出现的后膛炮为火炮技术的一次重大飞跃，在射程射速提高的同时，火炮使用起来也更加安全方便。普法战争中，普鲁士装备的后膛炮与法国使用的前装加农炮相比优势明显，这是普鲁士最终获得胜利的重要原因之一。

19 世纪初，第一艘蒸汽船问世（图 4-12），1836 年发明的螺旋桨推进器提高了战舰的速度，以蒸汽为动力的战舰开始迅速发展起来，欧美国家逐渐用蒸汽舰取代了风帆舰，并装配后装线膛炮与旋转炮塔，极大地增强了海上作战能力。19 世纪中叶，为了能够抵挡愈加强力的火炮，蒸汽舰使用装甲防护，诞生了装甲舰。与木质船壳相比，钢铁战舰具有明显的优势，遂逐渐成为各国海军的主要战舰。1866 年发生在意大利与奥地利之间的利萨海战是首次使用蒸汽装甲舰的大规模海战，这场战役标志着海上作战从风帆时代过渡到蒸汽钢铁时代。

①　中国大百科全书总编辑. 中国大百科全书·军事 I[M]. 北京：中国大百科全书出版社，1989：564.

图 4-12　1807 年，美国人罗伯特·富尔顿制造的第一艘蒸汽轮船 "克莱蒙特" 号试航成功

　　1825 年第一条铁路在英格兰诞生后，铁路运输逐渐成陆地交通的主要方式，并在军事领域发挥重要的作用。1859 年法国在与意大利境内的奥地利军队作战时首次使用铁路来运输部队。[①] 普鲁士是当时较早将铁路用于战争中的国家，在普奥战争中，普鲁士正是利用铁路快速机动的特点，将自己的军队及火炮在与奥地利军队开战两周前迅速运至边境，从而先发制人，掌握战争的主动权。[②]19 世纪 30 年代电报发明，至 19 世纪中叶欧洲和美国大陆已经形成密集的通信网络。美国南北战争中电报就得到广泛应用，双方利用电报传递军情和指令，提高了指挥效率，战争期间共发送电报 650 万。[③]

■ 作战方式与军事制度的新变化

　　武器装备与军事技术的发展对作战方式有深远影响。随着火器在战争中扮演越来越重要的角色，冷兵器时代的密集方阵队形逐渐被摒弃。这一方面是由于火器对密集队形有巨大的杀伤力，另一方面是这种队形无法充分发挥火器的优势。17、18 世纪与火器相适应的线式队形成为欧洲战场上的主要作战方式。然而，线式队形有不机动不灵便的缺点，因此 18 世纪末，在火炮的机动性与步枪的射击精度都有所提高的情况下，纵队战术出现并逐渐替代线式队形成为欧洲普遍的战斗方法。这种队形的结

① 英国 DK 公司 .DK 军事历史大百科 [M]. 袁月杨，王雪娇，董秋楠，译 . 北京：电子工业出版社，2020：129.
② 蔺玄晋 . 战争简史——军事科技进步与战争形态的演变 [M]. 北京：兵器工业出版社，2017：114.
③ 蔺玄晋 . 战争简史——军事科技进步与战争形态的演变 [M]. 北京：兵器工业出版社，2017：126-127.

构为，前面是少数兵力组成散兵队形，后面是密集纵队，再配合一定数量的骑兵与炮兵。作战时，先以火炮轰击，散兵消耗，骑兵配合骚扰，最后主力纵队进行突击（图4-13）。[①]1806年，在拿破仑指挥的法军与第四次反法同盟交战的重要战役耶拿会战中，前者正是使用了纵队战术配合散兵队形大败普鲁士军队。19世纪中期后，由于后装线膛枪的问世，武器杀伤力提高，密集的纵队队形便不再适用于战场，散兵线战术能够在敌人的炮火下减轻伤亡，同时发挥出后装线膛枪的威力，于是逐渐代替纵队队形成为欧美军队的主要战术。

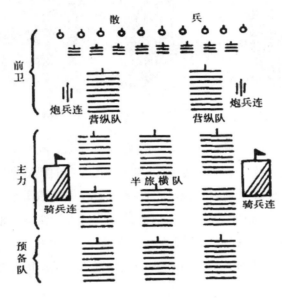

图 4-13　纵队战术

16—18世纪，雇佣兵制为欧洲各国主要的军事制度，受封建政治和经济的限制，国王无法组建一支庞大的常备军来应对频繁的战争；另外，当时的战争规模有限，庞大的常备军也并非必要。武器装备的进步使战争规模不断扩大，对战士的要求提高，需要常年接受训练的战士来保持军队的战斗力。[②]国家力量的加强与民族观念的深入，使得招募大规模的常备军成为一种可能。法国是第一个采取普遍义务兵役制的国家。1793年8月，大革命期间，法国国会颁布"全民皆兵法令"，法令颁布之后，所有18—25岁身体健全的未婚男性被要求服兵役。自此，战争不再是政府和军队的事，而是全体人民的事情。这一制度不仅使法国军队的人数迅速上涨，且充分调动了士兵的积极性。1793年2月，法国军队人数只有20万；同年的12月，法国军队人数达80万。

①　史滇生.战争简史[M].北京：海潮出版社，2006：60.

②　张国清.大学生国防教育读本——战争简史与军事科技[M].上海：同济大学出版社，2012：24.

普遍义务兵役制的创立在军事史上占有重要地位，对人类的战争有深远影响。随着拿破仑战争，这一制度传遍欧洲，成为欧洲发达国家普遍采用的军事制度。

【史料阅读】　法国征兵制度

你胆敢议论法国征兵？征兵一律是不问贫富贵贱的，因此让你感到难过，伤及了你的骄傲。当然令人十分难过了，一个乡绅的儿子也要保卫家国，与"流氓"的儿子一样！

法国的征兵并不根据阶级划分，也不专门压制某一特别阶层的人，就像你们的强募水兵，不因为"流氓"们家贫，就压制他们。我的"流氓"会变成天下受过最好教育的人。所有我的努力都是趋向于启迪我国大多数的人，不让愚昧和迷信使他们变成野兽。

——摘自拿破仑·波拿巴：《拿破仑日记》，长江文艺出版社 2018 年版。

【问题探究】

法国新的征兵制度对之后的拿破仑战争有什么影响？

图 4-14　《跨越阿尔卑斯山圣伯纳隧道的拿破仑》（雅克·路易·大卫作）

■ 资本主义上升时期的战争类型

欧美主要国家军事实力的飞速发展与他们对战争的需求密切相关。资本主义上升时期战争频频发生，按照类型主要分为以下三种。

1. 资产阶级革命战争。指资产阶级领导的反对封建社会制度的战争。这些战争摧毁了封建专制统治，为资本主义的发展扫清了障碍。自 17 世纪 80 年代英国率先完成资产阶级革命，确立了资本主义制度后，欧洲、美洲爆发一系列资产阶级革命战争。如 1789—1802 年的法国大革命战争，该战争沉痛打击了欧洲的封建统治，对整个欧洲的民主制度有深远影响。1775—1783 年美国独立战争与 1861—1865 年美国南北战争也是资产阶级革命性质的战争。打败英国殖民者获得独立战争的胜利后，美国建立了资产阶级政治体制，为美国资本主义的发展创造了条件。南北战争爆发的原因在于北方资本主义制度与南方种植园奴隶制度之间矛盾尖锐，不可调和。战争的结果为北方获得胜利，资产阶级掌握政权，奴隶制被废除，之后资本主义在美国得到迅速发展。1848—1849 年爆发的欧洲革命是近代规模最大的资产阶级运动，涉及国家包括法国、德意志、奥地利、意大利等，这些革命虽大部分以失败告终，却动摇了欧洲封建保守势力。除此之外，还有其他带有资产阶级革命性质的战争，如意大利统一战争、德意志统一战争。

2. 西方列强之间的争霸战争。西方主要军事强国为扩大势力范围、争夺地区霸权，进行激烈的角逐。比较典型的如 17 世纪末至 18 世纪的英法之间的争霸战争、19 世纪中叶的克里米亚战争、1870—1871 年的普法战争。17 世纪末，经历了三次英荷海上争霸战争后，荷兰实力被削弱，英国成为海上头等强国，而法国在当时确立了欧洲大陆霸主地位。为争夺欧洲霸权以及海外殖民地，英法两国展开一百多年的争斗。[①] 其中起决定性作用的一次战役是 1756—1763 年的七年战争，通过这次战争，英国从法国手上夺取整个加拿大以及在印度的大部分领地，确立了海外殖民霸主的地位，为"日不落"帝国奠定基础。发生于 1853—1856 年的克里米亚战争是俄国同英国、法国、土耳其、撒丁王国为争夺近东地区势力范围而进行的战争。仍然维持封建农奴制度的俄国不敌采用先进资本主义制度的英、法，在战争中遭到沉痛打击，丢失了大片领土，并在战后被迫进行资产阶级改革。由于铁路、电报、蒸汽战舰、新式线膛枪等在战争中发挥重要作用，克里米亚战争也被认为是近代科技战争的开端。1870 年 7 月爆发的普法战争是普鲁士为统一德意志，并与法国争夺欧洲大陆霸权的战争。战争的结果是普鲁士获得胜利，德意志基本实现统一，成为欧洲主要强国；法国则失去了欧洲大陆

---

① 杨心树. 十八世纪英法争霸战争的由来及结果 [J]. 四川师范学院学报（哲学社会科学版），1990（2）：15.

霸主地位，实力遭到削弱。

3. 殖民战争。资本主义上升时期，尤其是工业革命之后，为掠夺资源和扩大商品销售市场，资本主义国家军事强国在亚、非、拉地区进行侵略扩张的战争，这些战争给当地的人民带来巨大的灾难，许多地方沦为殖民地、半殖民地。17、18 世纪，经历了与荷兰、法国长期的争霸战争，英国确立了海上霸主地位并拥有众多殖民地。19 世纪后，英国更是加紧对落后地区进行侵略，向印度、缅甸、埃及、伊朗、阿富汗等国发动殖民战争。至 1914 年，英国领地达 3350 万平方千米，是英国本土的 137 倍。法国在完成工业革命后也加速了殖民扩张的步伐，主要方向为北非、西非和远东，发动了侵略阿尔及利亚、突尼斯、越南等国家的殖民战争。至 20 世纪初，法国是拥有殖民地仅次于英国的国家。1840—1900 年，英、法、美、俄、日、德、意、奥等资本主义国家向中国发动多次侵略战争，使中国沦为半殖民地半封建社会。西方列强的侵略行径也遭到了当地人民的反抗与斗争，如印度民族大起义、阿尔及利亚的卡比尔民族起义、中国的义和团运动等。

■ 同时代的中国

当欧、美国家军事技术飞速发展，武器装备、军事制度已经开始向现代转型时，清政府军队的主要装备仍然是冷兵器和较为原始的火器。在清朝初期，为了应对频繁的战事，统治者对火器有一定重视，军队的主要火器装备为火炮与鸟铳。清军入关后不久则在北京建立了炮厂与火药厂。康熙年间，为平三藩及收复雅克萨，南怀仁奉命铸造新炮，"神威无敌大将军"炮就在这种情况下诞生，但与红夷大炮相比，其性能和构造没有本质不同。铳在结构方面有较大改进，康熙年间的军事专家曾发明燧发连珠铳，但并没有广泛装备军队。[①] 清朝中期开始，火器制造技术陷入停滞，被同时代的欧、美国家远远甩在后面。究其原因，中国仍处于封建社会，统治者腐败且短视，不重视火器的发展，对外又施行闭关锁国政策，导致国外的先进技术无法流传进来。因此，在 19 世纪中叶，面对帝国主义的坚船利炮，清朝统治的中国无法抵御，很快沦为半殖民地半封建社会。也正是在这之后，中国开始引进和研制现代枪、炮，从而完全进入热兵器战争时代。

---

① 中国大百科全书总编辑 . 中国大百科全书·军事 II [M]. 北京：中国大百科全书出版社，1989：1315. 王兆春 . 中国火器史 [M]. 北京：军事科学出版社，1991：261–262.

【问题探究】

15 世纪以前中国军事水平仍居世界前列，在这之后逐渐不敌同时代的欧洲，对比中国与欧洲主要国家在 15 世纪之后的历史发展路径，你有哪些启发？

四

两次世界大战

世界大战指的是对立的国家集团之间进行的全球性的武装冲突。人类在 20 世纪上半叶经历了两次世界大战，即第一次世界大战和第二次世界大战。这两次世界大战给人类带来了空前的灾难，但同时也对世界格局、人类社会发展有着深远影响。

■ 第一次世界大战概述

第一次世界大战，发生于 1914 年 7 月 28 日至 1918 年 11 月 11 日，是以德国和奥匈帝国为主的同盟国，与以英国、法国、俄国为核心的协约国，为争夺世界霸权而进行的一次世界范围的战争。

19 世纪末 20 世纪初，主要资本主义国家发展到帝国主义阶段。由于资本主义政治经济发展的不平衡，帝国主义国家在经济、殖民地、世界霸权方面的争夺异常激烈，矛盾尖锐。在第一次世界大战之前，欧洲大陆上的主要矛盾有：英德矛盾、法德矛盾、俄奥矛盾。为了各自利益，欧洲列强建立互相针对的两大军事同盟。德国与奥匈帝国于 1879 年缔结针对俄国的秘密军事同盟条约，后又为了对付法国，拉拢意大利。1882 年 5 月 20 日，德、奥、意三国在维也纳签订了同盟条约，"三国同盟"正式形成。为了对抗德国，法国与俄国在 1891—1894 年签订一系列政治军事协定，结成同盟。20 世纪初，英德矛盾尖锐，原本在两大军事集团之外的英国选择与法国改善关系。1904 年，英法两国签署了《英法协约》。1907 年，英国又与俄国缔结协约，这样"三国协约"正式形成。随后，两大军事集团加紧扩张军备，在巴尔干、摩洛哥、地中海沿岸展开激烈的争夺，爆发军事冲突，局势进一步紧张。

1914年6月28日，塞尔维亚民族主义者加夫里洛·普林西普在波斯尼亚首府萨拉热窝刺杀了刚刚检阅完军事演习的奥匈帝国王储弗朗茨·斐迪南。该事件成为第一次世界大战的导火线。欲吞并塞尔维亚的奥匈帝国，借此机会在德国的支持下于7月28日向塞尔维亚宣战，第一次世界大战爆发。随后，俄国、德国、法国、英国加入战争，第一次世界大战全面展开。

在主战场欧洲，英国、法国、比利时三国与德国作战的西线，俄国同奥匈帝国与德国对抗的东线是主要战线，其中西线起决定性作用。欧洲之外，非洲和亚洲部分地区也有所涉及。

战争分为三个阶段。1914年是第一阶段。西线战场上，德国率先发起进攻，英法在9月份的马恩河战役中取得胜利，粉碎了德军速战速决的计划，成为战争第一个转折点，西线由此转入阵地战。在东线，面对德军，俄军最初进展顺利，后遭遇失败被迫退出东普鲁士。在南线，俄国迅速击败了奥匈帝国。这一阶段，日本为了在东亚的扩张，依据1902年缔结的"英日同盟"，向德国宣战。

第二阶段为1915—1916年，双方陷入僵持，其间意大利转投协约国阵营，对奥匈帝国宣战。1916年发生了三场重要战役。1916年2—12月进行的凡尔登战役，是一战中持续时间最长的战争。德国并没有通过这次战役迫使法国投降，反而因造成巨大损失而士气低落，之后同盟国在西线丧失了主动权，凡尔登战役因此成为一战的另一个转折点。为缓解凡尔登的压力，英法联军于6月发动索姆河战役，这次战役是一战中规模最大的消耗战，对德军在凡尔登的攻势有所牵制。1916年5月31日，英德进行的日德兰海战则是大战中规模最大的一次海上交战，德国虽与英国相比损失较少，但并未突破英国的海上封锁。

1917—1918年是大战的最后一个阶段，协约国进行战略反攻。此阶段之前一直保持中立的美国对德宣战，中国也以派遣劳工前往欧洲的方式加入协约国阵营。俄国在1917年爆发"二月革命"和"十月革命"之后，宣布退出一战。美国的加入使双方力量对比发生改变，1918年9月26日，协约国在西线对德军发起总攻，随后在南线的巴尔干战场和意大利战场也发起反击。面对协约国的攻势，同盟国已无力抵抗，奥匈帝国于11月3日投降。11月11日，德国宣布投降并签署停战协议，第一次世界大战结束。

■ 第二次世界大战概述

第二次世界大战是以德国、意大利、日本三个法西斯国家为核心的轴心国阵营与美国、苏联、中国、英国、法国等组成的反法西斯同盟国阵营之间展开的世界性战争，时间范围一般认为是 1939 年 9 月 1 日至 1945 年 9 月 2 日。战争以法西斯轴心国的失败和反法西斯同盟的胜利而结束。

第一次世界大战之后，英、法、美、日等战胜国通过巴黎和会和华盛顿会议，对战后世界格局进行重新安排，形成凡尔赛—华盛顿体系。这个体系的本质是战胜国按照新的实力对比重新瓜分世界，它在维护战胜国利益的同时对战败国进行掠夺，损害了殖民地半殖民地国家的主权，反对并排斥新生的社会主义国家苏联，孕育着战败国与战胜国以及战胜国之间新的矛盾。

1929—1933 年爆发的世界经济危机使帝国主义之间的矛盾更加尖锐。为摆脱危机，主要资本主义国家对国际市场的争夺越发激烈，展开货币战、贸易战。在国际市场的竞争中，美、英、法处于有利地位，德、意、日则占下风。

图 4-15　1929 年华尔街崩溃之日的景象

与此同时，经济危机引发了社会危机，加剧了国内的矛盾，给德国、日本法西斯上台创造了条件。继 1922 年 10 月法西斯政权在意大利建立之后，德国纳粹党于 1933

年1月上台并开始在德国建立法西斯专制制度。日本在1936年"二二六"事件后，确立了以统制派为核心的军部法西斯势力的统治地位。意大利、德国、日本法西斯掌握国家政权后，加紧扩军备战，向外进行侵略，导致世界大战的欧洲战争策源地和亚洲战争策源地的形成。1935年10月，意大利出兵入侵埃塞俄比亚。1936年7月，西班牙内战爆发，德国和意大利出兵干涉以达到控制西班牙的目的。1937年7月7日，日本发动全面侵华战争。1938年3月，德国入侵奥地利。面对德、意、日法西斯的崛起和扩张，英、法等大国采取了明哲保身、处处退让的绥靖政策，助长了法西斯国家侵略的野心，加速了第二次世界大战的全面爆发。

【问题探究】

英、法为什么采取绥靖政策？

1938年9月的慕尼黑会议牺牲了捷克斯洛伐克的利益，同意将其境内的苏台德区割让给德国，英、法的绥靖政策达到顶峰。在此会议之后，德国加速了侵略扩张的步伐。按照之前制定的"白色方案"侵略计划，德国于1939年9月1日对波兰发动闪电式进攻；9月3日，英国、法国对德宣战，第二次世界大战全面爆发。

战争历时6年，西欧、东欧、亚洲、北非、太平洋为主战场。战争分为三个阶段：第一阶段时间范围为1939—1941年，轴心国在欧洲、亚洲、非洲等主要战场进行战略进攻。战争爆发后，英、法对德宣而不战，致使波兰很快战败。之后，德国在1940年4月至6月控制了北欧与西欧的大部分地区。1940年5月，德国绕过马其顿防线入侵法国，英法联军被逼退至法国的敦刻尔克。5月末至6月初，英国从敦刻尔克成功营救出33.6万英法联军以及少数比利时军队退至英国。6月，德国对法国发起总攻，意大利也向法国宣战，法国迅速投降并沦陷。9月，德、意、日签订同盟条约，标志着轴心国集团的正式形成。之后，德国于1941年6月向苏联发起进攻，战争进一步扩大。在亚太战场，1938年10月武汉会战后，日本迅速灭亡中国的计划破产，中国战场进入相持阶段。1941年12月，日本偷袭美国珍珠港，挑起太平洋战争，之后又向东南亚和西南太平洋发起全面进攻。

【史料阅读】　救援敦刻尔克

自从20日以来，舰只和小型船只的集结便已在多佛尔港司令官拉姆齐海军上将的指挥下进行。26日晚，（下午6时57分）海军部一声令下，"发电机"作战计划便开始实行，第一批军队就在那天夜里运回国来……5月27日，采取紧急措施，搜寻更多的小型船只，以"应付特殊的需要"。这不得少于足够撤退全部英国远征军之用。显而易见，除了较大的船只从敦刻尔克港装载士兵外，还需要大量的小型船只，以备在海滩应用。

……

凡是有船的人，无论是汽船或帆船，都开往敦刻尔克；幸而准备工作一个星期前就着手进行了，现在又有许多人纷纷自愿前来积极支援。29日开来的小型船只数目还不多，但是它们是以后开来的将近四百只小型船只的前驱，这四百来只船起了极重大的作用，从31日起，把大约十万人从海滨渡送到了远离海岸的大船。在这几天里，我没有见到我的海军部地图室主任海军上校皮姆和其他两三个经常见到的人。他们驾驶了一艘荷兰小船，在四天内运送了八百人。在敌人不断空袭之下，前往营救军队的船只共计约八百六十艘，其中将近七百艘是英国的，其余是同盟国的。

——温斯顿·丘吉尔：《第二次世界大战回忆录（第三卷）》，译林出版社2013年版。

【问题探究】

敦刻尔克大撤退被认为是第二次世界大战期间的救援奇迹，思考这次撤退对第二次世界大战的意义是什么？

第二阶段是从1942—1943年，为战争的战略转折阶段。1942年1月1日，美、英、苏、中等26个国家在华盛顿签署了《联合国家宣言》，标志着世界反法西斯联盟正式形成。之后又有21个国家陆续加入。1942年底，反法西斯同盟军逐渐在欧洲、亚洲和非洲实现了战争的战略转折。1942年11月至12月，在苏德战场的斯大林格勒战役中，苏军重创德军，并在次年2月份彻底赢得战争的胜利。斯大林格勒战役不仅扭转了苏德战场形势，苏军开始了战略反攻，同时也是整个第二次世界大战的重要转折点。1942年11月，英军在阿拉曼战役中打败德、意军队，取得胜利，扭转了非洲、地中海的局势。此外，美军在1942年9月至1943年2月与日军进行的瓜达尔卡纳尔岛争夺战中取得了胜利，标志着太平洋战场战略转折的到来。1943年9月，军事上连连失败的意大利宣布投降。

1944—1945年为大战的第三阶段，即同盟国的战略反攻与大战结束。1944年，苏军首先在欧洲东线发起强大攻势，收复了几乎全部国土，并把德军驱逐出一些东欧国家。1944年6月，同盟军队在西欧开辟第二战场，从法国诺曼底登陆，后在法国西北部发动大规模进攻，配合法国南部登陆的美法军队迫使德军在法国全面溃退，包括巴黎在内的大片地区得以解放。1945 年春，苏联和英美军队进入德国，攻占了柏林。1945 年 5 月 8 日，德国投降。在亚太战场，1944 年 2 月，盟军在太平洋发动全面战略进攻，并于次年收复菲律宾和缅甸。1945 年 8 月，美国向日本的广岛、长崎投下原子弹，加速了日本的投降。同月，苏联对日宣战，并进军中国东北向日本军队发起进攻。在中国军民的帮助下，苏联成功解除日本关东军武装。此外，中国、朝鲜的抗日斗争都进入了战略反攻阶段。越南、马来西亚、泰国、印度尼西亚也都开展了抗日斗争。日本最终无力挽回败局，于 1945 年 8 月 15 日宣布投降，并于 9 月 2 日正式签订无条件投降书，第二次世界大战结束。

■ 两次世界大战的影响

两次世界大战都给人类社会带来巨大的损失。第一次世界大战共有 33 个国家，15 亿人口被卷入战争，约 6500 万人参战，900 万军人战死，2000 万人受伤，直接经济损失约 1805 亿美元，间接经济损失约 1516 亿美元。第二次世界大战则是人类历史上规模最大的一次战争，先后有 61 个国家和地区参与战争，卷入人口超过 20 亿，各国至少动员 1 亿军人参与战争，约有 6000 万人在战争中丧生，其中 2000 万军人，4000 万平民，消耗军费 13000 亿美元，物资损失 42700 亿美元，精神创伤更是无法用数字计算。

两次世界大战改变了世界格局。第一次世界大战以后欧洲开始衰落，俄罗斯帝国、奥匈帝国、奥斯曼帝国、德意志帝国瓦解，英国、法国等老牌资本主义国家被削弱，美国和日本崛起。第二次世界大战则是彻底改变了国际政治格局，欧洲进一步衰落，美国和苏联两个超级大国崛起，几百年来以欧洲为中心的传统国际格局被以美苏对峙的两级格局所取代。

两次世界大战促进了民族独立运动和革命的发展。第一次世界大战削弱了帝国主义的力量，殖民地和半殖民地的民族主义被唤醒。战争后期，俄国爆发革命，建立了第一个社会主义国家，在其影响下，德国、奥匈帝国等国爆发无产阶级革命。亚洲地区在战后也出现了第一次民族解放运动高潮，如中国的五四运动、印度的"非暴力不合作运动"、土耳其的凯末尔革命等。第二次世界大战为一系列欧亚国家走上社会主义道路创造了条件，战后社会主义超越一国范围而成为世界体系。[1] 第二次世界大战也加速了殖民体系的瓦解和发展中国家的崛起，大批亚、非、拉殖民地、半殖民的人民在战争中提高觉悟，形成战后民族解放运动的新高潮。至 20 世纪 80 年代，大部分的

---

① 齐世荣.世界史·现代卷 [M].北京：高等教育出版社，2006：324.

殖民地和附属国获得独立，殖民帝国相继瓦解。

两次世界大战之后都建立了以维护国际和平与安全、调解国际纠纷为目的的国际组织，但第一次世界大战后建立的国际联盟主要受英、法两国操纵，并没有起到维护和平的作用，在第二次世界大战爆发之时就已经名存实亡。第二次世界大战以后建立了联合国，中国、苏联、美国、英国、法国为安理会常任理事国，世界各国广泛参与其中，形成了维护国际和平与安全的新机制，对战后的世界局势产生深远影响。

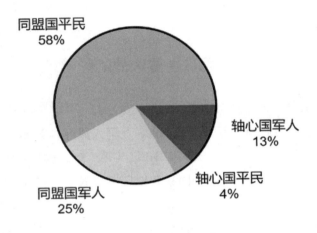

图 4-16　第二次世界大战总死亡比例

■ 军事技术的发展和战争样式的改变

两次世界大战期间，军事技术得到飞速发展，人类进入了机械化战争时代。机械化战争是指用坦克、飞机等机械化武器进行的战争。第一次世界大战期间，英国研制的坦克首次使用是在索姆河战役期间。坦克出现以后，针对坦克的武器如反坦克地雷和反坦克枪也在第一次世界大战末期出现。自1903年美国莱特兄弟试飞成功自制的第一架动力飞机后，英、法、德等军事强国开始研究军用飞机。在第一次世界大战期间，飞机已经成为重要兵器，出现了侦察机、轰炸机、歼击机和强击机。[1]潜艇于19世纪末出现以后在第一次世界大战中也得到充分使用。日德兰海战之后，英、德双方在海上的较量主要是潜艇战与反潜艇战。[2]第一次世界大战后期，航空母舰也已经出现。化学武器和生物武器作为新兴武器随着化学及化学工业的发展而诞生。在第一次世界大战中，德国在第二次伊普尔战役中首先使用毒气突破英、法联军的阵地。除此之外，

---

① 中国大百科全书总编辑. 中国大百科全书·军事 I[M]. 北京：中国大百科全书出版社，1989：564.

② 史滇生. 战争简史 [M]. 北京：海潮出版社，2006：116.

高射炮、迫击炮、野战炮、攻城炮、榴弹炮、重型机关枪、轻型机关枪、冲锋枪、无线电通信和光学测量等武器与技术在第一次世界大战中发挥重要作用。随着坦克、飞机、生化武器的出现，诞生了坦克兵、航空兵、防化兵等新兵种。由于无线电通信的广泛使用，通信兵得到进一步发展，工程兵的作用也有所提高，步兵仍然为主要兵种。炮兵的地位得到巩固，在军队中的比重增加。

　　第一次世界大战是机械化战争的初级阶段，到了第二次世界大战，机械化战争走向高速发展的新时期。[①]坦克在第一次世界大战期间使用较少，第二次世界大战期间坦克和自行火炮得到广泛使用，同时坦克装甲防护增加，反坦克炮的口径不断增大，坦克兵也成为陆军的主要突击力量。自20世纪30年代，各国竞相发展侦察机、轰炸机、歼击机等各式飞机，飞机的制造技术不断提高。第二次世界大战期间，大量飞机被投入使用，交战双方生产的飞机达70余万架，其中美国就制造了30万架军用飞机。在第二次世界大战后期，德国率先使用了喷气式飞机。航空母舰在第二次世界大战时也得到迅速发展。日本偷袭珍珠港时，航空母舰发挥了巨大的威力，这刺激了美国决心大力发展航空母舰。在这之后的太平洋海战中，航空母舰逐渐代替战列舰成为舰队的主力，如1942年的中途岛海战就是美国与日本航空母舰之间的较量。至1944年，美国航空母舰数量已经超越日本并全歼了日本航母的有生力量。[②]20世纪30年代，英国发明的雷达是电子领域技术上的一次重大飞跃。随着雷达在第二次世界大战中投入使用，侦察和反侦察、干扰和反干扰的斗争也得到迅速发展，电子战这一新的战斗形式开始出现。此外，第二次世界大战还使用了核武器。美国在1945年向日本广岛和长崎投下的原子弹造成巨大的破坏，12平方千米内的建筑物几乎全被摧毁，死亡人数在8万—14万。这是第一次，也是唯一一次使用核武器的军事活动，人类自此进入了核威胁条件下的机械化战争时代。

　　军事技术的飞速发展也导致作战方式发生了改变。飞机、潜艇的使用使作战范围从陆地、水面扩展到空中和水下，战争开始从平面扩展至立体，形成了海、陆、空诸多兵种联合作战的新局面，威力大大增强。此外，出现了闪电战、战略轰炸、航母战、空降作战等新的作战方法以及电子对抗这一无形战场。

① 　张国清. 大学生国防教育读本——战争简史与军事科技 [M]. 上海：同济大学出版社，2012：30-31.
② 　英国 DK 公司 .DK 军事历史大百科 [M]. 袁月杨，王雪娇，董秋楠，译. 北京：电子工业出版社，2020：343.

五

战后局部战争

第二次世界大战之后，新的世界性大战没有再次发生，但局部战争与武装冲突接连不断。据统计，第二次世界大战后至 20 世纪 80 年代末，世界范围内共发生 180 多场局部战争与军事冲突。局部战争在第二次世界大战后的具体表现为战争目标、范围、规模和手段均具有有限性，且不以征服敌国、迫使对方完全服从为目的，而是更强调威慑的作用，以有限的军事行动，达到有节制的政治与经济目的。①

■ 冷战期间的局部战争

第二次世界大战后，由于意识形态、社会制度、战略目标存在根本分歧，美、苏两国无法维持战时的同盟关系，转而在政治、经济、外交、军事等领域进行全方位的对抗。1949 年北大西洋公约组织与 1955 年华沙条约组织的成立标志着以美、苏对抗为核心的两极格局最终形成，并开启了长达几十年的冷战时代。

冷战期间的局部战争主要包括由两大阵营矛盾直接引发的战争、民族解放战争、侵略战争，国家之间因领土、边界、宗教、民族引发的战争，及国家内部因阶级、民族、权力等斗争导致的内战。然而，不论是何种类型的战争，在冷战的大背景下，绝大部分的局部战争都有美、苏两国争霸的背景，也有两国直接出兵干涉的情况。冷战期间，美、苏两国都尽力避免世界大战的再次发生。一方面是两次世界大战的影响，美、苏都清楚世界大战给人类带来的巨大灾难。另一方面是核武器的威慑，美国在二战期间向日本广岛和长崎投下的原子弹让世界各国看到了核武器的威力，苏联在战后也开展研制核武器的计划并于 1949 年研制出了原子弹，在美、苏两国都拥有能够毁灭人类的核武器的情况下，两国领导人都极力遏制双方直接爆发大规模的军事冲突。因此，间接或有限干涉局部战争就成了冷战期间美、苏两国扩大势力范围、争夺霸权的重要方式。

---

① 军事科学院世界军事研究部．战后世界局部战争史：冷战前期的局部战争（第一卷）1945—1969[M]．北京：军事科学出版社，2022：18.

图 4-17　苏联反美宣传画

冷战期间的局部战争绝大多数发生在第三世界，也就是亚、非、拉地区。北美没有发生战争，欧洲只有战后初期的希腊战争。这种现象主要基于以下几点：首先，二战之后，大批亚、非、拉的殖民地半殖民地获得独立，它们在这个过程中与殖民国家之间矛盾尖锐，战争难以避免。其次，第三世界内部本身就存在长期积累的矛盾，如民族矛盾、宗教矛盾，殖民时期留下的边境冲突、领土问题等，这些矛盾成为战争滋生的温床。再者，第三世界国家人口多，战略地位重要，20 世纪 50 年代后逐渐成为国际舞台上一支重要的力量，是美、苏两国争夺的重点。最后，发达地区的社会发展水平较高，国与国之间有比较成熟的协调意识和协调机制，第三世界在这些方面有所欠缺。[1]

冷战初期，美、苏两国的军事对抗主要围绕着苏联势力范围及其周边的地区，如伊朗、土耳其、希腊等。50 年代，两大阵营争夺的焦点首先在亚洲，爆发了朝鲜战争、印度支那战争等局部热战。其中朝鲜战争是冷战前期两大阵营第一次大规模的军事对抗，参与国家和地区达 20 多个，死亡人数约 300 万。50 年代中后期，美、苏势力开始向中东地区渗透，1956 年爆发的第二次中东战争以及 1958 年美国武装干涉黎巴嫩标志着中东地区也成为东西方争夺的热点。[2]

---

[1]　军事科学院世界军事研究部 . 战后世界局部战争史：冷战前期的局部战争（第一卷）1945—1969[M]. 北京：军事科学出版社，2022：25；陈和丰 . 第三世界何以成为当代局部战争的主要战场 [J]. 国际展望，1988（18）：19.

[2]　军事科学院世界军事研究部 . 战后世界局部战争史：冷战前期的局部战争（第一卷）1945—1969[M]. 北京：军事科学出版社，2022：9.

【问题探究】

1950 年 10 月，中国政府决定派遣志愿军入朝作战，抗美援朝战争就此开始。请思考，朝鲜战争对中国有什么影响？

20 世纪 60 年代，两大阵营的较量愈演愈烈。在亚洲爆发的越南战争是二战以后持续时间最长、斗争最激烈的局部战争。越南战争首先是为实现国家统一而进行的内战，但由于美国及其盟友直接派兵援助南越，北越及"越南南方民族解放阵线"也得到苏联、中国等社会主义国家的支持，因此这场战争也是继朝鲜战争之后两大阵营之间的一场国际化的战争。越南战争是美国战争史上最大的失败，战争削弱了美国在亚太地区的影响力，改变了冷战的态势，美国在美、苏争霸中由进攻的一方转为防御的一方。在非洲，60 年代是民族解放运动蓬勃发展的时期。1954—1962 年爆发了阿尔及利亚反抗法国殖民者的民族解放战争，阿尔及利亚也成为非洲第一个依靠武装斗争获得独立的国家。肯尼亚、喀麦隆、刚果（金）、几内亚、乍得、西撒哈拉等许多殖民地、半殖民地也都爆发了争取民族独立的武装斗争。至 60 年代末，非洲新独立的国家达41 个。[1]

【史料阅读】 基辛格回忆越南战争

当我们就任的时候，五十多万美国人正在一万英里之外作战。根据我们前任制定的计划，他们的人数还在增加。我们发现并没有任何撤出的计划。已经死了三万一千人。不论当初我们作战是抱着什么目的，到一九六九年，我们在国外的信誉，我们所承担的义务的可靠性，和我们的国内团结一样，都受到了地球上离北美最远的这个国家所进行的斗争的危害。当初我们是公开卷进这场战争的，并且得到了国会、美国公众和新闻界的一致同意。但是到了一九六九年，我国已被抗议和苦恼分裂了，这种抗议和苦恼有时带有一种狂暴的和丑恶的性质。一个民主社会所赖以生存的崇尚礼让的风气败坏了。任何一个政府如果得不到最起码的信任，就不可能进行治理。然而，我们所能有的抉择都十分严酷，而国内争吵又日益剧烈，因此这种信任就销蚀殆尽了。

——亨利·基辛格：《白宫岁月：基辛格回忆录（第一卷）》，上海译文出版社 2016 年版。

---

[1] 军事科学院世界军事研究部.战后世界局部战争史：冷战前期的局部战争（第一卷）1945—1969[M].北京：军事科学出版社，2022：10—11.

20世纪70年代是美、苏通过局部代理人战争争夺霸权的高峰期。苏联利用美国深陷越南战争的泥潭而实行战略收缩这一时机，在与美国争霸中采取进攻态势，其中一个表现就是在第三世界进行积极扩张，而这一时期殖民体系基本瓦解，第三世界新兴国家之间的领土、民族、宗教矛盾日益凸显，国家内部的权力争夺也异常激烈，这些都给美、苏在第三世界进行代理人战争提供了条件。第四次中东战争（1973年）、安哥拉内战（1975—1991年）、尼加拉瓜革命（1979—1990年）、乍得内战（1975—1979年）、第三次印巴战争（1971年）均属于美、苏的代理人战争。1979年爆发的阿富汗战争（也称苏阿战争）是苏联扩张政策的顶峰，也是冷战后期有重大影响的代理人战争。为加强对阿富汗的控制，苏联于1979年12月派兵入侵阿富汗，美国、巴基斯坦等国家则向武装反抗苏联入侵的抵抗力量提供援助。战争持续了9年，最终以苏联撤军，寻求政治解决的方式结束。西方媒体把这场战争称作"苏联的越南战争"，阿富汗战争中苏联在政治、经济、军事上付出了高昂代价，损失惨重，也是苏联由盛转衰以致最终解体的原因之一。

阿富汗战争以及在第三世界的干涉消耗了苏联大量的人力、物力和财力，国民经济不堪重负，同时苏联过度扩张的行为也使它在国际上日益孤立，因此，20世纪80年代苏联由战略进攻转变为战略退却。美国在这一时期逐渐走出越南战争的困境，开始在与苏联争霸中采取积极的进攻态度，其中一个措施就是在第三世界国家进行"低烈度战争"以达到遏制苏联扩张和重新树立美国霸权的目的。1983年美军入侵格林纳达、1986年美国空袭利比亚、1989年美国入侵巴拿马等军事行动正是在这种战略指导下进行的。马岛战争（1982年）以及两伊战争（1980—1988年）也是20世纪80年代爆发的较为重要的局部战争。马岛战争主要是英国与阿根廷为争夺马尔维纳斯群岛的主权而引发的战争，是二战之后规模最大的海战。两伊战争爆发的原因一方面是伊拉克和伊朗之间长期存在民族矛盾、宗教纷争以及领土争端，另一方面是两国欲争夺地区霸权，各种原因交织在一起最终引发了持续8年的战争，也是继朝鲜战争、越南战争后伤亡最多的战争。两伊地处的海湾地区对美、苏有极为重要的战略意义，因此这场战争也有美、苏两个超级大国插手和争夺的因素。[①]

■ 冷战后的局部战争

20世纪80年代末、90年代初，世界格局发生巨大变化，东欧剧变、两德统一、华约解散以及苏联解体导致两极格局迅速瓦解，持续几十年的冷战时代也随之结束。

---

① 杨明星.试论两伊战争及其遗产[J].阿拉伯世界，2005（2）：51.

世界格局逐步向多极化过渡，出现了"一超多强"的局面。美国成为冷战结束后唯一的超级大国，"多强"指俄罗斯、欧盟、中国、日本、印度等。多极趋势总体有利于世界的和平和稳定，但在新旧秩序交替、国际格局变更的过程中难免会出现一些矛盾与冲突，从而引发了新的局部战争。

美国推行单极霸权主义是冷战后局部战争产生的重要原因。没有了苏联的抗衡，美国称霸世界的欲望更加强烈，企图建立"以美国为主导，以西方联盟为主体，以对付地区冲突为重点，以美国军事力量为保障，以美国的价值观为基础，以建立全球霸权为目标的世界秩序"[①]。这种情况下，凡是不符合美国利益、违背美国愿望的情况都可能成为美国发动战争的借口。美国发动海湾战争就是上述政策的反映。边境冲突、领土纠纷、石油矛盾以及对地区霸权的渴望导致伊拉克于1990年8月2日入侵科威特。为争夺海湾地区丰富的石油资源并达到长期控制中东的目的，美国联合其他30多个国家以恢复科威特领土完整为由，于1991年1月17日向伊拉克发动海湾战争。这是美国继越南战争之后主导参加的第一场大规模战争。战争历时43天，以美国为首的盟军以轻微代价重创伊拉克，最终伊拉克从科威特撤军。为控制巴尔干、压制俄罗斯，从而达到最终控制整个欧洲的目的，美国还以维持"人权"为由操纵北约于1999年3月24日向南斯拉夫联盟共和国发动科索沃战争。这场战争对世界格局有重要影响，它巩固了美国在北约中的领导地位，削弱了俄罗斯在巴尔干和国际事务中的影响，极大地阻碍了世界的多极化进程。[②]除此之外，美国还在20世纪末发动其他军事行动，如1993—1996年对伊拉克实施三次军事打击、1994—1995年借助北约武力干涉波黑战争、1994年出兵海地、1998年导弹袭击伊拉克、苏丹。

国家内部或国家之间的民族、宗教、领土、政治、经济等矛盾是冷战后局部战争爆发的主要原因。值得注意的是，冷战期间鲜有战争的欧洲在冷战后局部冲突、战争不断。冷战时期，欧洲是美、苏两国利益的核心地区，且双方在欧洲的势力范围比较明确，因此能够维持较为稳定的状态。随着两极格局的瓦解以及苏联的解体，欧洲力量均衡被打破，民族、领土、政治等矛盾凸显，由此引发各种地区冲突及局部战争。巴尔干是受冷战结束影响最大的地区之一，斯洛文尼亚和克罗地亚在争取独立的过程中都发生过武装冲突。1992—1995年爆发的波黑战争是二战以后欧洲地区规模最大的一场局部战争，战争是由波黑地区三个主要民族在波黑前途和领土划分问题上存在严重分歧而引发的。伴随着苏联解体以及新国家的独立，苏联地区长期存在的矛盾开始

① 军事科学院世界军事研究部.战后世界局部战争史：冷战结束后的局部战争（第三卷）1989-1999[M].北京：军事科学出版社，2022：17.
② 军事科学院世界军事研究部.战后世界局部战争史：冷战结束后的局部战争（第三卷）1989-1999[M].北京：军事科学出版社，2022：535.

迸发，成为冷战后局部冲突频发的地区之一。如格鲁吉亚、摩尔多瓦、塔吉克斯坦均发生过内战；1992—1993 年阿塞拜疆共和国与亚美尼亚共和国因领土问题爆发了持续三年的战争；1994 年与 1999 年俄罗斯联邦为铲除车臣分裂势力而进行的两次车臣战争等。

亚、非、拉地区长期积累的宗教、民族、领土等各种矛盾并没有因冷战的结束而消亡，加之受国际格局改变的影响，其仍然是冷战后局部冲突与战争的发生地。如在亚洲发生的柬埔寨内战（1989—1998 年）、阿富汗内战（1992—1996 年）、印度与巴基斯坦之间爆发卡吉尔战争（1999 年）等。非洲爆发了索马里内战（1986—1995 年）、利比里亚内战（1989—1997 年）、塞拉利昂内战（1991—2002 年）、第二次刚果战争（1998—2003 年）、埃塞俄比亚与厄立特里亚冲突（1998 年）等。其中第二次刚果战争是现代非洲规模最大的一次战争。墨西哥内战（1994 年）、秘鲁与厄瓜多尔边境战争（1995 年）等则是发生在拉丁美洲的一些局部战争。

■ 从机械化战争到高技术战争

第二次世界大战之后至 20 世纪 80 年代，核威慑下的机械化战争进入高度成熟的阶段。冷战期间，为争夺世界霸权，美、苏两个超级大国进行军备竞赛，推动了军事技术与武器装备的发展。在都拥有原子弹的基础上，美国与苏联又分别在 1952 年和 1953 年进行了氢弹试验。继两个超级大国之后，英国、法国、中国也成功研制出原子弹和氢弹。美、苏两国还十分重视发展导弹核武器。1957 年，苏联第一枚洲际弹道导弹成功升空。美国紧跟其后，1959 年洲际导弹开始装备军队。此外，用核作为动力的舰艇也在 20 世纪 50 年代出现。在常规武器方面，陆军所装备的武器在火力强度、机动性、生存性、支援性方面均有所增强。飞机型号、功能、用途更加多样化，性能也不断提高。海军最大的变化是导弹成为主要的舰载武器，导弹舰艇、导弹核潜艇等成为海军主要的突击力量。总的来说，主要发达国家在这一时期军队已全面实现机械化。

微电子信息技术、计算机技术、空间技术、生物技术、新材料技术等高新技术的飞速发展促进了军事领域的变革，武器装备开始出现质的飞跃，军队建设以及作战方式也出现新的面貌。战争形态开始由机械化战争向信息化战争过渡，在过渡的过程中出现了兼有机械化战争与信息化战争主要特点的新型作战形态——高技术战争。[1]20 世纪七八十年代为高技术战争的初期发展阶段。第四次中东战争交战双方使用大量具有高技术特点的战术导弹，如防空导弹、反坦克导弹、地地导弹等新式兵器，这场战

---

[1]　蔺玄晋.战争简史——军事科技进步与战争形态的演变[M].北京：兵器工业出版社，2017：289.

争还首次利用卫星进行军事侦察。马岛战争也体现了高技术化的特征，作战双方第一次大规模使用精确制导武器，电子战手段也在战争期间广泛运用，对战争的进程及结局都产生极大影响。美军空袭利比亚的"黄金峡谷"行动被认为是"开创了高技术战争的先河"，美军摒弃了传统的联合登陆作战的观念，使用大量高技术武器装备，并配合充分发挥高技术优势的战法，仅仅用了19分钟就完成了对利比亚的空袭。[①]以海湾战争为标志，20世纪90年代是高技术战争的形成阶段。海湾战争中高技术武器装备得到广泛使用，如精确制导武器、GPS全球定位系统、军事卫星、C3I系统、夜视器材、软硬结合的电子装备、新一代作战平台等，作战方式和样式都发生巨大改变，战争完全呈高技术形态。

① 军事科学院世界军事研究部 . 战后世界局部战争史：冷战后期的局部战争（第二卷）1969–1989[M]. 北京：军事科学出版社，2022：432–433.

参考文献

1. 加特.文明世界的战争[M].钱铖,译.上海:华东师范大学出版社,2022.

2. 鲍登.文明与战争[M].唐建国,王冰,译.哈尔滨:哈尔滨工程大学出版社, 2019.

3. 麦克米伦.人性、社会与被塑造的历史[M].巴扬,译.长沙:岳麓书社,2023.

4. 基根.战争史[M].林华,译.北京:中信出版社,2018.

5. 帕克.剑桥战争史[M].傅景川,等译.长春:吉林人民出版社,1999.

6. 安格里姆,等.图解世界战争战法·古代(公元前3000年—公元500年)[M]. 周桂银,等译.银川:宁夏人民出版社,2008.

7. 贝内特,等.图解世界战争战法·中世纪(500年—1500年)[M].徐森,译.银 川:宁夏人民出版社,2008.

8. 约根森,等.图解世界战争战法·近代早期(1500年—1763年)[M].周桂银, 等译.银川:宁夏人民出版社,2008.

9. 中国大百科全书总编辑.中国大百科全书·军事(Ⅰ、Ⅱ)[M].北京:中国大百科 全书出版社,1989.

10. 德尔布吕克.战争艺术史(全4卷)[M].姜昊骞,译.北京:世界图书出版公司, 2021.

11. 军事科学院世界军事研究部.战后世界局部战争史(全3卷)[M].2版.北京: 军事科学出版社,2022.

12. 英国DK公司.DK军事历史大百科[M].袁月杨,等译.北京:电子工业出版 社,2020.

13. 王立新.战争与文明[M].北京:国防大学出版社,2010.

14. 蔺玄晋.战争简史——军事科技进步与战争形态的演变[M].北京:兵器工业出 版社,2017.

15. 史滇生.战争简史[M].北京:海潮出版社,2006.

16. 张国清.大学生国防教育读本——战争简史与军事科技[M].上海:同济大学出 版社,2012.

17. 金钰，胡海波，武军.世界战争简史 [M].福州：福建教育出版社，2003.

18. 王兆春.世界火器史 [M].北京：军事科学出版社，2007.

19. 陈翔.冷战时期代理人战争为何频发 [J].国际政治科学，2017（4）.

20. 王育成.史前战争述略 [J].历史教学问题，1987（3）.

21. 钟少异.中国早期火药火器史概观 [J].文史知识，2021（10）.

22. 杨心树.十八世纪英法争霸战争的由来及结果 [J].四川师范学院学报（哲学社会科学版），1990（2）.

23. 王兆春.中国火器史 [M].北京：军事科学出版社，1991.

24. 齐世荣.世界史·现代卷 [M].北京：高等教育出版社，2006.

25. 杨明星.试论两伊战争及其遗产 [J].阿拉伯世界，2005（2）.

专题五　商业与贸易

虽然古代世界的人类交往困难，但是自原始社会起各地区之间就存在着商业贸易活动。随着人类社会生产力的进步，远距离商业贸易不断兴起，在地中海东部，埃及、巴勒斯坦、小亚细亚、希腊和巴尔干地区形成了密切的商业贸易圈，推动了东地中海地区文明的交流。在亚欧大陆东侧海域，以中国为中心的贸易圈形成，郑和下西洋为代表的海外活动推动了从东北亚到东南亚、南亚的贸易路线的形成，被称为"郑和式大交换"。在古代世界，最著名的商业贸易路线是丝绸之路，成为推动古代亚欧文明交流的大动脉，在人类历史发展过程中具有举足轻重的作用。近代以来伴随资本主义世界的扩张，人类联系日益紧密，世界市场逐渐形成，以至于演变成当今的全球化浪潮。在 19 世纪全球经济贸易网形成过程中，不断有商品受到追捧，成为全球性商品。以棉花、茶叶为代表的全球性商品，成为构建资本主义世界经济体系的基础性物质产品，但是鸦片、吗啡、烟草这类成瘾性商品的泛滥也给人类带来了灾祸。本章即从古代丝绸之路、近代全球经济网络、全球性商品以及成瘾性商品入手，介绍商业与贸易对人类文明的影响。

一

"丝绸之路"历史概览

■ 陆上丝绸之路的概念

　　传统上，"丝绸之路"一词是指代东亚和地中海之间，贯穿欧亚大陆中心的一条或多条道路。所谓欧亚大陆中心就是今天的中亚地区，包括阿富汗、哈萨克斯坦、乌兹别克斯坦、塔吉克斯坦、吉尔吉斯斯坦和土库曼斯坦等地区。"丝绸之路"一词的首创者是德国旅行家和地理学家费迪南·冯·李希霍芬男爵（图 5-1）。1877 年，李希霍芬在一次讲

图 5-1　冯·李希霍芬
（1833—1905）

座中，以及他的《中国》这本著作中，同时使用了该词的单数（Seidenstrasse）和复数（Seidenstrassen）形式。所以，从一开始，丝绸之路就并非指一条通畅的大道。

按照李希霍芬的看法，"丝绸之路"这个词指中国的丝绸离开汉朝抵达中亚的多条路线，汉朝则从这些路线中学到了一些西方地理知识。李希霍芬的"丝绸之路"并不包括汉朝之后的时代，但他确实详细讨论了后期的其他路线以及丝绸之路之外其他货物的交易。

第一个将"丝绸之路"用在标题中的是德国地理学家奥古斯特·赫尔曼。赫尔曼在1915年发表的论文所用标题是"从中国到罗马帝国的丝绸之路"。这个标题突出了丝绸之路的概念，并且产生了很大的影响：丝绸之路的重要意义主要在于把中国和地中海区域，也就是"东方"和"西方"联系在一起。

丝绸之路的意义不仅在于丝绸贸易本身。横跨欧亚大陆的贸易涉及多种货物，也有许多思想观念在丝绸之路上传播。马匹、棉花、纸和火药的传播可能比丝绸的影响大得多。此外，在丝绸已经不是主要贸易品后，这种远距离贸易长期保存了下来，其中中国与中亚地区的贸易交往甚至一直持续到了19世纪。

丝绸之路的另外一个交流方向在如今的印度和巴基斯坦地区，那里不仅有汉朝和罗马的贸易中转站，而且还向欧亚大陆的商品市场贡献了棉纺织品，以及佛教这样的思想世界。同样，波斯帝国也在管理丝绸之路的过程中获利。波斯帝国在沟通东西方贸易交流方面贡献巨大，在许多个世纪里，波斯语曾经是丝绸之路的通用语言。

可以说，丝绸之路上的人们是"最初的全球化者"。不过长期以来，西方的学者将这些人群以蛮族来看待。例如，爱德华·吉本在《罗马帝国衰亡史》中评价斯泰基人和鞑靼人"更接近野兽的状态"。在这些预设的立场中，这些学者没有注意到这些民族在沟通古代亚欧大陆贸易网络中所起到的重要作用。

■ 海上丝绸之路

在公元前后的几个世纪里，埃及、希腊、罗马、印度、波斯、中国等文明古国，不断致力于发展海上交通，在沟通东西方的海上丝绸之路上也作出了重要的贡献。中国成为海上丝绸之路的东方发祥地。其中，经东海通往东北亚地区的海上通道被称为东海丝绸之路，通往南海—印度洋方向的海上通道被称为南海丝绸之路。

海上丝绸之路大体经过以下几个发展阶段。

1. 秦汉时期，海外交通兴起。秦汉之际，南越国奠定了南海的交通与贸易基础，为海上丝路的发展打下了坚实的基础。公元前111年，汉朝平定南越，汉武帝派遣使者前往南海地区，最远到达印度南部，这是海上丝绸之路发展史上的里程碑。它实现了中国与地中海和印度洋的航线，标志着东西方的海上丝路已经贯通。

2. 魏晋南北朝时期，开拓南海新航路。 这一时期中国分裂割据，南方政权（东吴、东晋、宋、齐、梁、陈）注重向南方发展，经略海洋。南海丝绸之路自广州起航，穿越马六甲海峡、印度洋后，向西延伸到了波斯湾。

3. 隋唐时期，海路畅通日趋繁荣。 隋唐时期，中国经济重心南移，社会经济取得了高度的发展。唐朝宰相贾耽撰写的《皇华四达记》记录了广州通海夷道的情况，它贯穿南海、印度洋、波斯湾和东非海岸 90 多个国家和地区，是中古时代世界上最长的远洋航线。这一时期，广州、泉州、明州、扬州、登州等成为海上丝绸之路的重要港口。

4. 宋元时期，海上丝路臻于鼎盛。 宋元时期，中国造船技术和航海技术明显提高，指南针应用于航海，中国商船的远航能力大为加强。宋代鼓励海上贸易，元代在经济上采用重商政策，鼓励海外贸易，海上丝绸之路进入鼎盛时期。宋代先后在广州等地设立市舶司，管理海外贸易。宋神宗时还颁布了中国历史上第一部海洋贸易管理条例——《广州市舶条法》。

5. 明清时期，海上丝路纳入世界海洋贸易体系。 15—18 世纪地理大发现开辟了世界海洋贸易新时代。明朝时期实行海禁政策，压制了唐宋以来蓬勃发展的海洋贸易。清朝后，海洋贸易被局限在广州一处，一直到鸦片战争时期为止。

■ 汉代丝绸之路上的商品与贸易

对于西方地中海世界来说，中国就是产丝之国。沿着丝绸古道，大量中国丝货运往中亚、南亚、西亚和北非，直到地中海世界。在叙利亚东部沙漠之中的绿洲国家帕尔米拉，就是中国丝织品西运地中海的一个重要中途站。这里出土的汉字纹锦，是属于公元 1 世纪的丝织品。它的纹样和织入的汉字同 20 世纪初在新疆楼兰等地发现的丝织品类似，都是汉代生产的绫锦、彩缯。中国丝织品运到地中海后大受欢迎，成为各个阶层的人们普遍追求的物品。

随着大量丝货西流，西方一些地区也会刻意模仿中国丝货。例如，4—5 世纪以后，埃及人开始用中国运去的生丝作为原料，在当地加工制造。埃及的卡乌地区就发现了中国丝织成的织物。有些埃及仿制丝货还回流到中国市场，被统称为"杂色绫"。

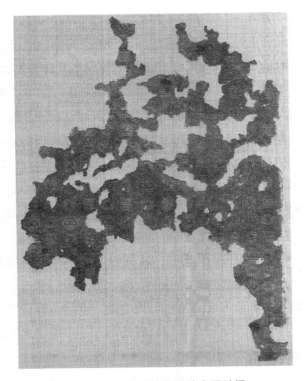

图 5-2　帕尔米拉发现的中国丝绸

　　借助丝绸之路，海外的物品也传入中国地区。除了珠宝、织物以及象牙、犀牛角、香料外，最著名的当数玻璃。公元前 3000 年左右，埃及和腓尼基人就制作了世界上最早的玻璃器皿。第 18 王朝时期，埃及玻璃就已经绚烂多彩。罗马人后来统治了埃及，大量的埃及彩色玻璃运往东方。汉代以来，中国人习惯将玻璃称为琉璃，埃及的十色琉璃在中国大受欢迎。在我国河南省，就曾发现一个在亚历山大港出产的公元前 2 世纪的玻璃瓶，上有雅典娜女神的面部像。

■ 唐代丝绸之路的商品与贸易

　　唐代中国逐渐重视海上贸易。大量日本人员来华学习、经商，开辟了三条航海线路。在南部路线方面，中国海船具备了远航能力。公元 851 年，阿拉伯商人苏莱曼在《东来中国行记》中说，中国船经常停泊在波斯湾的西拉夫。唐代的贾耽在《广州通海夷道》中记录这条夷道从广州出发，越过南中国海，横穿马六甲海峡，到达大国室利佛逝（今印尼苏门答腊地区）；经过马来半岛西岸，到达狮子国（今斯里兰卡）、印度；再由印度驶向波斯湾的巴士拉，最终到达阿拉伯帝国首都巴格达。从广州航行到巴士拉一共需要 3 个月左右。

唐代时期，丝织品依然是贸易的主导物品。不过，这一时期除了货物西传外，大量技术也传播到了西方。在怛罗斯之战中，被俘虏的唐朝士兵中就有丝匠。他们在到达阿拉伯地区后促进了当地丝织技术的提高。制造锦缎的技术传播到了西亚地区后，今属叙利亚、伊拉克等地的许多城市都办起了工艺高超的作坊，织造色泽鲜艳的锦缎、壁毯等。阿拉伯地区的丝织物几乎垄断了欧洲市场，以至于欧洲人把产自大马士革的金线刺绣的绸缎叫做"大马士克"，把产自巴格达城阿塔卜区的条纹绢叫做"阿塔比"。

纸和造纸术也在这一时期西传。7 世纪，造纸术已经传播到了中亚地区的撒马尔罕（图 5-4）。怛罗斯之战后，中国战俘中的造纸工匠在撒马尔罕建立了伊斯兰世界的第一家造纸作坊。10 世纪时，埃及本地造纸厂已经开始生产纸张，取代了传统的纸草纸。到 12 世纪时，造纸术传入摩洛哥，并从那里传播到西班牙、意大利等欧洲国家。

图 5-3　古城撒马尔罕

■ 宋元丝绸之路的商品与贸易

宋代以后，陶瓷品大量传播海外，有些学者也把海上丝绸之路称为丝瓷之路。宋代华瓷产量大、品种多，适合海上运输，因而远销海外。12 世纪时，陶瓷已经成为远洋航船的理想压舱物。当这些陶瓷传播到欧亚非大陆时，不但统治者在宫廷中收藏精美瓷器，而且普通百姓也在生活中大量使用。10 世纪阿拉伯语言学家萨阿利比（961—1038）这样赞美中国瓷器："他们还有精美的、透明的瓷器。用来烹饪的瓷器有时用来烧煮，有时用来烹炸，有时用来上菜。瓷器中最上品的器皿色泽杏黄莹润，其次是乳白色的同等器皿。"

丝绸古道上的人们不仅喜爱中国瓷器，而且也模仿华瓷。13世纪时，波斯人仿制宋瓷碗，上面画有凤凰图案。模仿风潮还随着华瓷品种的变异而不断更新。9到10世纪时，三彩陶瓷传入，就模仿三彩陶瓷产出多彩纹陶瓷。到11世纪时，又模仿青瓷、青花瓷等。

指南针西传促进了西方航海业的发展。公元9、10世纪之后，中国商船经常出没于波斯湾和阿拉伯海。中国海员在与波斯、阿拉伯同行的交往过程中，将这一先进技术传播出去。有的中国海船上甚至雇用了阿拉伯等地的船长和水手。12世纪时，指南针延伸出的航海罗盘传入地中海，为意大利商船所采用。

元朝时期对外交往空前发达，最值得注意的是火药西传。元代继承了宋代技术，发展出了最早的火铳。中国发明的火药和火器迅速西传。火药首先传入伊斯兰诸国，波斯人称其为"中国盐"，阿拉伯人称其为"中国雪"。1249年，埃及阿尤布王朝国务大臣奥姆莱亲自主持在伊斯兰国家使用火药的首次试验。火器也借助蒙古人传播到了埃及等地。摩洛哥在学到火器制造技术后，成为仅次于埃及的制造中心。摩洛哥人在与西班牙、葡萄牙人作战过程中，向对方传播了火药和火器制造技术。

【史料阅读】 宋元时代中国人的"海洋意识"

宋元时期，"九州—四海"的天下观念仍然是官方和士人认识海洋的重要知识框架。天下的结构是"外际乎天，内包乎地，三旁无垠，而下无底者，大瀛海也"。海围绕于九州为中心的陆地四周，构成"天下"。国家通过册封和祭祀四海神，倡导和维护"九州—四海"的天下观念。宋代，海神封号由宋太祖朝所封两字，宋仁宗康定元年加为四字，东、南、西、北四海神分别封为渊圣广德王、洪圣广利王、通圣广润王、冲圣广泽王。在宋人海洋活动日益频繁的东海和南海二海的海神不断因"圣迹"获得加封。宋高宗建炎四年东海神封号已加封至八字，为助顺佑圣渊德显灵王（乾道五年改助顺孚圣广德威济王）。绍兴七年南海神亦加封至八字，为洪圣广利昭顺威显王。北宋设东海神本庙于渤海湾中的莱州，于立春日祀东海神于莱州；设南海神本庙于广州，于立夏日祀南海神于广州。西海神和北海神祭祀则实行望祭，立秋日于河中府河渎庙望祭西海神，立冬祀于孟州济渎庙望祭北海神。显示宋朝皇帝对包括四海在内的"天下"的绝对统治权，"天子之命，非但行于明也，亦行乎幽。朝廷之事，非但百官受职也，百神亦受其职"。

蒙古入主中原后，也把祭祀四海神作为国家祭祀活动的重要组成部分。蒙古灭南宋以前的至元三年（1266）正式"定岁祀岳、镇、海、渎之制"，祭东海于莱州界，对南海、西海和北海神则分别于莱州、河中府和登州望祭。灭亡南宋后，罢南海神望祭，在广州祭祀南海神，于河渎附祭西海神，济渎庙附祭北海神。元朝对四海神重新册封，从二字王爵逐步加封到四字王，东海神为广德灵会王，南海神为广利灵孚王，西海神为广润灵通王，北海神为广泽灵佑王。目的同样是显示皇帝绝对拥有"九州—四海"的天下，即"岳、渎、四海皆在封宇之内"。

——节选自黄纯艳：《宋元海洋知识中的"海"与"洋"》，《学术月刊》2020年第3期。

【问题探究】

宋元时期，中国人的海洋观念有哪些新的变化？ 为什么会出现这些变化？

■ 明清丝绸之路的商品与贸易

明朝初年郑和曾经7次下西洋。郑和第一次出航是在1405年6月。他率领的远洋船队有大型宝船62艘，人员7.2万多名。他们从江苏刘家港启程，最远到达印度古里。郑和最后一次远航在1430年。郑和在返航途中病逝于古里。通过7次远航，中国与各国进行了友好交往，并邀请各国到中国进行贸易活动。郑和的远航取得了巨大成就，明朝初期，世界各国商队到中国来者络绎不绝。明代出国的海外移民也明显增多，中国文明传入各国，促进了那里的进步与发展。

虽然清朝时期仅有广州一处的通商口岸被保留，但中外贸易依然活跃。乾隆年间，在欧洲商人到广州购买的货物中，每年贩运的湖丝、绸缎等20万～33万斤，价值白银70万～80万两。在清代外销瓷器中，"纹章瓷"别致高档。17世纪末，江西景德镇就为欧洲客商定制陶瓷，使用欧洲的纹饰，通过澳门的葡萄牙人运往欧洲。18—19世纪，欧洲私人定制纹章瓷蔚然成风，广州成为纹章瓷的重要产地。

图 5-4　清代外销五彩瓷

二

全球经济网络的形成

■ 大航海时代与世界经济的转变

　　大航海时代开始于对大西洋航路的开辟，最早是葡萄牙航海王子恩里克在非洲西岸探险时开启的。1249 年，葡萄牙摆脱了阿拉伯人的控制，建立了一个独立主权的国家。葡萄牙之所以能够在欧洲率先开辟新航路并建立海外商业帝国，主要得益于四个优势。

第一，葡萄牙位于欧洲大西洋南海岸，并靠近地中海出海口，这让它获得了明显的战略利益。第二，葡萄牙有许多经验丰富的渔民，积累了大量有关大西洋风向、气候、潮汐的知识。葡萄牙王室对大西洋考察、航海技术研究、领航员培训以及标有罗盘定位和航线地图的航海记录等的资助，进一步巩固了葡萄牙在航海业上的知识优势。随着对大西洋航行条件的不断了解，葡萄牙的造船技术人员设计出了适应大西洋航行条件的多桅帆船和索具。第三，葡萄牙吸纳了信仰不同的人员。犹太商人和学者在阿拉伯人统治时发挥了重要的作用。当他们被驱逐出西班牙后，许多人逃到葡萄牙避难，增加了那里犹太人的规模。这些犹太商人帮助葡萄牙人开发其在非洲、巴西和亚洲的商业利益。在科学发展方面，犹太人还发挥了葡萄牙与伊斯兰世界贸易中介以及吸引热那亚和加泰罗尼亚人前来投资的作用。第四，葡萄牙人采纳奴隶生产。在葡萄牙首都里斯本，大约 10% 的人口是北非柏柏尔人或黑人奴隶。这些人成为葡萄牙人在马德拉和圣多美的甘蔗园和制糖厂中主要的劳动力。[①]

1492 年，西班牙王室支持哥伦布向西航行的策略带来了美洲的发现，大西洋两岸得到进一步开发。之后，人们又开辟了经过非洲最南端好望角和美洲南端麦哲伦海峡的航线，这使得之前以欧亚大陆为中心的经济，现在演变成以三大洋（大西洋、印度洋和太平洋）为中心的、连接五大陆的经济。

在大航海时代，欧亚大陆西侧的大西洋得到了商业开发，为资本主义这种全新的经济组织架构的诞生创造了契机。大西洋的历史催生了 19 世纪英帝国的经济圈，后来英国的繁荣又被美国所继承。在亚洲，葡萄牙人在果阿建立了贸易帝国，此后葡萄牙人统治西印度海岸长达近 460 年。马六甲是控制印度洋与太平洋之间贸易往来的重要港口。马六甲在 1511 年被葡萄牙人占领，到 1641 年时其又被荷兰人夺取。但是到 1600 年时，占据亚洲重要贸易国家地位的不仅是葡萄牙人、荷兰人等欧洲外来殖民者，中国也是这一时期重要的贸易国家。

16—17 世纪大航海时代对中国的经济也产生了重要影响。葡萄牙人、西班牙人以及荷兰、英国等国家，利用新的贸易航线将中国的物品销售到世界各地。根据严中平的研究，16 世纪下半叶，由菲律宾输入美洲的中国丝绸、棉布、夏布等，因物美价廉，十分畅销。[②]

明朝初年，郑和先后七次"下西洋"。郑和所到之处都会代表中国皇帝拜会当地的国王或酋长，双方之间互赠礼物表达通商友好的诚意。郑和使团每次下西洋都满载丝绸、瓷器等几十种中国文化特色的产品，换回海外的特产。根据《明会典》《明史》

---

① 安格斯·麦迪森．世界经济千年史 [M]．伍晓鹰，等译．北京：北京大学出版社，2022：58-59.
② 严中平．丝绸流向菲律宾 白银流向中国 [J]．近代史研究，1981（1）.

《瀛涯胜览》《星槎胜览》等统计，共有 11 大类，191 种货物。郑和下西洋所带来的西太平洋到印度洋之间大规模的货物交换和文化交流，被历史学家邹振环称为"郑和大交换"。[①]

在近代早期全球经济形成的过程中，商业贸易得到快速发展，工业制造业也开始兴起，但是当时欧亚大陆经济的基础仍然以自给自足为原则的农业和畜牧业为主。新兴的欧洲资本家通过军事力量将土地和牲畜圈起来，实现财富增值。至少到 1700 年之前，亚洲仍然在世界贸易业中占据主导地位。地处偏僻的大西洋，必须自己创造商品、转运贩卖商品，所以其经济基础是大量栽培甘蔗等商品性农作物的"种植园"。在大西洋世界，甘蔗、棉花成为热门农作物，以奴隶为劳动力在新大陆开发大规模种植园。

图 5-5　美洲的种植园

■ 大规模物种交流时代

新航路开辟之后，"新大陆"和"旧大陆"之间的动植物交流促进了生态系统的变动，美国历史学家克罗斯比称之为"哥伦布式大交换"。大航海时代从"新大陆"传到"旧大陆"的植物有：玉米、土豆、红薯、木薯、南瓜、番茄、青椒、辣椒、四季豆、花生、向日葵、可可、香草、菠萝、牛油果、木瓜等。一方面，这些植物的移植、大规模生产和商业交易促进了世界经济的发展；另一方面，旧大陆的植物在新大陆通过种

---

① 邹振环.明清江南史研究的全球史意义 [J]. 历史研究，2020（4）.

植园的形式得到更大规模的生产，地球生态系统发生了巨大变化。

在美洲大陆寒冷的土地上生长出的玉米和土豆传播到了欧洲，红薯传播到了东亚，木薯传播到了非洲，并成为这些地区的主要粮食，为当地居民生活做出了贡献。

欧洲人把小麦、牛羊、马等动物带到了新大陆。在那个时期，美洲大陆的原住民还因为殖民者带来了旧大陆的天花而大量失去生命。在广阔的美洲大陆上，欧洲人种植他们所需的作物，饲养他们所需的家畜。在很长时间里，美洲成为欧洲人生产原料和食材的基地。

许多在欧洲无法种植的亚热带作物，在新大陆作为商品被大量种植。现在，在巴西和加勒比海地区居住的大量黑人就是因甘蔗种植业而从非洲被掳掠去的黑人奴隶的后代，而美国的黑人则多是因棉花种植业而被掳去的黑人的后代。

【史料阅读】 檀香穗状病的传播

檀香穗状病最先大规模地出现在南印度，这与18世纪以来印度檀香贸易的发展历程相关。英国在印度的殖民扩张与全球檀香贸易格局的演变共同构成印度檀香患病的重要背景。檀香是一种珍贵木材和优质香药，其心材色正味香、质地坚实、纹理紧密，是打造工艺品的理想木料，从心材中提炼的檀香精油可治疗多种疾病。印度檀香品种（Santalum album）以心材质量最佳、气味最醇厚著称，尤其南印度迈索尔周边地区出产的檀香木声名远播，贸易历史悠久。该地西临印度洋，东临西高止山脉，其内陆山地由常绿和半常绿热带森林覆盖。当地热量丰富，雨量适中，干湿季分明，覆盖着由花岗岩发育而成的红色沙壤土。优渥的自然环境使得此区域内檀香树枝繁叶茂，形成高质量的芬芳心材。

19世纪末檀香穗状病的出现使印度檀香从"皇家之树"变为"疾病之树"。1899年，南印度檀香产地英属库格报告当地檀香树染上病害。当地林业保护副官C.D. 麦卡锡称，染病的树叶片开始变小、变窄、变坚硬，叶片颜色由黄色转为褐色或红色，枝条缩短，叶在枝条上显得密集，染病的檀香树植株不开花，也不结果，染病后不久植株便死亡。由于患病之树长成的枝条像有四排鬃毛的长钉，叶片呈穗状，故该病害被命名为"檀香穗状病"。尽管目前不能确定1899年之前檀香穗状病是否已经存在，但可确定的是，1899年后该病害快速蔓延并带来了破坏性影响。据统计，库格的檀香种植园当年有1990棵檀香树苗死亡，剩下1640棵树苗也奄奄一息。更糟糕的是，此病害随后朝着东南和东北方向快速扩散。次年，当地染病檀香树的总面积从几平方英里增加到30平方英里。

1903年巴伯提出檀香的寄生性质之后，一些林业人员逐渐了解檀香生长离不开宿主植物，他们一般优先选择已有木麻黄和马缨丹这两种植物生长的区域培育檀香，或提前引种这两种植物营造适合檀香生长的宿主群落。然而，这些外来植物能在短时间内快速生长，而且一旦染病可能会带来不可估量的"生态麻烦"。正如英属印度首任林业监察长迪特里希·布兰迪斯提醒，"木麻黄和马缨丹都不是本地作物，在引种试验过程中一定要小心地管理"，它们很可能成为"潜在的危险朋友"。

当马缨丹和檀香这种潜在的危险联系被认为破坏了林业生态稳定与檀香贸易税收时，各檀香产地便下定决心要根除马缨丹。当时根除马缨丹的措施大致分为直接拔除、火烧和生物防治三类。抑制马缨丹蔓延的工作并未取得理想的效果。这既是因为地方生态系统的变动具有复杂性，也是因为一战爆发和英属印度财政紧缺导致相关工作无法切实开展。糟糕的是，檀香穗状病在20世纪30年代卷土重来。这次传染范围更广、传播速度更快。1934年，全印度染病檀香树的面积上升至5210平方英里。1940年后，印度最大的檀香产地——迈索尔每年可供应的檀香木数量也从2400吨下降到1200吨。这些都表明印度檀香资源危机的显现。

20世纪初檀香穗状病在南印度的肆虐并非偶然，它是帝国生态关系变动的典型表现，与英帝国殖民活动改造环境和全球自然资源商品化相关，也是"哥伦布大交换"在全球他地二次扩散的后果。随着英国对印度的殖民化程度加深，檀香资源被大量开发，殖民地的自然环境被改造。成片土地被清理并开辟成种植园，单一地种植那些有利于帝国贸易运转的经济作物。地方环境的巨大变动大大增加了檀香穗状病等植物病害暴发的可能性。更甚之，植物病害还借助植物之间特殊关系以摧枯拉朽之势肆虐印度次大陆。

——节选自吴羚靖：《帝国生态：檀香穗状病与20世纪初英属印度檀香贸易资源危机》，《清华大学学报》2023年第3期。

【问题探究】

英帝国的统治在印度檀香贸易资源危机中究竟应负何种责任？

■ 荷兰和不列颠帝国的崛起

16世纪初，荷兰在打败西班牙后取得民族独立。荷兰人擅长航海，到17世纪时荷兰人已经建立了广阔的贸易帝国。荷兰的航海家在巴达维亚（现雅加达）建立了荷兰东印度公司，亚洲的丝绸、茶叶等物品借助荷兰人源源不断地运往欧洲。荷兰人还在南非开普敦建立殖民地，种植葡萄和粮食，并为在印度洋航行的船只提供补给与服务。为了服务这个庞大的帝国，荷兰人还进行了商业创新。荷兰东印度公司采取股份制募集资金，动员全社会为海外探险提供资本。1609 年，荷兰成立的阿姆斯特丹证券交易所是世界上第一家证券交易所，东印度公司通过向公众发行股票融资，还大规模向海外投资。17 世纪的荷兰进入"黄金时代"，构建起了一个横跨亚非的大型商业帝国。

英国人后来居上，到 18 世纪时也建立起一个商业型大帝国。但是在中世纪时期，英国仍然相对落后，主要通过出口羊毛获利。到了 16 世纪都铎王朝时期，英国积极引进纺织技术，开始出口毛织品。大航海时代以来，英国王室和贵族向一些船只颁发特别许可证，让私掠船去袭击往来于大西洋的西班牙运送白银的船只。对于私掠船来说，只需要有大型船只、武器、船员和资金，就能够帮助其快速获得高收入。平均每一艘私掠船都能获得 3000 ~ 4000 英镑的收入。

17 世纪中叶，克伦威尔执政时期，为了解决英国经济问题，他派军占领了加勒比海的牙买加岛。后来，英国又通过三次与荷兰的战争，掌握了北部大西洋世界的制海权（图 5-6）。不过，在这一过程中，英国也需要战争经费。为了保证经费，在一批移民到英国的荷兰人的影响下，英国开始发行"国债"。筹措国债不仅使得军费有了保证，而且国债还可以在市面上流通，等于向社会投放了货币。股票交易也在英帝国形成过程中发展起来了。

图 5-6　第二次英荷战争

■ 全球经济网络的阴暗面：奴隶贸易

1492 年，哥伦布发现美洲后，欧洲人纷纷来到这里开辟殖民地。早期的殖民者主要种植棉花、烟草，并且开采金银矿。这些都需要大量的劳动力。由于本地的印第安人大量死亡，殖民者亟需补充新的劳动力，于是前往非洲抢夺奴隶的行业就出现了。在 19 世纪后期黑奴贸易被废除前，大约有 1200 万黑人被强制迁徙到美洲。

由于黑奴贸易的存在，非洲自身经济的发展受到了抑制；美洲地区由于获得了大量廉价劳动力，社会经济得到快速发展。黑奴贸易是早期资本主义发展过程中阴暗面的集中体现。

1840 年，英国著名画家威廉·透纳绘制了《奴隶船》（图 5-7）。画作的副标题是"奴隶贩子把死者和垂死之人丢入海里——风暴即将袭来"。画中远处的船在波浪中摇摆不定；船的前方，四肢被锁链捆绑着的黑奴被沉入大海，沦为鱼食。

这幅画是以 1783 年轰动一时的真实事件为背景创作的。1781 年，桑格号运载着 400 名黑奴，从非洲出发，沿中央航路前往西印度群岛。在航行途中，船上爆发瘟疫，疾病和营养不良导致 60 余人丧生。在这种情况下，船长和船员们做出了一个极其残忍的决定：把死亡和患病的 132 名奴隶全部抛入大海。这是因为，按照当时的保险条款，若奴隶在航行途中或登陆后死亡，船主不会得到保险赔付；但在航海过程中，为了挽救其他货物而将奴隶扔入大海，却可以得到赔偿。

自大航海时代以来，英国是向美洲输送非洲奴隶最多的国家之一。但到 18 世纪下半叶，奴隶的悲惨状况激起了热烈讨论，废奴运动也开始了。1807 年，在威廉·威尔伯福等热心活动家的努力下，废除奴隶贸易的法律诞生了。1838 年，英国颁布了奴隶解放令，解放了西印度群岛的奴隶。那么，透纳为何还要绘制《奴隶船》呢？当时英国海军虽然也会打击其他国家的奴隶船，但是英国海军对停靠在港口等待出港的奴隶船不具有管辖权，奴隶贩子为了躲避管制，常常把奴隶丢入海中。所以，英国海军过度的管制和奴隶贩子的贪婪，导致了奴隶死亡案件不断发生。不管怎样，大西洋世界的三角贸易促进了美洲的开发，但其使得黑人奴隶付出了巨大的牺牲，并在全球经济一体化的过程中遭受到了巨大的不公平和迫害。

图 5-7　透纳的《奴隶船》

■ 时间、计量的标准化

　　每种文明都有自己的独特的时间体系。在农业文明时代，人类的时间体系大多适应自然时间，比如人们会根据季节变化安排生产活动，遵循着日出而作、日落而息的自然规律。这也意味着古代历史中，人类的时间计量方法相对简单，精确性不足，而且各地区之间也缺乏统一时间的计量方式。但是在 19 世纪，世界市场日益形成，全球联系密切，构建统一的全球时间变得非常重要。

　　在全球标准化时间出现之前，一些国家内部首先实现了时间的标准化。英国最早进入铁路时代，所以 1840 年时，英国西部铁路公司要求所属车站和火车时刻表都采用伦敦时间。此后，其他英国铁路公司陆续跟进，英国的铁路时间均统一为了伦敦时间。后来，随着格林威治天文台承担起向社会提供时间的服务，英国各个城市逐渐采用格林威治时间。1880 年，格林威治时间成为英国的法定时间。为了解决国际上交通、交往所需的标准化时间，1884 年 10 月 1 日，由 27 国代表参加的华盛顿国际子午线大会决定采用一条所有国家都通用的本初子午线，建议各国政府接受经过格林威治天文台经纬仪的经线为本初子午线。^① 以华盛顿会议为基础,一个全球统一的标准化时间终于出现了。

与时间标准化一致,19世纪也是人类计量标准化的重要时期。在第一次世界大战结束时,有位法国旅行者访问俄国时极力赞扬米制的好处。这位访问者嘲笑俄国传统计量方案太落后。当时世界上很多地区的度量标准还很简单。人们用手臂(一寻)、手(一拃)、足(一尺)以及肘(一大匙)丈量,也经常根据自己的力气、视力和听力来丈量。比如,在撒哈拉沙漠地区,当地的游牧民把测量下一个绿洲的远近作为关乎生命的事情,因此他们使用的计量方法是一根棍子被扔出去的长度、一支箭的射程、一个人在地平线上目力所及的距离,以及一个人在骆驼背上能看多远。

随着世界经济不断发展,以及大型帝国的崛起,统一度量衡就是一个非常重要的事情了。在历史上,人类经常把统一度量衡作为重要工作。到18世纪末期,法国大革命时期创造出来了米制,成为划时代的度量衡工具。1888年,科学家制作了一个国际通用的长度基准——米原器,作为各国测量1米的基准。1899年,第一届国际计量大会上,批准了法国的标准米尺为国际米原器,决定由国际计量局保存。米制不仅在后来成为世界通用的测量单

图5-8　国际米原器(局部)

位,而且它的诞生具有思想革命的意义。商品化的发展以及法律面前人人平等这一观念被接受后,测量员已经不再能垄断长度单位。商品在此过程中成为可以被测量的规模化的产品。米制的诞生及其推广,意味着货物变成了商品,以及它们的属性被抽象化为可测之量。

■ 全球经济网络的形成特征

全球经济网络的形成非常漫长。古代亚历山大大帝东征带来了东西方的交流,汉武帝时期张骞通西域带来了中国与欧亚大陆腹地的交流。一直到新航路的开辟,全球经济网络才加速形成。西班牙人在美洲波托西抢夺的白银,不仅流入了欧洲,而且还大量流入亚洲,一个全球共同经济圈就这样形成了。

到了重商主义时代,经济危机考验着新生的资本主义社会。英国和法国争夺欧洲霸权的过程也促进了欧亚大陆的进一步交往。即使是像荷兰郁金香热崩盘的故事,也

---

① 俞金尧,洪庆明. 全球化进程中的时间标准化 [J]. 中国社会科学,2016(7):169-177.

体现了当时欧洲人对全球经济网络的追捧。当然，在这一过程中，英国和法国真正崛起了，并称霸全球。

19世纪中叶之后，全球化让每一个国家都卷入进来。这一过程给许多国家造成了痛苦。例如，爱尔兰就因为附属于英国经济，而遇到了"土豆饥荒"，人口大量死亡，爱尔兰人也被迫移民美洲（图5-9）。

20世纪上半叶，在两次世界大战和"大萧条"期间，全球经济严重衰退。但是整体来看，20世纪经历了一个全球经济一体化的过程。在20世纪后半期，一方面美国称霸全球，将美国经济体系带到了全世界；但另一方面，亚洲许多国家也在这一过程中发展壮大。全球经济网络是在漫长历史过程中形成的，其存在也将是漫长的。

图5-9　爱尔兰土豆大饥荒的雕塑

三

全球商品：茶叶与棉花

■ 茶叶帝国

中国的茶叶在英国的商业发展史中占据重要地位。16世纪时，英国的贵族已经接触到了茶叶，在1660年斯图亚特王朝复辟之后，茶叶成为一种重要的商品。葡萄牙国王在将女儿嫁给英国国王查理二世时，将一箱茶叶作为嫁妆带入了英国宫廷。此后，茶叶不仅成为英国人消费的新奢侈品，而且还成为政府重要的税收来源。

当时，饮茶之道在英国已经蔚然成风。1685年，英国东印度公司通知在广州的采购者：

茶叶在这里是被作为一种商品在种植，我们偶尔会把它当做礼品送给我们在王室内的尊贵朋友，我们要你们每年送上五到六盒密封好的最上等和最新鲜的茶叶。

到19世纪中叶，英国还建立了茶叶帝国，与中国的茶叶贸易是英国人关注的对象。英国东印度公司为了运输茶叶，不但提高了船速，而且还设计了专门的密封箱子，用来存放珍贵的茶叶。

1700年，一位中国农民生产0.45公斤茶叶会得到1个便士的收入，但是到了欧洲的商店，这些茶叶售价3英镑。不过到1800年，茶叶大量上市后，价格暴跌了95%，仅为3先令，这样茶叶就成了大众消费的饮品，乃至普通工人也喝得起。

英国著名的东印度公司就是利用茶叶贸易崛起的。1702—1713年，英国和法国发生战争，争夺两国在北美大陆的控制权。为了支持战争的进行，英国在1712年对咖啡、茶叶等制定新的关税政策，规定英国东印度公司售卖的茶叶享有特权，每磅茶叶收税2先令，而其他地区进口的茶叶则收税5先令。据推测，英国政府从东印度公司的茶叶一项中获得了264534英镑。英国政府为了进一步控制茶叶税，要求东印度公司的商人要标明哪些茶叶是在英国国内销售，哪些是要再出口，而东印度公司将从出口茶叶中获得退税的收益。英国政府还要求东印度公司在售卖茶叶之前，储存和认证所有的茶叶。[1]

---

① 简·T.梅里特.茶叶里的全球贸易史[M].李小霞，译.北京：中国科学技术出版社，2022：31.

东印度公司为了增加供应，降低了茶叶的价格。18 世纪的茶叶从每年 50 吨增加到 1.5 万吨。不过当时王室从茶叶上征收高关税，引起很多人的愤怒。于是走私成风。在英国南部和西部地区，大量人参与走私。一些茶叶店店主会划船出海接回走私的茶叶，然后运送到洞穴、城堡、个人家庭中储存。18 世纪中期，茶叶走私与海关缉私之间的矛盾愈演愈烈，几乎酿成战争。一名走私者的墓志铭上写着：

一片小茶叶，一片并不是我偷的叶子

我向上帝乞求让我流淌的鲜血里没有罪恶

在天平的一端放上茶叶，另一端放上人的鲜血

想想它是如何还是一个好兄弟的吧。

面对巨大的压力，英国政府在 1784 年将茶叶进口税由 120% 降低到 12.5%。缓解了这些矛盾。

东印度公司在开展中国茶叶贸易的过程中也面临着其他国家的竞争。荷兰人在亚洲占据着重要的地盘，与英国在争夺中国茶叶市场上展开"厮杀"。17 世纪时，荷兰人占据了东南亚的爪哇岛，控制了亚洲的香料贸易市场。但是到 18 世纪 20 年代，荷兰人只能通过间接的方式购买中国的商品。日益富裕的荷兰却对中国茶叶有着巨大的需求，荷兰也成为英国东印度公司最重要的茶叶出口市场。此时，由于荷兰在中东拍卖市场上哄抬咖啡价格后却不买入，给英国在中东购买咖啡造成巨大的损失。为了防止这一问题在中国茶叶市场上出现，东印度公司加大了对中国茶叶的垄断力度，成功阻止荷兰商人涉足中国贸易。1729-1730 年，英国人甚至试图与宿敌法国人合作阻止荷兰人与中国人做生意。但是，英国人又发现法国人暗中插足茶叶市场，于是英国人又极力阻止法国商船的购买计划，导致法国人未能足额购买茶叶，而英国人得以继续在广州大量收购茶叶。

从更大的时代背景来看，从 17 世纪到 19 世纪，跨越大西洋的商业包括了从新世界到欧洲的咖啡、棉花、蔗糖、朗姆酒和烟草，从欧洲到新世界的制造品（以纺织品为主），从非洲到新世界的奴隶运输。这就是历史上著名的"三角贸易"。在亚洲世界，这种贸易形态却很难顺利运转，因为英国人对棉布和茶叶着迷的时候，却难以找到可以交换的货物，因为中国人不需要他们的商品。这种贸易的不平衡给 19 世纪欧亚大陆的贸易蒙上了一层阴影。

■ 波士顿倾茶事件

18 世纪之后，英属北美殖民地的经济得到快速发展，茶叶也成为北美殖民地的重

要商品，北美殖民地的人民也迷上了饮茶。就在美国革命之前，托马斯·哈钦森估计美国每年茶叶消费量为297万公斤，相当于人均1.1公斤，所以美洲社会对茶叶的需求量是很大的。不过，1773年，应东印度公司的要求，英国议会通过了《茶叶法案》，该项法案首次允许英国东印度公司直接从亚洲进口茶叶到美洲。此举让茶叶价格大大降低，这对于殖民地的消费者是一件好事，但是《茶叶法案》却引发了未曾预料的后果，就是"波士顿倾茶事件"。

由于英国试图控制茶叶贸易，一些殖民地商人建立了横跨大西洋的贸易网络，通过走私的方式从国外进口茶叶、糖等物品。1748年，英国的税制改革限制了合法的茶叶买卖，反而进一步刺激了走私业的发展。1748年6月之后，英国政府对再出口到爱尔兰和北美的茶叶免征内地税，但是英国东印度公司从拍卖会上购买的茶叶必须使用原包装运输，而且只能大宗运输，否则购买的茶叶会被罚没。

1756—1763年，英国和法国开战，由于这场战争持续了七年之久，故历史上也称之为"七年战争"。虽然英国在战争中获胜，但是英国政府也付出了沉重的财政负担，所以在战争结束后，英国人在北美大陆推行新税，其中就包括茶叶税。1767年，英国财政大臣查尔斯·汤森推出的《汤森法案》列举了对玻璃、铅、颜料、纸张和茶叶开征新税。《汤森法案》的目的是防止这些物品走私，并将税收用于支付殖民地海关和司法官员的薪水，但是《汤森法案》引发了殖民地人民的担忧，他们担心新税会损害殖民地的经济。

英国在1773年推出了《茶叶法案》。《茶叶法案》刚推出来时，北美殖民地人民认为，北美商人可以直接与东印度公司做生意，这也是一件好事。但是，北美的激进分子却认为东印度公司会利用这一法案获得不正当的竞争优势，东印度公司在北美建立的茶叶仓库会用于储存其他商品。

就在各方争夺茶叶利益时，1773年11月底，纽约和费城的茶叶承销商提出，茶叶到达北美港口后不立即销售，而是储存起来，等待东印度公司的指示。但是，波士顿的居民却开会讨论，认为《茶叶法案》是英国的阴谋，一旦得逞，波士顿的贸易将被摧毁。在这种情况下，1773年12月16日，一群人身披毯子，把脸涂黑，打扮成印第安人的样子，在波士顿的码头上，将一船的茶叶倒入大海。他们声称"没有代表权就没有征税权"。后来，哈佛历史学家老阿瑟·施莱辛格在一篇论文中将这件事情称为"反抗东印度公司的起义"，也有人将这件事称为"美国人第一次反对全球化的斗争"。

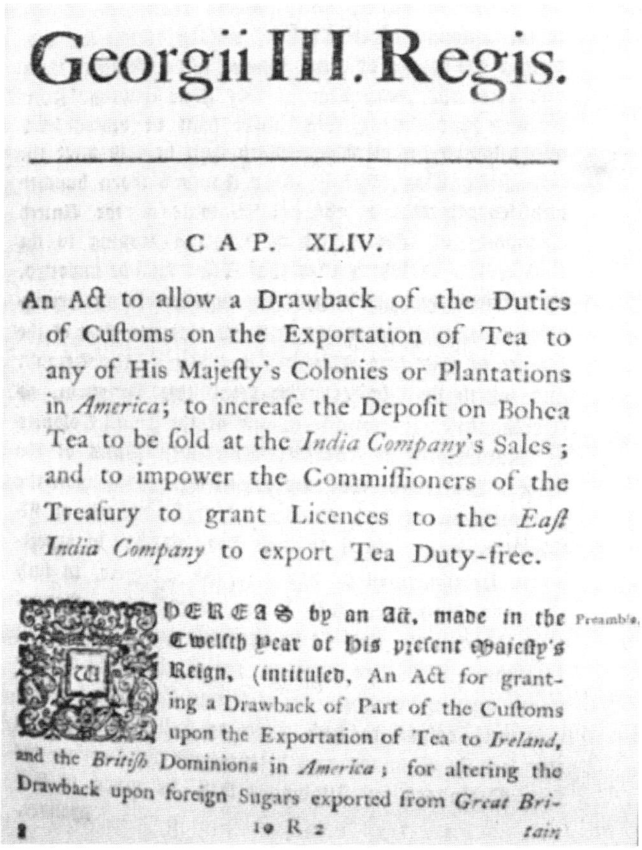

Georgii III. Regis.

C A P. XLIV.

An Act to allow a Drawback of the Duties of Cuſtoms on the Exportation of Tea to any of His Majeſty's Colonies or Plantations in *America*; to increaſe the Depoſit on Bohea Tea to be ſold at the *India Company*'s Sales; and to impower the Commiſſioners of the Treaſury to grant Licences to the *Eaſt India Company* to export Tea Duty-free.

WHEREAS by an Act, made in the Twelfth Year of His preſent Majeſty's Reign, (intituled, An Act for granting a Drawback of Part of the Cuſtoms upon the Exportation of Tea to *Ireland*, and the *Britiſh* Dominions in *America*; for altering the Drawback upon foreign Sugars exported from *Great Britain*

图 5-10　英国《茶叶法案》

不过，因茶叶法案而被排除出局的中间商、当地的走私者和茶叶商人对此却恨之入骨。当法案通过的消息传到波士顿时，这些人就采取了行动反对东印度公司"不公平的外国竞争"。1773 年 11 月，当东印度公司的货船达特茅斯号装载着第一批茶叶抵达波士顿港时，塞缪尔·亚当斯就带着一群人进入码头，制造了举世闻名的波士顿倾茶事件。

波士顿倾茶事件表明，国际公司正将它们的货物沿着地球表面到处运送，并塑造了消费者的喜好，让消费者认为冲一杯茶叶是"基本生活需要并且人人都应该享用"。1700 年以前，全球商业的运转是以武装贸易为核心的，因为运输的物品是来自异域的珍奇商品。从 17 世纪开始，新的商品——咖啡、蔗糖、茶叶和棉花——开始了对全球贸易的统治。

■ 棉花帝国

棉花是一种很重要的商品。在几百万年里，棉花就已经在秘鲁、印度、非洲、埃及、澳大利亚等地广泛生长了。棉花之所以能够在人类还没有出现之前就广泛传播得益于两种属性：第一，它们能够在盐水内浸泡几年后而存活下来；第二，它们天然的浮力和附着在漂浮物之上的特性。经过现代培育后，棉花的纤维可以长达 10 厘米。目前世界上主要的棉花品种包括美洲的陆地棉和湾棉，亚洲棉以及非洲的湾草棉。

印度是世界上最早发现棉纺织品的国家之一。棉花以印度为中心向世界各地传播，并形成了棉花贸易网络。元朝时期，棉花在中国得到普及，有些地方甚至使用棉花作为货币。到 3—5 世纪时，棉花传播到了东南亚，成为当地仅次于食物的最重要的商品。棉花还通过中亚、中东、地中海地区，传播到了欧洲。

棉花进入东南亚后被用于治病、丧葬和各种宗教活动，还用于交税、装饰皇家庭院。在东南亚的占碑地区，有一种印度进口的布料叫"比鲁"（Biru），在国王和他的臣民之间的关系上扮演着重要的角色。在印度尼西亚群岛上，棉纺织品有时候被认为是具有魔法的传家之宝，能够将几代人联系起来，能够代表逝去的往事和故去的亲人。棉布从当地宗教和民间信仰中衍生出的价值，使它不仅在东南亚，而且在欧亚非大陆的其他地方都受到青睐。[①]

棉花在进入欧洲以后，成为经济领先地区争夺的重要物资。中世纪晚期，意大利的羊毛纺织技术先进，所以意大利人利用技术和资金上的优势，掌握了原棉的生产。在欧洲北方，德意志地区率先引入了制棉技术。

棉花很容易种植，但是却需要大量劳动力来完成。印度有大量廉价劳动力，也有历史悠久的棉纺织技术。在 1750 年以前，由于英国的纺纱工无法制造出能够承受足够拉力的长经纱，于是英国的棉布要混合上亚麻或羊毛。在工业革命之前，几乎所有西方国家的棉布都是从印度进口的。随着英国控制了印度，英国攫取大量印度棉布。17 世纪末时，英国东印度公司每年运回英国的棉布和其他半成品超过 150 万匹。不过，英国人并不想印度占据棉花生产利润。1701 年，英国通过法案禁止进口印度白棉布，摧毁了印度的棉纺织业。

1733 年，约翰·凯伊发明了飞梭，纺织技术提高了一倍，英国工业革命开始了。英国此时自己能生产大量棉布，但同时对廉价的棉花需求量也就大增。印度的棉花已经不能完全满足英国人的需要了。于是在美利坚合众国，大量的黑人被贩卖到美洲南部，他们要种植棉花并出口英国。1820 年，美国棉花出口英国达 9000 万公斤，到美

---

① 乔吉奥·列略. 棉的全球史 [M]. 刘媺，译. 上海：上海人民出版社，2018：21.

国内战前暴涨至 9 亿公斤。英国成为 19 世纪中叶的棉花帝国。

【史料阅读】　棉花与工业革命

约翰·马斯特森·伯克（John Masterson Burke）是纽约市詹姆斯·阿莱尔（James P. Alair）铸造厂一位 23 岁的商务经理，1835 年，他乘船来到墨西哥南部，目的地是一个名叫巴利亚多利德的殖民地小镇。在那里，曾经的尤卡坦州州长唐·佩德罗·巴兰达（Don Pedro Baranda）和苏格兰人约翰·麦克雷戈（John L. MacGregor）已经开设了墨西哥第一家蒸汽动力棉花生产企业，这是伯克将要去指导的工厂。他们说"巴利亚多利德周围棉花的自发增长"是自己创业的诱因，但从兰开夏郡到洛厄尔的棉花使人致富的故事想必也鼓励了巴兰达和麦克雷戈。巴利亚多利德远离航运设施和技术专家，在这里建造工厂绝非易事。尽管在后来的 1842 年有位纽约访客曾形容这个工厂"整洁、紧凑并且有着商业化的外表"，但在尤卡坦州建立生产之初却是一场斗争。为了让尤卡坦之光（Aurora Yucateca）开始工作，伯克不仅从纽约带来了机器（其中还包括用来将这些机器从港口运到巴利亚多利德的车辆），还带来了四名工程师，其中两人很快就死于疟疾。由于没有建筑师，这些创业家自己设计了工厂，"拱门两度撑不住，整个建筑都倒塌了"。尽管有这些困难，巴兰达、麦克雷戈和伯克最终还是使工厂开工了。从这年到 1844 年之间的 9 年里，他们雇用了 117 名当地工人工作，用玛雅人家庭提供的木柴作蒸汽机的动力来源，在后者的玉米田里种植棉花，他们一共生产了 39.5 万码布料。尽管以兰开夏郡的标准来看成绩平平，也已经是一个很了不起的成就了。

棉纺织厂在尤卡坦半岛的热带荒野中拔地而起，距离梅里达港口城坐车也有几天的路程，同时还远离资金来源，这样的事迹昭示了棉花对全球创业家的强大吸引力。18 世纪 80 年代水力纺纱机在英国扩散开来之后，机械化棉花生产开始在世界各地蔓延，先是从英国传播到欧洲大陆，再传播到美国、拉丁美洲、非洲北部，最终传播到印度和更远的地方。我们可以叙述数百甚至数千个这样的故事。以位于今天德国的维瑟河谷为例，这个河谷从巴登公国的黑森林最高峰延伸到瑞士巴塞尔附近的莱茵河，自 18 世纪以来一直是一个充满活力的棉纺织中心。这块地区有着充裕的瑞士资本、廉价的劳工和广泛的中间商网络，富有进取精神的巴塞尔商人动员了成千上万的农民在自己家中纺棉花，这些来自当地农民家庭的工人无法为他们的后代找到土地，也不受行会的限制（行会限制了在巴塞尔这样的城市里的生产扩张）。一些商人开始大量雇用这类工人，政府强迫儿童和年轻人纺纱的政策也有助于这些从业者。1795 年，来自黑森林地区采尔的外包商人梅因拉德·蒙特福特（Meinrad Montfort）付薪水给大约 2500 户这样的家庭，这些家庭中有一个或多个家庭成员从事纺织工作。蒙特福特和类似的外包商人从巴塞尔获得原棉，并把成品布交给商人，后者又把商品交给位于莱茵河对岸的独立城市米卢斯的新兴的棉花印花厂。瑞士的投资如此巨大，以至于一位历史学家把这个地区的经济重组称为"维瑟河谷的殖民化"。

——节选自斯文·贝克：《棉花帝国：一部资本主义全球史》，徐秩杰、杨燕译，北京：民主与建设出版社 2019 年版。

【问题探究】

棉花在工业革命传播过程中起到了怎样的作用？

到了 20 世纪，棉花依然在世界经济中扮演重要的角色。1920—1937 年是日本棉花工业的黄金时代。1933 年，日本棉花用量首次超过英国、法国和德国，成为世界第三。到 1937 年，日本已经占据全球棉布交易市场的 37%。随着日本军国主义的扩张，日本在它控制的朝鲜、中国台湾和东北三省推广棉花种植。比如，臭名昭著的南满铁路公司在中国东北地区移植美国高地棉、改良朝鲜的陆地棉等。许多中国人被迫种植棉花，一旦完不成任务就会遭受日本人的酷刑。[1]

直到今天，棉花对人类经济社会的发展仍有着巨大的作用。据统计，目前全球每 23 个人中就有 1 个人从事与棉花直接相关的产业。棉花制作的发胶、洗发膏、牙膏、面乳、肥皂、化肥、炸药、杀虫剂、塑料、医用棉、纸币等，对人们的日常生活产生了巨大的影响。爱迪生发明电灯时，在试用了 1600 种材料后，使用了碳化的棉线做灯丝，结果碳化棉线在真空玻璃中发出了明亮又稳定的光，足足照亮了 13 小时。就这样，碳化棉丝白炽灯问世了。

正是因为棉花在全球经济中持续占据重要地位，美国政府至今仍在大力补贴本国棉花产业。1999—2003 年，美国政府对棉农的补贴率高达 89%，即每卖出 100 美元棉花，补贴 89 美元；2001—2002 年，补贴率超过 129%。2014 年以后，由于一些国家发起诉讼，美国通过了新的农业法案，取消了直接补贴，但是转而采取更为隐蔽的间接补贴政策。[2]

[1] 舒黎明，刘甜.壹棉一世界：7000 年的棉与人 [M].深圳：海天出版社，2018：95-97.
[2] 舒黎明，刘甜.壹棉一世界：7000 年的棉与人 [M].深圳：海天出版社，2018：139-140.

四
成瘾性商品

■ 鸦片

公元前 1600 年前后，罂粟就已经在世界上传播了。人们逐渐意识到鸦片有精神刺激作用。早期人类把鸦片作为药材使用。例如，罗马皇帝马可·奥勒留就有服鸦片的习惯，因为鸦片可以辅助睡眠，纾解军事作战中的紧张情绪，还能够让这位皇帝摆脱俗世之困扰。在中世纪，鸦片从阿拉伯地区被贩运到伊朗、印度和中国。鸦片传入中国后，一部分中国人一开始是食用鸦片，后来发明了吸食鸦片。起初，鸦片主要供富人吸食，后来普通人也大量吸食，这给中国社会造成了很大的危害。

图 5-11　凡·高绘制的《罂粟田》（1889 年）

　　由于吸食鸦片的人口大量增加，鸦片供应量也就随之提高。英国在占领印度后，将大量印度产的马洼鸦片和孟加拉鸦片运往中国，英国因此获得了超额回报。怡和洋行是当时参与中英之间鸦片贩卖的重要公司。怡和洋行的老板詹姆斯·马西森就靠贩卖鸦片成了英国境内第二大地主。赚到钱后，他于 1844 年买下了苏格兰西北海岸的"刘易斯岛"，又花 50 万英镑修建了围墙，名为"卢斯堡"。

　　美国人也在 1812 年后参与对华鸦片生意中。美国罗斯福总统的外祖父狄兰诺就从鸦片生意中赚取了大量金钱。狄兰诺曾经从广东给家人写信说："我无意从道德和慈善的观点为鸦片贸易诉讼辩护，但身为商人的我要强调这是公平、正当、合法的生意；如果往坏处说，这项贸易可能比葡萄酒、白兰地等烈酒进口到美国、英国等国更易遭到更多、更强烈的反对。"从中可见，在 19 世纪虽然人们已经开始意识到鸦片对人有害，但是出于利润的需求，英美等国的鸦片贩子依然坚持向中国出售鸦片。

■ 吗啡与海洛因

　　1817 年，德国药学家德里克·塞尔杜纳在《自然科学年鉴》中发表报告，向世界揭示了鸦片影响精神状态的物质是生物碱。受此影响，海因里希·默克开始将这一技术转化为商业生产，也就是从鸦片中提取生物碱——吗啡。

图 5-12　早期的吗啡广告（转引自 https://www.pharmacytechs.net/blog/old-school-medicine-ads/）

吗啡一开始也是用于医疗用途。吗啡可溶于水，所以可以注射，用来治疗肠胃不适等疾病。1886年，法国科幻小说家儒勒·凡尔纳遭受枪击后小腿中弹。但是凡尔纳患有糖尿病，不宜动手术。医生让他慢慢康复。在康复期间，医生用吗啡给他缓解痛苦。凡尔纳后来将吗啡称为"神圣的吗啡"。

19世纪后期，大量欧洲人采取注射吗啡的方式来缓解各种疾病痛苦。全球范围内的鸦片生产也急速增长。到了20世纪初，墨西哥西北部的索拉诺已经有了数不清的罂粟田。1947年，美国毒品管理局统计，墨西哥的罂粟田在4000～5000公顷，可产出32吨～40吨鸦片。

到了20世纪60年代，哥伦比亚又发展成为大麻烟的海运和空运中心，70—80年代则成为可卡因运输中心，90年代又成为海洛因的运输中心。按照1995年的估计，哥伦比亚供应了全世界70%～80%的精炼可卡因，也是鸦片的主要生产国。

虽然20世纪国际禁毒体系不断完善，但是国际海洛因的制造、走私、销售手段也不断增强。历史学家阿尔弗雷德·麦科伊指出，许多研究者论及同时期海洛因毒瘾大幅蔓延时，往往将重点放在导致吸毒的原因上，比如失业、人际疏离、青少年滥用瘾品的亚文化。这些原因都是事实，但是它只强调了毒瘾者的动机，却"忽视了一项根本事实：海洛因是畅销商品，具备和香烟、酒、阿司匹林一样的营销和零售系统。越来越多的年轻吸食者可以体验海洛因之类的瘾品，是因为这东西以标准价格出售，在全世界大都市都有上百个零售者……若没有全球的产销系统，就不可能有那么多可卡因或海洛因毒瘾形成"。

【学习拓展】 批判精神

当代欧美社会青年过度追求个人自由，部分资本主义国家将毒品吸食合法化，目前全球范围内毒品问题日趋严重。

哪里能买到鸦片制剂和阿片类药物，哪里就有人服用这些毒品。自20世纪60年代以来，随着全世界海洛因生产量的增长，由此产生的问题也越来越严重，海洛因网络不断扩大，海洛因越来越容易获得，价格也越来越低。1956年，英国只有54名被登记在册的海洛因使用者。到20世纪70年代，海洛因成瘾问题首先在利物浦变得突出起来，到20世纪80年代，这个问题迅速蔓延开来，曼彻斯特、格拉斯哥和爱丁堡先后受到了困扰，到20世纪90年代，海洛因成瘾已经成为一种普遍现象。这四个城市突然充斥了大量可抽食的高品质海洛因，不过大多数吸食者很快就改用了静脉注射。海洛因能让人暂时进入一种令人感到温暖的不省人事的状态，面对失业的糟糕的生活水平，海洛因带来的这种"慰藉"

充满了诱惑。爱丁堡的缪尔豪斯庄园作为电影《猜火车》的拍摄背景而闻名，这部影片讲述了四个朋友在寻求救赎前的经历，他们曾一起吸食海洛因，过着混乱不堪最终陷入悲惨境地的生活。电影于 1996 年上映，当时这些城市正在被海洛因摧毁。艾滋病和肝炎变得越来越普遍，长期吸毒者通常的生活方式还和糖尿病产生了联系。在那个年代染上毒瘾但幸存下来的人，现在的健康状况都很不乐观，尤其是缪尔豪斯的人。许多人至今仍然是瘾君子，住在社会福利房里，始终处于失业状态。即使是那些已经成功戒毒的人，他们的生活也没有多大的改善。

——节选自 [英] 露西·英格里斯：《天堂之奶：一部鸦片全球史》，徐海幈译，浙江人民出版社 2022 年版，第 375 页。

【问题探究】

为什么当代欧美国家面临着严重的海洛因问题？

■ 烟草

16 世纪，西班牙人在殖民美洲过程中发现印第安人普遍具有吸烟的习惯。当地的印第安人称烟草为"达巴科"（tabaco）。一开始，欧洲殖民者无法接受吸食烟草的感觉。一位欧洲的船长就说："我们试过像当地人一样吸食烟草，那滋味就像往嘴里撒了胡椒粉，辛辣无比。"[①] 但是长期定居后，殖民者逐渐适应了烟草的味道，吸食香烟的热潮还传播回了欧洲，使得烟草成为大西洋两岸重要的贸易物资。

工业革命之后，烟草的加工也实现了工业化。1877 年，英国人菲利普·莫里斯在剑桥和牛津建立了香烟厂，生产出了英国国内第一批香烟。美国香烟制造业机械化也发展迅速。1881 年，弗吉尼亚州一位工程师詹姆斯·本萨克为自己发明的香烟加工设备申请了专利，这款革命性机器每分钟能加工出 200 支长度统一、直径一致的香烟。在使用本萨克的机器前，美国烟草大亨詹姆斯·杜克雇用了 125 名工人，每年生产的香烟不超过 1000 万支；而使用新机器后，杜克的香烟厂每天能生产 12 万支香烟。

由于机械化的巨大威力，杜克打起了价格战。当时，杜克生产的香烟每包仅售 5 美分。到 1888 年，杜克企业的香烟产量占全美总产量的 40%。1890 年，杜克家族收购了其他五家竞争对手，成立了香烟行业的托拉斯：美国烟草公司。

---

① 迪迪埃·努里松 . 烟火撩人：香烟的历史 [M]. 陈睿，李敏，译 . 北京：生活·读书·新知三联书店，2013：17.

　　1905 年，香烟大王杜克找到了詹姆斯·托马斯来帮他开拓中国业务。这位托马斯自称是香烟"传教士"。托马斯接手生意后又聘请了一位中国青年。这位中国青年本来认为卖香烟是一件丢脸的事情，但是托马斯却用《圣经》中的芥菜种子的比喻劝服他，因为在《圣经》中曾将天国比喻为芥菜种子。

　　在托马斯和这位中国青年的帮助下，杜克的公司在中国运转顺利。他们培训销售人员学习中文，以及中国方言。通过中文考试的人会获得 500 美元奖励。他们还雇用了一批中国人为"老师"，专门到各地示范点烟、抽烟，并以赠送的方式将样品送给当地的农民。为了销售香烟，他们还设计了精美的广告，这些广告非常抢眼，甚至成为人们家中的装饰品，但这些都是宣传香烟的广告。

　　到了 20 世纪 20 年代，香烟产业在世界范围内越来越大。查尔斯·林白驾驶"圣路易精神"飞机完成飞越大西洋的航行后，香烟公司以 5 万美元的代价聘请他为其产品代言。香烟的广告宣传水平也越来越高。1944 年，巴登公司的"好运牌"香烟打出了简洁的广告语："好运就是优质烟。"老板巴登进一步发挥了这句话："你只活一次，为何不活得像百万富翁一样？"

　　但是在 20 世纪后期，香烟的危害逐渐为人所知，世界范围内掀起了反烟潮。1986年，世界卫生组织宪章出台。在保障全球卫生健康的预防性措施中就包括禁止烟草广告、对烟草业征税的内容。1988 年起，世界卫生组织每年都举行"世界无烟日"（图5-13）。1989 年，欧盟部长会议决定禁止在封闭的公共场所（如公共交通工具、医院、学校、电影院、剧场等）吸烟。

图 5-13 世界卫生组织 2023 年世界无烟日口号"种植粮食，而非烟草"

1969 年，智威汤逊广告公司组成了一个任务小组。该小组经过研究得出结论：多数人吸烟是习惯动作，在某些状况下喜欢不经思索地点起香烟来。香烟可算是一个万用道具，人们借着它可以暂缓言行，整理思绪，放下工作小歇一会。香烟能给人触觉和口腔的快感。所以，生产商开发出柔软的、乳头状的滤嘴更易吸收好咬。不过，香烟最重要的成分还是尼古丁。组员们还指出："唯有具备能起作用的药性成分的植物才会被大量人长期习惯性使用。"咖啡、茶、槟榔、大麻、鸦片，以及烟草，都是如此。

参考文献

1. 刘迎胜.丝绸之路 [M].南京：江苏人民出版社，2014.

2. 李庆新.海上丝绸之路 [M].合肥：黄山书社，2016.

3. 李曼丽，李丁.丝绸之路发展史 [M].北京：中国社会科学出版社，2021.

4. 林文勋.互动与交流：全球视野下的丝绸之路 [M].昆明：云南大学出版社，2020.

5. 何芳川，万明.古代中西文化交流史话 [M].北京：商务印书馆，1998.

6. 弗兰科潘.丝绸之路：一部全新的世界史 [M].邵旭东，孙芳，译.杭州：浙江大学出版社，2016.

7. 麦迪森.世界千年经济史 [M].北京：北京大学出版社，2022.

8. 艾伦.全球经济史 [M].陆赟，译.上海：译林出版社，2015.

9. 宫崎正胜.简明世界经济史：金钱推动下的人类进程 4000 年 [M].徐婀扬，译.北京：北京时代华文书局，2019.

10. 宋炳建.图说世界经济史 [M].杨亚慧，彭哲，译.长沙：湖南人民出版社，2020.

11. 贝克.棉花帝国：一部资本主义全球史 [M].徐秩杰，杨燕，译.北京：民主与建设出版社，2019.

12. 列略.棉的全球史 [M].刘媺，译.上海：上海人民出版社，2018.

13. 舒黎明，刘甜.壹棉一世界：7000 年的棉与人 [M].深圳：海天出版社，2018.

14. 梅里特.茶叶里的全球贸易史 [M].李小霞，译.北京：中国科学技术出版社，2022.

15. 仲伟民.茶叶与鸦片：十九世纪经济全球化中的中国 [M].上海：中华书局，2021.

16. 努里松.烟火撩人：香烟的历史 [M].陈睿，李敏，译.北京：生活·读书·新知三联书店，2013.

17. 英格里斯.天堂之奶：一部鸦片全球史 [M].徐海幨，译.杭州：浙江人民出版社，2022.

18. 考特莱特.上瘾五百年：烟、酒、咖啡和鸦片的历史 [M].北京：中信出版社，2014.

19. 严中平.丝绸流向菲律宾　白银流向中国 [J].近代史研究，1981（1）.

20. 邹振环.明清江南史研究的全球史意义 [J].历史研究，2020（4）.

21. 俞金尧，洪庆明.全球化进程中的时间标准化 [J].中国社会科学，2016（7）.

专题六　社会组织

我们每个人在社会中都通过一系列的社会组织与他人或群体产生联系，这一系列的社会组织即构成了社会的重要单位。从社会学角度而言，社会组织一般是指人们为了有效地达到特定目的而按照一定的宗旨、制度建立起来的共同活动集体，因而它有清楚的界限、明确的目标和内部分工，比如政党、政府、工厂、公司、学校等。

诸多的社会组织在世界文明中具有举足轻重的作用。其中一种观点认为，人类文明的根基就是社会组织。人作为社会性动物，需要彼此合作和协调才能生存和繁荣。人类群体的功能化和正式化，通常会促进社会组织的诞生，例如，跨国公司是从事生产和交易的功能化群体最终演化成的组织，军队则是战斗群体正式化的产物。社会组织不仅可以结成稳定的社会结构来发展经济、文化和科技，而且赋予了人类特有的规范和价值观，从而实现社会秩序与公正。还有一种观点认为，社会组织是人们应对风险挑战而发明的。生产力是作为判断人类社会是否发展的重要标准，但是并不是唯一标准。经济学家陈志武在其《文明的逻辑：人类与风险的博弈》一书中提出，如果从风险角度思考人类文明，从风险应对力解读文明史，可以看出各文明都建立了某种组织和制度来应对某种风险。这两种观点都表明了社会组织在人类文明中的不可或缺性，它不仅是推动人类文明进步的力量，也是衡量文明进步的重要尺度。日本著名史家入江昭，更是从全球史视野出发，尤其强调国际性组织在人类文明互动中的重要性。鉴于社会组织类型多样，划分标准不一，本专题仅有针对性地讲解几种与人类生存最息息相关的社会组织。

一

宗教组织

在人类诞生之初，雷鸣电闪、狂风暴雨等难以理解的自然界现象，加之人类生活中存在的多种生存危机，造就了信仰的温床。社会的进步、等级的分化、战争和瘟疫的蔓延等社会现象，最终促成了宗教的产生。犹太教大约形成于公元前 6 世纪，佛教大约创立于公元前5世纪，基督教兴起于公元1世纪，伊斯兰教在公元7世纪创立。这些宗教至今仍旧主导着世界大多数国家。马克思说："宗教是这个世界的总理论，是它的包罗万象的纲要，它的具有通俗形式的逻辑，它的唯灵论的荣誉问题，它的狂热，它的道德约束，它的庄严补充，它借以求得慰藉和辩护的总根据。""宗教里的苦难既是现实的苦难的表现，又是对这种现实的苦难的抗议。宗教是被压迫生灵的叹息，是无情世界的情感，正像它是无精神活力的制度的精神一样。宗教是人民的鸦片。"[1] 世界上有一万多个宗教，宗教信仰人数占世界总人数的三分之二以上。根据信徒数量和分布范围，基督教、伊斯兰教、印度教、佛教占比最高。

面对人数众多的信徒，宗教在诞生不久后便出现了组织，即宗教组织。顾名思义，它是信徒因共同的信仰而结成的组织。以基督教为例，它有两个最重要的组织机构，即修道院和教会。基督教修道院，为拉丁文 Seminarium 的意译，始建于2—3世纪，是天主教、东正教等教徒出家修道的机构，也是为天主教培训神父的学院，故又被译为神学院。教皇在信奉基督教的欧洲各处，鼓励建立修道院。在欧洲某些地区，修道院甚至成为唯一幸存的学问中心。很多僧侣还游走欧洲各处传播学问，所以修道院成为教养人们的中心，这些受到教育的人可以协助管理政府，不少人当上国王的助手。同时，修道院也提供重要的社会服务，例如照顾老弱无依者、提供医疗帮助和各种紧急救护等。

在中世纪的欧洲，"修道院实际上是一种新型的城邦，它是一种组织形式，或者说，是思想志趣相同的人们之间一种紧密的手足情谊联系，他们不是为偶尔举行仪式而汇聚到一起，而是永远共同生活居住在一起，在人间努力实现基督教生活，全心全意作上帝的仆人"。在社会管理不完善的王朝国家，修道院"成了一种维系大众隐退生活使之不致沦为乌合之众的宗教据点"[2]。在这里，克制、秩序、仁慈、友爱等一系列的道德标准逐渐建立起来，成为指导人们行为的准则，并通过各种形式和活动传播到基督教触及的区域。

教会是基督教各派组织形式的统称，也可用来单指一个地区或一个教堂的组织。《圣经》指出，耶稣就是教会的头，即首领；教会则是基督的身体，即是蒙召的基督徒。教会产生和成长于罗马帝国晚期，在基督教取得罗马帝国国教的地位后，教会获得了大量的土地赠与，自身的力量和影响不断发展壮大。尽管后来罗马帝国瓦解，但是各地的教会组织机制却存留下来，它向民众传播思想、吸引信徒，并在西欧各国封建化中发挥着不同程度的作用。

---

① 马克思，恩格斯.马克思恩格斯选集 [M].1 卷.上海：上海人民出版社，2012.12.
② 芒福德.城市发展史：起源、演变和前景 [M].北京：中国建筑工业出版社，2005：188.

教会不同于由有形的建筑构成的教堂，它也是"信徒的社区"，是早期社会组织和管理的基本形式。"一个人在成为基督徒的同时也成为一个社区的成员。基督教早期的几个世纪，人们在地方结成小团体，地方'教会'是最主要的。"教会把劳动视为拯救灵魂的重要途径，并提出君权神授的神学政治理论，握有对世俗的司法审判权，统治着社会意识形态。于是，教会成为社会经济活动、政治生活和人们日常生活的中心。

【史料阅读】

整个中世纪基督教的生活方式逐渐占据了西方社会的主流。基督徒的生活充满了教会的影子，"在有教堂或修道院的村庄和城镇，每天的时间节奏是由教堂的钟声来安排的。清晨6点，敲响的是晨祷钟，也是唤醒信徒们起床的钟声，虔诚的基督徒还会在梳洗后做一番晨祷。上午9点，敲响的是劳作钟，此时修士等人开始白天的功课，普通手工业者和农民则开始白天的劳动。中午12点，敲响的是午祷钟，也是吃午饭的时间。下午6点，敲响的是晚祷钟，也是劳动者收工的钟声"①。

个人的慈善活动也常常以教会为中心展开，个人将自己的财物捐给教会，由教会来组织慈善救济。这时，虔诚近乎等同于慈善。教会慈善平等地、无条件地关心每个人的福祉，它在救济穷人、缓解病人痛苦和帮助无能力生存者方面发挥了关键作用。

图6-1 约翰·迈克尔·雷斯布鲁克的大理石浮雕《慈善寓言》（1746年）

① 孟广林，黄春高.封建时代——从诺曼征服到玫瑰战争[M].钱乘旦.英国通史[M].2卷.南京：江苏人民出版社，2016：260.

宗教组织还发挥着政治作用。公元 622 年，穆罕默德创立了伊斯兰教。"伊斯兰"在阿拉伯语中为"和平""顺从"之意。其基本主张是"除真主外，再无神灵，穆罕默德是真主的使者"。《古兰经》是伊斯兰教的根本经典，也是穆斯林信仰的源泉和世俗生活的指南。"古兰"在阿拉伯语中的意思是"诵读"。它是穆罕默德在传教过程中，以安拉"启示"的名义颁布的汇编，由他的弟子编纂成书，涉及伊斯兰教的教义、制度、律法、历史传说、社会生活、寓言、神话和谚语等，具有丰富的内涵和重大的价值。

伊斯兰教的组织被称为穆斯林公社，它为阿拉伯统一国家的形成提供了政权组织形式。穆罕默德为传播其新教思想而与守旧的麦加贵族展开斗争，在公元 622 年率领忠实信徒在麦地那组建了一个统一的穆斯林公社——实际上是一个具有宗教、军事与行政等多重功能的组织，是政教合一的阿拉伯国家的雏形。它通过政教合一的政权形式，消除了阿拉伯的分裂割据状态，建立起一个统一、强大的国家，并推行了一系列政治、军事、社会变革措施，为阿拉伯帝国奠定了基础。伊斯兰教首先统一了半岛上的思想，为阿拉伯统一国家的形成提供了强大的精神支柱；用共同的信仰来打破以血缘关系为纽带的社会结构，以真主安拉作为统一象征，把阿拉伯人团结成一个坚强的民族。

穆罕默德去世前基本统一了阿拉伯半岛。他的后继者们高举着伊斯兰教旗帜，在"圣战"的呐喊声中踏上了扩张的道路，庞大的阿拉伯帝国建立以后，伊斯兰教在地中海周围迅速传播。在这里，伊斯兰教的兴起及其组织发展都与阿拉伯的统一和帝国的建立息息相关。

■ 宗教改革

但宗教的发展并不是一成不变的。社会的发展变化也对宗教提出了要求，尤其是14、15 世纪后资本主义萌芽的发展对人类社会带来了强烈的冲击。传统的基督教在很多方面给新兴资本主义经济带来了桎梏，基督教则适时进行了宗教改革。以路德教、加尔文教、安立甘为代表的新教是基督教宗教改革的结果，从而为基督教和社会发展注入了新的活力。

以加尔文宗为例，其宗教改革的主要内容为：其一，废除天主教的主教制，建立长老制；教会圣职只包括牧师、长老和执事；长老一般由有威信的平民信徒担任。其二，简化宗教仪式，宣布《圣经》是信仰的唯一依据，因此在圣事中只施行《圣经》所记耶稣亲自设立的洗礼和圣餐礼。其三，取缔演戏和赌博，提倡节俭，反对奢侈，严禁一切浮华享乐的行为。其四，鼓励经商致富，宣称做官执政、蓄有私产、贷钱取利，同担任教会职务一样，均可视为受命于上帝。

加尔文神学思想的核心是"预定论"。他认为，上帝是万能的造物主，掌握着世人的死生荣辱，对世上的每个人都预先作了永恒的判决。一个人的成败与是否得救，不在于忏悔、善功与圣事礼仪，而是由上帝预定的。加尔文的这种"预定论"突出上帝的权威，与路德的"因信称义"一样，否定了教皇与神职人员的作用与权威。财富也是一种上帝的安排，一个人的经营才能是上帝的恩赐。因此，他承认商业方式的正当性，允许贷款可以有5%～10%的利息。可以说，加尔文宗的教义与组织形式适应资本主义发展的要求，因而在西欧地区传播广泛，法国、英国、荷兰等地区都有大量加尔文宗信徒。加尔文宗在法国称"胡格诺派"，在英国称"清教"。

可以说，宗教超越了血缘纽带，通过道德的神化，依靠共同的信仰穿越在不同文明两千多年的历史演进中，宗教组织作为其外在表现形式，在不同时期不同区域发挥着不同作用。尤其是宗教组织依靠一系列的礼拜仪式、信众聚会等方式，促进了信徒间的互信互助，推进了文明化进程。然而，宗教组织也通过区分信徒和非信徒，区别对待民众，导致教徒与非教徒之间可能出现仇视甚至冲突。

此外，宗教自身的固守加之宗教组织的约束也会对社会发展产生一定的桎梏。以伊斯兰教为例，《古兰经》被看做是真主安拉的启示、"神圣的语言"，是伊斯兰教信仰和教义的最高准则，但在经历了1400多年的文明发展后，它已经在很多方面不适应现代社会。虽然伊斯兰世界人口众多，但在现代社会发展史上，不论是在技术创新还是在思想解放上其贡献度都与其人口规模不相匹配。国家建设和战争冲突中的失利，进一步加剧了其内部危机。部分极端势力大力输出伊斯兰原教旨主义，甚至使用暴恐手段，以求重现伊斯兰世界的"荣光"。因而，如何解决伊斯兰世界的思想与现代社会带来的行为差异，如何适时进行宗教组织和思想的变革，是当今宗教组织必须思考的一个问题。

【问题探究】

基督教从公元1世纪中叶到公元4世纪初，一直被罗马帝国当作"邪教"追杀。宗教与邪教的区别何在？

二

慈善组织

　　慈善活动源远流长，正如有学者所言："慈善和文明一样古老。"① 友爱、慷慨、怜悯思想遍布于古今中外，教会、贵族以及富有的商人阶层曾是西方开展慈善活动的主力军。不过，19 世纪时，情况发生了重要变化，慈善组织大量涌现，并在帮助解决工业社会弊病中扮演了重要角色。

　　1869 年，仅在伦敦就有大约 700 个慈善协会。根据当代的一项估计，这座大都市的救济和慈善费用加起来每年达到 700 万英镑，这个数字足以让伦敦八分之一的居民无所事事。 这些规模宏大的慈善组织，在许多工业城市都很显著，活动内容几乎无所不包。有专门的机构来帮助盲、聋、哑等残疾人，对不幸事件的受害者给予特殊帮助；还有机构为一些破产商业和职业人员提供津贴，如帮助那些勤劳的人，训练仆人，援助缝纫女工、女帽制造者，以及资助日托机构。该时期许多国家还出现了全国性慈善组织，例如英国的"皇家国民救生艇机构"（Royal National Life-Boat Institution，RNLI） 和 "皇家防止虐待动物协会"（Royal Society for the Prevention of Cruelty to Animals，RSPCA）。前者是一个在不列颠群岛附近海域提供救生服务的慈善组织，它成立于 1824 年，其贡献之大、得到的捐助之多是显赫的。后者同样成立于 1824 年，是世界上最早的动物保护机构，也是英国最大的动物保护机构；它反对虐待动物，倡导善待动物、减轻动物痛苦的理念，促进了动物福利的发展。美国独立后所创立的第一个慈善组织是 1800 年在费城设立的 "从良妓女协会"（Magdalen Society），其宗旨是 "改善那些不幸被引诱而走上邪路，并且希望回归正路的妇女的悲惨境遇"。至 19 世纪中后期，美国各大城市的慈善机构蓬勃发展，在扶危济困上作出了重要贡献。

　　总体而言，工业革命后，英国的慈善事业异军突起，在西方社会具有典型性。英国的私人慈善活动成为当时英国最重要的一支社会救助力量。虽然慈善组织常被看作是感情用事的、缺乏良好组织的，但英国的中等阶级作为在工业革命中致富的一批人，深谙市场规律和管理制度以及科学的重要性，他们将科学的工作方法运用到慈善中来，从而使这一时期的私人慈善活动呈现出 "科学慈善" 的发展方向。这表现在世俗化、组

---

① 　Alan Kidd. State, Society and the Poor in Nineteenth-Century England. London: Macmillan Press, 1999: 65.

织化、职业化，以及科学工作方法和"百分之五的慈善"的流行等方面。

1. 慈善的世俗化。整个中世纪，慈善活动与教会活动常常交织在一起。但近代以来，慈善的宗教含义不断下降，特别是在英国政府于 1601 年出台了世界上第一部规范慈善活动的法律《慈善用途法规》（The Statute of Charitable Uses）后。该法虽然没有给慈善提供充分的定义，但是却开创性地明确了慈善行为的主要范围：救助老人、弱者和穷人；照料病人、受重伤的士兵和水手；兴办义学和赞助大学里的学者；修理桥梁、码头、避难所、道路、教堂、海堤和大道；教育和抚育孤儿；兴办和支持劳动教养院；帮助穷苦的女仆成婚；支持和帮助年轻的商人、手工艺者和老朽之人；援助囚犯或附庸赎身；救助交不起税的贫困居民；等等。这一正式的官方表述表明了慈善的本质是公共用途而非私人用途，任何土地、金钱或其他任何东西的给予都不是为了特殊个体的利益，与宗教的救赎大为不同。1891 年，英国议会上院在审议"特殊用途所得税专员帕姆萨尔"一案中，麦克纳坦爵士详细论述了如何从法律意义上正确理解慈善或者慈善用途的问题。他提出了四大慈善目的：救助贫困、促进教育、推广宗教和服务社区。任何慈善都必须直接或间接地服务于此。

慈善世俗性的增强也体现在慈善用词中。19 世纪以前，人们习惯用 charity 一词来表示慈善，这一词语约 12 世纪中期出现在英语中，它起源于拉丁文 caritas，而 caritas 是《圣经（武加大译本）》（即拉丁文通俗译本）对希腊语 agape 的翻译，表示"爱"的意思。但到 19 世纪人们开始更多使用 philanthropy 来表示慈善。philanthropy 一词出现于 17 世纪早期，它源于古希腊语 philanthropos。根据希腊神话，人类的第一个施恩者是提坦神普罗米修斯，他将最初只属于神的火给予人类。因为这一举动，宙斯惩罚他永远在山巅遭受日晒和严寒，惩罚他对人类的"philanthropos"。学者们对这一词汇提出了多种解释："慈善，爱人的性情，慈爱，爱人，善举，抚育人，支持人类，帮助人，等等。"因而，philanthropy 通常表示爱人类，它包括一切人道主义行为，如为有需要的人提供服务，监督政府服务项目的效用，以及为弱势群体寻求政治权利等，有别于 charity 的宗教之爱。尽管 20 世纪后 philanthropy 与 charity 经常被互换使用，但它们的源起和在 19 世纪的发展都有明显不同。

【史料阅读】　慈善概念的变化

20 世纪上半叶，贝弗里奇通过对不同类型的人们（包括来自民间和政府专门小组的人）长期非正式的采访，指出 20 世纪 40 年代英国人对 charity 概念出现了两三种相对立的理解："来自政府专门小组大约一半的人认为慈善在严格意义上是指给予有组织的机构主要是金钱上的帮助；大约十分之三的人（女性多于男性）认为慈善是给所有有需要的人提供帮助；还有五分之一的人认为慈善是宗教意义上的爱和仁慈。但是人们经常说他们对慈善不只有一种记忆画面。'慈善有两层涵义。一个是兄弟之爱的代名词，另一个则承载着济贫院、募捐箱和救世军的形象。'" 在街头的抽样调查中，人们对慈善含义的记忆画面更为模糊。…… 很少人采纳慈善的圣经意义，但是各种各样的理解大都被定义在慈善是"给予可能的美好事业以金钱"的范围内。可以明显看出的是，随机的抽样调查和专门小组一样认为慈善仅与救济金和食物的给予相连，而不包括个人服务。……任何包括时间和劳动力的慷慨行为，都是"voluntary aid"，而不是"charity"。

2. 慈善的组织化。慈善组织是慈善活动的策划者、实施者，没有慈善组织就没有近代意义上的制度化的、规范的、经常性的慈善事业。随着社会问题的严重程度超出任何个人的能力范围，这必然要求将分散的力量集中起来。同时，个体慈善者的日益增多，也相应要求加强彼此间的联系与合作，慈善组织便成为慈善家行善的一个重要媒介。

工业革命作为一场社会革命，带来了人类组织的大规模增长。在工业、商业、政府、宗教组织大规模增长的同时，慈善组织——不论是世俗还是宗教的——也同样膨胀，而且出现了各领域分散组织的联合，形成领域内的联合组织。1869 年，慈善组织协会（COS）作为全国性慈善组织的总联合，也应运而生。它的任务主要不是执行具体的慈善救济工作，而是统筹规划，负责指导各分组织的工作，协调资源分配，加强各组织的合作及行为的有效性。美国也于 1882 年，成立了自己的"慈善组织协会"。慈善工作者更多地通过组织机构来处理社会问题，他们希望以此不仅能控制人们的身体，而且能控制人们的思想，以更好地改造他们的行为。同样，组织化的发展，也使人们乐意将前来乞讨的人引到各种收容所或相关的慈善机构。毫无疑问，慈善活动的组织化发展，集中了各种社会力量，加强了彼此间的合作与联系，为"科学慈善"的实行打下了基础。

3. 慈善的职业化。慈善组织的分类愈细，愈要求更多的专业知识，也对工作人员提出了更高的要求。但不幸的是，志愿者的人数并不总是充足的，为了迎合志愿者人数的不足和不稳定，许多协会的计划有时会被迫缩小，而且 19 世纪中期以后志愿者持续减少。志愿者减少在一定程度上是因为，富人们大量离开市中心，这与郊区化的进程是一致的，城市的嘈杂与拥挤使他们向往环境优美的郊区和宁静的乡村。"曼彻斯特和索尔福德地区节约协会的经历是一个典型。19 世纪 30 年代，协会要建立一个约有 1000 名志愿者参加的覆盖整个城市的区域委员会网络的计划，被证明是太狂妄了。

1835 年的志愿者人数是 259 人，但到 1837 年，协会就被志愿者的匮乏所困扰；等到 19 世纪 60 年代，这个数字降低到 24 人。尽管区域探访仍是一个目标理想，但寻找某些可替代的方法是必然的。"[1] 解决问题的一个途径就是给探访者报酬。这些被雇用的下层劳动者是他们所探访地区的居民。他们从事此类活动每年所获的报酬优于从事家庭服务的工作。他们会在监督者的带领下进行工作，并事先接受有关圣经、卫生和济贫法等方面的培训。所以，雇用一批社会工作者并支付其薪金成为发展趋势。支薪人员的出现是慈善组织走向职业化的一大表现。

为了更好地做好分内工作，慈善人员还需要加强相关方面的专业基础知识，提高专业素质，这样对组织人员的职业训练便成为必需的了。同时，相关工作制度方面的改进也势在必行。例如，在护理革命中，就需要慈善人员具备一定的专业知识才能更好地参与其活动。在个案研究工作中，工作人员仅凭爱心和热情是不够的，还需要掌握工作方法、具备较强的调查能力。支薪人员的出现以及工作人员专业技能的训练，正是慈善活动职业化最明显的体现。

4. 科学工作方法的渗透。只有实行科学的工作方法才能使慈善工作更充分地展开，以资源的最小化达到效用的最大化。个案研究工作是这个时期"科学慈善"工作方法的最重要发明，也产生了深远影响。"没有调查就没有救济"是其基本原则。查尔默斯（Chalmers）是一个数学家、经济学家、神学家，同时也是一个有广泛社会阅历的人道主义者和社会改革学家。他写作和讨论了在"慈善"方面的理论，即个案工作理论，特别是家庭个案工作。一方面，他认为社会不幸的根源并不存在于外在的条件而在于个人性格，因而他主张通过调查研究以达到区分目的；另一方面，为了显示慈善工作的价值还要在穷人和富人间创造更为亲密和富有同情心的关系。个案工作恰好能够达到上述目的，查尔默斯在圣约翰教区工作的四年也证实了其理论。他的这一理论方法广受欢迎，被大部分慈善组织所采用，虽有差异，但基本遵循着同样的原则，即通过暗中调查和正面拜访将每个慈善接收者区分为值得救济者和不值得救济者，资源将用于那些有望变好或暂时陷于困难的人，从而摒弃了以往不加区分的济贫行为。其中，COS 将这一方法看作是其工作的轴心，认为贫困是由于道德败坏，是个人意志选择的结果，故而极力反对不加区分的慈善。为了准确区分穷人，COS 严格开展个案工作，对一切申请者都进行详细的调查研究，记录每一位申请者的情况，并对给予帮助的人做进一步分类。COS 还将其所做的详细记录提供给其他组织参考，并作为后续慈善救助的参考依据。

在实际行动中，一些慈善组织也会发明或运用一些科学方法。例如伯纳德的"改善

---

① 　Alan Kidd. State, Society and the Poor in Nineteenth-Century England. London: Macmillan Press,1999: 82-83.

协会"（Bettering Society），在穷人饮食问题上就进行了一次有益尝试。"在1800—1801年食物严重缺乏时期，协会在其成员中募集了4000英镑用于供应鱼给伦敦的穷人，并且这一方法被应用于其他地区。"① 后来协会又成功地以土豆和大米代替面包的供应，以有限的资源救助了更多的人。汤的大量运用亦随之出现，以致"汤店"（Soup Kitchen）几乎成为伦敦贫民生活的永久特点。慈善组织希望通过科学的工作方法帮助穷人实现"自助"，同时也树立良好的公众形象以吸引更多的捐助。

5. 百分之五的慈善。 5%的慈善亦可谓是科学工作方法的一种，但由于它是这一时期慈善发展的一个新方向，而且主要出现在住房领域，故单独列出。它也是18世纪商业化原则运用于慈善领域在19世纪的一个延伸发展。在住房问题成为一个威胁社会健康的重大问题后，英国出现了一批致力于解决工人住房问题的模范住宅公司。为了让这种良好的行为在一个商业世界里开花结果，模范住宅公司采取了合股公司的方式，由投资者集资并分红，参加者还能有3%～5%的收益，故被称为5%的慈善。这种形式的慈善不但其房屋质量较高，而且能够最大限度地吸引一切可能的力量加入到这项慈善事业中，也传递了慈善并非不可以赢利的观念。

起初模范住宅公司由于预期收益低，难以吸引社会资本加入，"改善劳工状况协会"在最初4年内只筹集了2万英镑。"加入到社会住房工程的富有资产阶级认为，如果双方都能从一项慈善事业中受益，双方将会被更好地服务。"到19世纪60年代，模范住宅公司出现了新变化。以皮博迪信托为例，"信托基金会的成员们认为基金必须能够保持自身的长久存在，以便于后代也能够从中受益，鉴于此它所建造的所有住房都应该有适度回报"②，信托公司履行着"慈善和5%"的原则，即保持5%的收益，其资金一直非常富有，拥有充足的资金安全。另一家模范住宅公司沃特罗公司明确指出，"只有慈善和市场经济联系起来，才能解决住房问题。"③ 改善劳工阶级住房总协会（general society for improving the dwelling of the labouring classes）在其目标第五条明确指出：协会如同那些公开声称其目标是追求资本利润率的公司一样，会保证投资的安全，协会将通过收租和管理体系使投资者能够没有风险地提高其财富。④

5%的慈善反映了将房屋质量和支付能力结合起来的关键方式存在于投资者接受

---

① Owen, David. English Philanthropy 1660-1960, MA: Belknap Press, 1964: 107.

② Tarn, John Nelson. Five Per Cent Philanthropy: An Account of Housing in Urban Areas Between 1840 and 1914, New York: Cambridge University Press, 1973: 46.

③ Adam, Thomas, eds. Philanthropy, Patronage, and Civil Society: Experiences from Germany, Great Britain, and North America , Bloomington: Indiana University Press, 2004: 8.

④ Tarn, John Nelson. Five Per Cent Philanthropy: An Account of Housing in Urban Areas Between 1840 and 1914, New York: Cambridge University Press, 1973: 29.

少于其资本 7%～10% 正常商业收益的意愿。[①] 这体现了慈善的新变化趋向：它与社会市场紧密连结起来，突破了慈善是单方面给予的特点，显示了慈善商业化的一个发展方向，从而使慈善有了更广阔的发展空间。

图 6-2　汤姆·梅里作品《单边自由贸易》（1885 年）

　　如何使先进的处于上升中的商业文明不受累于日益增长的贫困人口和社会问题，这是工业革命后西方崇尚自由竞争的商业社会所必须思考的一个问题。慈善组织努力将社会从混乱的边缘拉回，慈善家们在施惠的同时，还通过慈善组织对中央和地方政府进行施压。慈善组织在社会进步中发挥着保护弱者、创造平等机会的双重作用。自由社会的人们通过慈善施惠和施压在很大程度上淡化了商业社会的冷漠，消解了商业社会带来的物质和道德问题，于是慈善在不知不觉中成为商业社会毒瘤的有效拔除方式。英国恰是在进入近代强调自由竞争的时代，极大发展了慈善的理念和实践。慈善理念与自由竞争潮流相对抗、相协调，它通过一系列合理化、多样化的世俗慈善活动成功缓和了商业社会带来的诸多问题，从而保障了英国社会的平稳发展。不过，慈善的发展并不是政府或人们有意为之的结果，而是历史自然发展的结果。就此而言，慈善变迁体现了社会进步秩序的不可阻挡。

---

① 　Smalley, George. The Life of Sir Sydney Waterlow, London: E. Arnold, 1909: 68.

三

工厂与公司

如果说宗教组织是与世界上大部分人最密切的思想组织，那么与人类最密切的经济组织无疑是工厂和公司。大部分人对身边的公司习以为常，甚至感觉它们就是自然存在的。据统计，2008 年时，公司为全球 81% 的人解决工作，构成了全球经济力量的 90%，制造了全球生产总值的 94%。单中国的外企，在 2021 年带动了约 4000 万人的就业，占全国城镇就业人口的 1/10，贡献了我国 1/6 的税收与 2/5 的进出口。[①] 著名经济学家、诺贝尔经济奖得主道格拉斯·诺斯认为，有效率的经济组织是经济增长的关键，一个有效率的经济组织在西欧的发展正是西方兴起的原因所在。公司可谓是经济组织最重要的制度创新。它是财富创造和无数发明革新的重要发生地，也是人们生活质量提高的重要推动者。本节重点讲述与人类生存息息相关的工厂和公司。

工厂是一个工业场所，也是工业革命后社会主流的生产组织形式。工厂制（the factory system）是指资产运营或经营活动主要以工厂为基本单位的企业组织制度或组织形式。其特点是：机械动力替代了人工劳动，生产效率大大提高；形成规模化生产和专业化分工；形成了较为完整的管理系统，分成了生产车间、工段和班组，出现了职能化组织结构。[②] 它也使依附于落后生产方式的自耕农阶级消失了，取而代之的是工业无产阶级的大量涌现。

工厂制萌芽于原工业化时期（15 世纪中叶兴起，18 世纪中后叶衰落）的传统生产组织形式之中，包括作坊制、家庭制与手工工场制。作坊制起源于近代早期，是生产与销售由 3 至 5 个手工业者完成的小规模经营。18 世纪前期其主要从事木工、制铁、皮革和靴帽等行业，主要出现在城镇中。在作坊中，每个人都独自将产品制作出来，很少有生产的分工，所以对手工技术要求非常高。在工业革命时期，只有极少数富有的手工作坊师傅成为工厂主，大多数都成为工人。

家庭制生产即外作制生产，是原工业化时期的重要生产形式，并广泛存在于毛纺织业中。商人根据市场需求购买原料，并将之分发给乡村劳工，劳工依靠自己的场地、

---

① 王俊岭. 外资企业带动约 4000 万人就业 [N]. 人民日报海外版，2021-08-24（3）.
② 杨浩. 现代企业理论教程 [M]. 上海：上海财经大学出版社，2001.

技术进行生产，产品加工后交给商人，按件获得报酬。这种模式通常以家庭为单位，故称为家庭制生产。这种半工半农的手工业制度，直到 19 世纪蒸汽机普及后才逐渐没落。劳工大部分进入工厂成为工人，为现代工厂提供了劳动力。

手工工场制从 16 世纪兴起，18 世纪发展到顶峰，广泛出现在采矿、造船和建筑等行业，但在生产占比中并不高。手工工场的兴起是由于行业特性，多是基于生产规模大、需要多人合作的大型工作场地而建。在手工工场中，资本与劳动基本实现了分离，工场主主要负责提供场地和雇用工人，劳工则出卖劳动力获取工资，工业时期蒸汽机的引入让手工工场成为了工厂。[①]

这几种传统组织形式为工厂的兴起积累了资本，培养了大量工人。蒸汽机取代传统水力成为主要动能后，工厂真正迅猛发展起来，也让旧工业生产模式退出历史舞台。1769 年瓦特发明单动蒸汽机，1782 年发明复动蒸汽机，此后工厂得以建造在交通便利、原料丰富的地方。1791 年蒸汽机首先进入棉纺织业，随后传到编织业、采矿业、冶铁业等领域。工厂开始建立在人口集中的城镇，有效推动了城市化发展。至 19 世纪中叶，蒸汽机真正在工厂中普及。随着蒸汽机的发明，采用大机器生产的工厂在英国率先建立起来，并随后逐渐传播到世界各地。

工厂制的出现极大地促进了经济发展，也使人们的生活方式发生了显著变化。工厂制让劳动力愈益集中，并使生产过程分工更加明确，同时工厂管理也日益制度化，这些大大提升了生产率。传统作坊制和家庭制规模往往不会超过 10 人，但工厂建立后劳动力不断聚集。以阿科莱特的纺纱厂为例，1771 年它雇用了 300 人左右，1816 年则雇用了 700 余人。斯特拉纺纱厂 1816 年雇用 1800 人，1820 年雇用 2900 人左右。劳动力的集中让劳动分工逐渐明确，传统工业中的制陶所有过程都由一人完成，而工厂中的制作过程则被分隔开来。韦奇伍德陶瓷厂分为制土、造坯、上釉、烧制和上色等车间，每个车间的工人只负责指定工序，而为了维持工厂有序进行生产活动，工厂主颁布规章制度，强制工人适应工厂生产方式，对传统作坊体制下不受约束的工人进行规范，要求他们服从统一管理。历史学家阿什顿曾说："如果 18 世纪的工人拒绝服从统一管理，那就不会有工厂制。"

工厂制体现了资本的高度集中，特别是固定资本在工厂投入中的占比很高。随着市场经济的发展，企业愈益要求成为独立的法人和产权主体，以面对市场、承担盈亏责任。因而，越来越多的工厂采取公司制，从工厂制到公司制的转变是企业适应市场经济需要所发生的变化。这里有必要解释一下工厂与公司的差异。工厂代表的是生产能力，它是生产组织形式，但是公司则不一定拥有生产能力，如贸易公司就没有生产

---

① 刘金源. 论近代英国工厂制的兴起 [J]. 探索与争鸣，2014（1）：83-89.

能力。另一方面，公司是具有法人的机构或企业，有独立的法人财产，能够独立地享有民事权利和承担民事义务，而工厂不一定是法人，不一定拥有向其出资和承担有限责任的股东，因而公司更是一个以营利为目的的经营组织。

公司制（the corporate system），是现代企业的典型组织形式，比较常见的是有限责任公司和股份有限公司。最早的公司萌芽于14、15世纪文艺复兴下的欧洲。地中海沿岸城市海上贸易盛行，而海上贸易风险极大，经常船毁人亡。拥有大量财富的权贵，为了规避海上风险同时又赢得利益，于是采用了一种叫"康曼达"的商事契约。这种契约由资本家和航海者建立，资本家出钱，航海者出力。盈利时，赚取的利润按约定的比例分配；亏损时，航海者用个人身家和生命来承担无限责任，资本方在出资范围内承担有限责任，类似于今天的有限合伙企业。

1555年，伦敦商人获得伊丽莎白女王的特许状，发起成立了一家由160人组成的股份制商人团体——莫斯科公司。1600年，英属东印度公司成立。1602年，荷兰东印度公司出现。从此人类进入了公司时代。不过这时候的公司是一种由商人、皇室成员、贵族作为股东，本国政府颁发特许状[1]成立，拥有贸易独占权、军队、殖民地政府机构，可以发行货币、与其他国家订立条约、贩毒、贩卖奴隶的政经军综合体。

图 6-3　英国东印度公司在伦敦的大楼

随着工业革命的开展和完善，自由竞争、自由贸易成为资产阶级的强烈要求，特权公司已不适应资本主义的进一步发展，18世纪中叶后特权形式先后被各国政府解散。

---

[1]　特许状，是由政府发布文件认定一群人组建一个独特的实体，拥有其自身的法律存在，相当于通过借助政府信誉创造了一个法律上的行为人。其开创性在于，相对于在传统的合伙制下一个合伙人死亡合伙制就自动解除了，公司有着独立于其所有者的生命，因而看上去更加稳定并且前景可预测，从而使得公司对投资者更有吸引力。

从此，公司这一组织形式不再是特权的象征，逐渐成为商业社会的基本组织形态，并先后在法国、英国、德国、美国等西方国家确立。1673年，法国颁布《商事法令》，第一次以法律的形式规定了普通公司和两合公司；1807年，又制定了《法国商法典》，规定了商人的法律地位。1892年，德国颁布了世界上第一部《有限责任公司法》，有限责任公司作为一种公司类型登上历史舞台。

历史上，公司先后出现了无限公司、两合公司、有限责任公司和股份有限公司等形式。传统体系下，公司多采取独资或少数人的合伙制形式，这些所有者承担了和公司相关的所有风险，如果企业破产，他们有责任承担所有的债务，也被称为无限公司。这套体系鼓励保守的运营方式，不鼓励承担大量风险。有限公司的出现则是一个飞跃，其最大特点是股东以出资额为限承担有限责任，如果公司破产、欠债，不管责任多大，股东的损失仅限于在公司的投资，而不牵连其他责任。因而有限公司在极大降低投资风险的同时，还可以快速聚合资本，激励市场经济行为。

中国最早具备公司实质的企业是轮船招商局。1872年，李鸿章招商筹办轮船招商局，召集商股银73万多两，又由各海关拨款190多万两作为资本，打破了晚清洋务企业纯粹官办的格局。民国期间，北洋政府、南京国民政府等先后出台《公司条例》《公司法》，公司制逐渐在中国落地生根。中华人民共和国建立后，从集体企业、乡镇企业、内部承包、股份有限公司到跨国公司，该制度不断发展。1993年12月中华人民共和国历史上第一部《公司法》通过，我国主要采取有限责任公司和股份有限公司两种最常见的公司形式。

人类经济活动组织形式的变革，也促使经济水平发展到前所未有的高度。哥伦比亚大学前校长巴特勒认为，公司制是"现代最伟大的单一发明"。这一发明的深远影响也不仅仅局限于经济领域，而是深刻影响了人类生活的方方面面。

当人们对于小投资大回报的股份公司尤为热衷的同时，这种方式也被应用到了慈善领域。18世纪的英国出现了合股形式的联合慈善。许多人乐意捐赠金钱为社会做出自己的贡献，同时他们也希望通过合作的形式以确保救济工作的持续。于是，人们将股份公司运用到慈善公益中，通过运作资金，成立了一些志愿性组织，目的是在正式制度下进行规范运作，而且这些组织的领导人每年通过选举产生。尽管这个观念看似普通，但其中的理念与运作方法是史无前例的创新。因为对于慈善组织而言，公司式的运作方法可以使慈善组织拥有资产、制定合同，像做生意一样一直经营下去。最早使用这种形式的慈善机构即是托马斯·科拉姆创建的伦敦孤儿院（见图6-4和图6-5）。该收容所有自己的理事和合法身份，它以伦敦的股份公司为模板，采用了许多商业的形式来吸引公众注意、筹集资金，服务于其慈善事业，并为合股形式的联合慈善机构树立了榜样。学校则是将股份公司形式用于慈善事业的典型，它们从书商、工匠、其他小捐赠人，以及富人那里募集资金。

图 6-4　托马斯·鲍尔斯（Thomas Bowles），《伦敦霍尔本孤儿院——庭院鸟瞰图》（1753 年）

图 6-5　托马斯·科拉姆雕塑

此外，还出现了许多公司殖民地。以英属北美殖民地为例，最初的永久殖民地都是由商业公司创立。通常民间投资人组成股份投资公司，然后从王室获得特许状或宪章。如伦敦公司创建的弗吉尼亚殖民地和马萨诸塞海湾公司建立的普利茅斯殖民地。弗吉尼亚依据公司的特许状建立了管理制度，13 人组成的董事会担任管理机构，日常事务由总督负责。公司投资人的经济权力演变成一种政治权力。1619 年后，弗吉尼亚政府中出现了三个代表不同利益的部分：总督、参事会和殖民者议会。① 因而，有学者也提出美国是"公司型国家"的观点，认为美国国家的独立与创制都是以商业利益为导向的，其制度理念也并非其所宣称的所谓"普世价值"，揭示了根植于美国宪法的制度弊端，其不仅受商业利益考虑影响，更受制于权责不清、真正权威的缺乏。②

公司对人们生活的影响更是深远。1858 年 4 月，泰晤士河畔耸立起一座 95 米高的新建筑，里面安置着当时英国最大的一座钟。这座重达 15 吨的钟，即大本钟，后来被视为英国的重要象征。它的出现传递了一种崭新的时间观念——现代标准时。在此之前，各地的时钟是根据太阳运行各自调整的，人们日出而作日落而息。但是铁路公司的出现，打破了千年不变的传统时间法则。火车的运营要求精准的时刻，于是随着铁路线的蔓延，人们也逐渐建立并适应现代标准时。带来人们生活这一翻天覆地变化的不再是宗教，也不是政治更迭，而是铁路公司。同样，公司也带来了私人财产地位的变革。

可以说，工厂与公司改革了经济的生产和组织形式，改变了人与人相处的秩序，也影响了国与国竞争的规则。它们不仅是一种组织、一种制度，也是一种文化，更是一种生存和生活方式，引领着人类社会探索各具特色的发展道路。

【学习拓展】　批判精神

亚当·斯密在《国富论》中不仅提出了自由竞争、自由贸易的市场经济原则，而且创造了大规模生产和劳动分工的理论。这也影响了现代人的工作原理。斯密设计了利己主义的个人作为他经济学理论的前提，认为如果你不让他们觉得值，他们宁愿闲着什么也不做。让他们的觉得值的方式就是激励他们，给他们报酬。这是任何人做任何事的唯一原因。于是我们基于对人性的错误认识，建立了工厂体系。但工厂制一旦建立，人们就没有其他选择了，只能选择与亚当·斯密观点相符的工作方式。人们常常想当然地接受了利己主义个人这个前提，却并未对这个前提的正确性加以思考。流水线的工作方式牺牲了人自身理智

---

① 范勇鹏.美国制度的起源与本质：从公司到国家 [J]. 学术月刊，2020（10）：62–76.
② 范勇鹏.从公司到国家：美国制度困局的历史解释 [M]. 上海：上海人民出版社，2021.

的发展，但人应当从工作中获得满足感，找到生命的意义。结合所学，思考如何让工作成为人的一种内在需要，而不只是谋生手段？

四

政府和政党

社会中的每个人都身处国家之中，并接受政府的管理，同时借助政党在一定程度上传达自己的政治要求。政府是一个国家主权与公民之间的中间组织，而国家与政府的发明和存在首先可以维持社会的统一和稳定。"人类社会是由财富不同的人、生活习俗不同的人、宗教信仰不同的人组成的联合体，因而不可避免产生三个基本矛盾，即阶级矛盾、民族矛盾和宗教矛盾。"[①] 国家和政府的存在有助于消解这些矛盾引发的社会动荡起伏，同时在某种程度上也可以规避风险。政府作为国家应对风险的直接组织，负责组织起集体的力量对抗自然灾害，也建立起规则和秩序以减少内部的冲突。

■ 政府的出现

关于政府的出现，西方哲学家已有较多论述，虽然他们在应该建立什么样的政府问题上得出了不同的结论，但都认为政府的存在是必要的。英国政治家、哲学家托马斯·霍布斯（Thomas Hobbes, 1588—1679），在其代表作《利维坦》中提出了"自然状态"和国家起源说。霍布斯认为，只要出现自然状态，战争状态就会紧随其后，这是人性使然，因为人的欲望和恐惧以及资源的不足之间会产生尖锐的矛盾。在人类的自然状态下，有一些人可能比别人更强壮或更聪明，但没有一个会强壮到或聪明到不怕在暴力下死亡。战争并不是对人最有利的，"使人倾向于和平的热忱其实是怕死，以及对于舒适生活之必要东西的欲求和殷勤获取这些东西的盼望"（xiii，14）。自利的倾向会使人类想要结束战争、远离自然状态。人之所以会有疯狂追逐权力的欲望，正是因为它

---

① 张定河，白雪峰. 西方政治制度史 [M]. 济南：山东人民出版社，2003：1.

能为安全提供保障。霍布斯认为保护自己免于暴力死亡就是人类最高的必要，而权利就是来自这种必要。因而，社会若要和平就需要服从于一个人的威权之下，每个个人将刚刚好的自然权利交付给这威权，让它来维持内部的和平，并抵抗外来的敌人。这个主权，必须是一个"利维坦"[①]，一个绝对的威权。

被誉为自由主义之父的英国启蒙思想家约翰·洛克（John Locke，1632—1704），虽然也提出了"自然状态"，但却得出了一套与霍布斯不同的理论。他在《政府论》中提出自然权利，主张每个人都拥有自然权利，并有责任保护自己的权利、尊重他人的同等权利。由于在实践上自然法经常被忽略，因此政府的保护是必要的，然而政府只有在取得被统治者的同意，并且保障人民拥有生命、自由和财产的自然权利时，社会契约才会成立，其统治才有正当性。政府只是人民所委托的代理人，当代理人没有取得人民的同意或背叛了人民时，人民便有推翻政府的权利，并有权再建立一个新的政府。因而，洛克支持的是只有有限权力的政府。

法国启蒙运动思想家让－雅克·卢梭（Jean-Jacques Rousseau，1712—1778）认为，一个理想的社会是建立于人与人之间而非人与政府之间的契约关系。他在《社会契约论》中指出，政治社会之所以形成，人们之所以让渡自己的自由，源自最初的约定即社会基本公约，即为了脱离自然状态下的不安全而形成社会组织，以让渡自然自由为代价享受由此带来的安全庇护。每个人都把自身置于公共意志的最高领导之下，每个成员都是整体不可分割的组成部分。所有的公民都是这个政治社会的主权者，是立法权行使的根源。其主权在民的思想，深刻影响了欧洲废除君主绝对权力的运动，是现代民主制度的基石。

综上可以看出，政府的权力来自权力的转让，但在转让什么、转让给谁等关键问题上，霍布斯、洛克、卢梭等人的回答都不同。霍布斯要求把除生命权以外的全部权力都转让给代理人，洛克要求只把财产代理权转让给代理人，卢梭却认为，社会契约的要旨是一切人把一切权力转让给一切人。古代的希腊没有形成统一国家，但出现了不同的城邦体制。中世纪的欧洲政治出现了神权和世俗权力的长期争霸，并在中世纪末建立起专制君主制。近代伴随着资产阶级革命的发生，出现了不同的政体，即政府不同的构成形式和管理模式。

---

① 利维坦（Leviathan），也有译为勒维亚坦，原为《旧约圣经》记载的一种怪兽，通常被描述为鲸，霍布斯将之用来比喻强势的国家。

【史料阅读】

1776 年 1 月，潘恩出版《常识》。我们可以设想这么一伙人，他们是这个世界的首批居民，或者是某个还不为人知地区的第一批安家落户者。在一种天然自由的状态底下，他们脑海中萌生的第一个念头，就是如何在这么一片陌生地方生存下去。这时，他们就与周遭形成一定的联系。我们姑且把这种关系，称为社会。往后这些人的所有动机、活动，就将与这个社会产生关系。但我们知道，这些人要生存，甚至还要满足个人的各种欲望，有时，会是抑制内心深处难以名状的孤独，这个时候，他们就需要陪伴，就需要寻求别人的帮助。于是，四五人通力合作，在这个茫茫世界中，挖一个洞穴，或者盖一个房子，或者抓一头野兽。饥饿、疾病、灾荒会让他们觉得和平相处、共渡难关才是共同的愿望。只要人们公平互助，法律与政府就毫无用处。当生存获得基本保障之后，这一伙人难免会懈怠自己的责任，减弱彼此之间的联系，这时，凝聚力就开始松散了。于是，政府出现了。政府出现，是为了弥补社会上道德的缺陷。托马斯·潘恩认为，政府是道德无力约束世界后而产生的一种必要管理模式。这其中包含了政府的意图和目的。那就是自由与安全。它在确保居民安全（即有幸福感）的同时，赋予人民一定程度的自由。或者说，它在确保最大程度自由的同时，也要让生活其中的人民健康安全。[①]

■ 政体

根据国家权力的来源和配置方式的不同，政体具有多种区分方式。例如，依据国家权力的来源及其被个人还是人民控制，可以划分为君主制与共和制。前者权力来源于世袭并控制在个人手中，后者权力则来源于人民并掌握在由选举产生的国家元首和政府手中。与共和制相比，君主制历史更为悠久，也更为复杂，历史上曾出现过贵族君主制、等级君主制、专制君主制、君主立宪制等不同模式。

在当今以平等作为人类价值基础的世界里，君主制这种不平等的制度设计，毫无疑问不合历史潮流。然而，真实的历史告诉我们，人们的特征、能力和个性来自基因，总有一些人的禀赋要优于他人。这种禀赋的不均等，使其在人类生存的竞争中具有重要意义。最有能力和号召力的人，会自然地成为头领，并带领部落的人们获取生存的资源。正是在这个意义上，詹姆斯·弗雷泽指出，"君主制的崛起似乎是人类脱离蒙昧状态的必要条件……一个人得到至高权力，便得以在短短一生中成就以往许多代人都不能实现的变革。而如果正如通常的情况，一个拥有超常智商和能量的人，他就会毫不犹豫地利用这个机会。也就是说，君主制无论在哪一个人类社会，都是一种自然的

---

① 托马斯·潘恩. 常识. 双语译林 [M]. 张源，译. 南京：译林出版社，2012：4.

社会现象。绝对君主制是一个现代国家的开门人。它在一定程度上有利于现代国家的构建，但同时君主的权力过大也给社会的进一步发展带来了麻烦。如何使君主的权力避免其负面影响，而有利于现代国家的发展，对每一个现代民族都是一个大问题。"[①]就此而言，英国的君主立宪制值得深入研究。

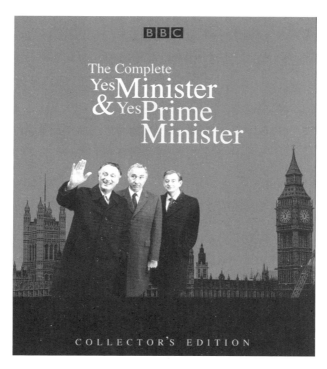

图 6-6　英国 BBC 情境喜剧《是的，大人》

此外，根据国家权力在中央政府与地方政府之间的分配，政体又可以划分为中央集权制与联邦制。权力集中于中央的模式称为中央集权制；反之，权力在中央和地方之间分享则属于联邦制。但中央政府与地方政府之间的权力界定，历来是一个难题。根据公民是否享有参政权，政体可以划分为民主制与独裁制。历史上出现过直接民主制和间接民主制两种方式，现代国家普遍采用间接民主制，即公民通过其代表参与政府和政策制定等。但近年来，谋求公民直接参与国家治理的公投层出不穷。根据国家的立法、行政及司法权力是否分属于不同机构，政体又可以分为混合制与分权制。随着民主制度的推进，二战后大部分国家采取权力在几个政府机构之间分立的分权制。

① 陈晓律. 君权变化的政治含义——英国近代政治转型的观念基础 [J]. 南京大学学报，2018（2）：109-119.

■ 政党

为了掌握和行使国家权力以及争取和教育群众，政党也应运而生。政党是指代表一定阶级或阶层的利益，为实现自己的政治经济目标或理想而力求取得和保持国家政权的执政组织。它具有明显的特征：有明确的政治主张；目标都是控制国家政权；有规范的组织章程；由精英人士控制；与特定的阶级、阶层和集团相联系。所以政党是其成员和选民意志及利益的代表，是招募精英的重要途径，也是影响民意的媒介。

政党也可以划分为多种类别。根据政党的起源方式可将其分为干部型政党、群众型政党、信徒型政党。根据政党所持的意识形态，其可以分为：左翼政党、中左政党、中间政党、中右政党、右翼政党。据政党的数量可以分为：两党制、多党制和一党制。其中，两党制是指由两个主要政党通过竞选轮流执政的制度，但是并不是说实行两党制的国家只有两个政党或不允许其他政党的存在。英国、美国是实行两党制的典型国家。

图 6-7　1904 年美国政治讽刺画驴象之争（Donkey　vs　Elephant），是美国两党制的喻词，"驴子"是民主党的党徽，"大象"是共和党的党徽，两党分别以驴和象作为自己的象征。①

———————————

① 一位标有"民主小姐"的老妇人骑着民主党的毛驴，沿着标有"政治派克"的土路前行；毛驴的脖子上挂着一面标有"安全和理智"的旗帜。背景中，乔治·B. 科特利奥（George B. Cortelyou）骑着标有"G.O.P."的共和党大象，靠在一棵树上。

■ 政府与政党的潜在危险

在国家和政府出现后，它们在为人类提供安全的同时，也成为人为灾难的主要来源。在特定历史时期，一些非理性的政府或政党组织，例如挑起第二次世界大战的法西斯组织，成为人类生存的巨大威胁。纵观历史，大规模饥荒和战乱大多发生在政府失政的时代。如果政治统治足够开明和高效，一般能够应付大多数自然灾害；反之，其应付自然灾害的能力则大大下降。为应对国家带来的灾难，需要对政府权力进行控制和规范，将其纳入法治轨道，以避免出现过分的政治压迫或经济榨取，从而保证政府应对各种风险的功能。

与此同时，后现代国家内部面临恐怖袭击和移民潮带来的族群冲突的新风险。在富足和生存无忧的条件下生长的一代人，往往视生活富足和安全为理所当然，将个人价值的实现、追求物质富足和精神幸福置于首要位置，而降低了安全、秩序和国家的价值。这种观念也不利于规范政府行为。因而，促进政府与政党体制的完善，也需要维护和发展社会的自主性，使社会本身具有应对风险的机制，保持捍卫文明的意志和手段。

五

互助组织

互助组织的出现和极大发展可谓近代以来自由主义理论在社会领域的体现，也是物质进步的象征。工业革命中，许多中等阶层凭借自己的艰苦奋斗、勤俭节约积累了雄厚财富，成为社会中新兴的富有阶层，因而他们普遍认为贫穷是个人的懒惰、不节俭造成的，是个人性格缺陷的结果，是酗酒、堕落和放纵的标记。相反，"自助和独立被看作美德，没有这些优点的人则会受到鄙夷"。这种观点在 19 世纪自由主义泛滥的英国尤为流行。例如，英国杰出的现代主义戏剧作家萧伯纳（1856—1950），在论及值得和不值得救济的穷人的各种主张中，他认为从经济上来说，以私人的善举满足那些不值得救助的人的无端需求是不现实的，但帮助他们，"是一个公共义务，就像强制推行环境卫生一样，应由公众来承担"。因而，萧伯纳建议公共事业的赞助人，"绝对不要给公众所想要的东西，而要给他们缺少的、实际上没有的东西"。他赞扬约翰·罗斯金（John Ruskin）的做法，罗斯金给谢菲尔德捐了一座博物馆，他之所以捐建这座建筑，是因为他认为通过这种方式，这里的人可以开心地换种方式度过周末，而不是成天喝酒打发时光。

自助和互助成为社会所积极倡导的精神。早在 1802 年，英国就成立了反恶习协会（The Society for the Suppression of Vice），在穷人中鼓励勤劳、节俭、谨慎、礼貌和存贮。他们认为贫民应主要依靠自己的勤劳与节俭，而不是公共或私人慈善事业来对付生活中的困难，把大量的钱花在工人阶级身上帮助他们对付本应该由他们自己预料和解决的困难是一种极其有害的和错误的行为。疾病、贫困、生育、老年等都是一个人生活中的普通的事，如果人们发现这类问题可以依靠国家或私人慈善解决，他就会产生依赖之心，而这种依赖之心对所有进步都是一种致命的危险，他就不会去考虑改善自己的生活条件，很快就会走上懒惰的道路，其生活会比以前更糟。那些生活舒适的人们乐意对工作勤奋、生活节俭的贫困者表示同情并提供帮助，如果正常的困难出现，他们就会出现在他的身边，甚至在等待着对他提供帮助。

互助动机产生在多种市民组织中，它是指人们在追求一种生活或者是在满足住在同一城市的人的需求过程中获得自我满足的一种愿望。19 世纪中期，互助合作运动兴盛。"合作运动不仅仅在经济上是重要的，它给许多劳动人们这样一种感觉，即他们也是'国家的一股'。它教给人们勤劳的习惯和相互自助，将他们在一些激励提高教育和希望自我改善的协会中联合起来。"① 合作运动的理性和道德影响远远大于经济上的节约，它在数以万计的工人阶级家庭中掀起了一场有益的革命。下层民众在互助合作中努力寻求生活的保障，而不是依靠救济。以英国为例，友谊会、工会、合作社是下层互助的三种主要形式。

友谊会大约出现在 18 世纪，其会员定期交纳一定的会费，遇到失业、疾病或贫困时可以得到一定数量的津贴，如果会员死亡，会员家属也可以得到一部分津贴。概括来说，友谊会的职能是为会员提供种类繁多的福利，它以友谊会、丧葬会、共济会、募捐会为主要组织形式。一些有能力的下层民众通过加入友谊会以寻得生活保障。友谊会也为下层民众提供了一种社会生活方式。到 19 世纪中叶，英国各种形式的友谊会已经具有相当的规模。"曼彻斯特联合共济会在 1848 年已经拥有 26 万名会员和 34 万

---

① Trevelyan, G.M. English Social History [M], Harmondsworth: Penguin, 1967: 560. 周真真 . 英国慈善活动发展史研究 . 北京：中国人民大学出版社，2020.

英镑的收入，就连有关该共济会的调查委员会也惊叹，……丧葬会在50年代以后也得到了普遍的发展，1853年斯托克波特济贫区的8万居民中有5万人是丧葬会会员，在威根，丧葬会的分会有46个，利物浦也有9万丧葬会会员，到1872年，募捐会会员已经有100万左右。"到1900年隶属于友谊会的成员有540万（占据了英国总人口2400万中的20%多）。

互助性的合作社，是一种特殊的互助形式，最早出现于1844年前后，然后迅速遍布全国。合作社大多以合股形式建立，社员集股，股金一般为1英镑。合作社最初多是消费性的，其批量购进价格低、质量好的商品，满足社员与他人的需要，所获利润按股分红。消费合作社是一种互助性组织，社员还有红利，因而深受收入较好者的欢迎。19世纪70年代以后，英国还出现了生产性合作社，合作社的总体规模不断壮大。

工会（trade union），本义是指基于共同利益而自发组织的社会团体，可谓是最重要的互助组织。西方工业革命发生后，越来越多的农民离开赖以为生的农业涌入城市，为城市的工厂雇主打工，但他们的工资低廉且工作环境极为恶劣。在这种环境下，单个的被雇佣者无力对付强有力的雇主，从而诱发工潮的产生，进而催生了工会组织。工会是基于共同利益而自发组织的社会组织，通常产生于在某一产业领域为同一雇主工作的员工中，其基本职能是协调劳资之间的关系以及决定工资、工时及劳动条件等。工会的开支主要用于工人的福利方面。工人阶层在互助组织中的影响力越来越大。工会成员在一战期间有重要增长。1914年，英国工会成员由世纪之交的200万增长到400万，到1920年几乎又增长了一倍，达到800万。

图6-8　成立于1903年的美国妇女工会联盟，由工人阶级和富裕妇女组成，旨在支持妇女组织工会和消除血汗工厂条件

　　工会虽然源自欧洲，但在工业革命后流行于世界。工会在美洲的流行较早，加拿大工会早在19世纪初期就出现了，并在初期与英国工会有密切联系。中南美洲国家的工会多在19世纪末首次出现。中华全国总工会最早产生于辛亥革命前后，在五四运动时期得到了重要发展。工会法因国家的不同而不同，其职能也是如此。例如，德国和丹麦工会，不同于美国工会，在管理决定上扮演了更重要的角色，通过参与董事会来进行共同决定。

【史料阅读】

　　在《政治经济学原理》中，（1871）约翰·斯图尔特·密尔写道："如果工人阶级能够通过自我联合来增加或追上基本工资率，那么毫无疑问这不应该被惩戒，而是应该欢迎快乐才对。很遗憾，用这种方式来达到该效果超出了范围。组成工人阶级的群众人数太多，散布过广，难以统一，很多联合都是低效率的。如果他们行的话，毫无疑问，他们能够缩短劳动时间，干同样活却多挣钱。通过联合起来，他们也可以获得一定的权利在利润上增加基本工资。"

　　互助组织也在逐渐突破阶级的限制，与慈善和志愿组织紧密联系在一起。"整个19世纪，旨在提高社会福利的绝大多数组织都基于纯粹的慈善基础，社会服务由一个团体提供给另一个团体，双方没有重叠。上层阶级给予，下层阶级接收，贫富间的巨大差距使任何其他安排都不可能实现。"然而，随着生活和教育水平的提高，人们为了自身的利益发起运动、组织机构，而不是为了那些境况不同于他们的人。这些组织的福利只为其成员提供，而其成员加入的主要目的也是获得可能的物质帮助。所以慈善更多表示的是一个阶层对另外一个阶层的帮助，而互助强调的是行为主体与客体间的相互受益。进入20世纪后，这种倾向更为明显。例如，慈善医院最初的支持者是那些不可能成为医院病人的人，但是20世纪后这些医院越来越从那些医院服务潜在的消费者组织中获得支持。社会服务的消费者组成了具有贡献性质的组织。

　　这种交融与国家福利制度的发展密不可分。福利制度的建立使每个公民都获得了基本的生活保障。人们不仅不再需要接受慈善救济，而且根据社会出现的新需求组成了一些新型组织来提供新服务。正是由于政府对社会责任的承担，人们才得以更多关注自身多方面的需求，从而使互助型的社会组织在20世纪迅速发展起来。这些组织既不同于国家福利，也不同于传统的慈善组织。

　　有意思的是，互助组织或互助传统也成为许多国家寻求摆脱福利困境的一个依托对象。英国的新工党政府即希望通过培养社会的互助有效利用社会资源，进而实现福利的多元化。合同合作即政府出资、社会组织提供服务，是政府有效利用社会资源的一种新方式，这也是政府权力下放的目的。为此，政府于 2006 年成立了第三部门办公室（Office of Third Sector）。第三部门，"这一术语包括志愿和社区组织，慈善，社会企业，各种大小的合作和互助组织。"[①] 其建立表明政府不仅将第三部门看作是一个实体，而且希望它能够发展成为一个实体。新工党政府还在内务部建立协调部门，在财政部内建立专门机构，以便于政策发展和执行。第三部门办公室建立后第一位政府在职者即是米利班德[②]。可以说，第三部门办公室象征着社会组织的政治地位和重要性，通过它可以将以前政策制定之外的机构纳入政府管辖地带，并成为政策干预的一个地方。而社会各方人士也希望通过第三部门办公室成为一个与众不同的、同质的实体，以此作为社会力量在政府的代言人。

互助组织不仅为本国民众提供了一个获取帮助和建立社会联系的舞台，而且随着全球化的发展，它也开始突破国家限制，在世界舞台上发出自己的声音。以美国的互诚会（Alcoholics Anonymous，简称 AA）（图 6-9）为例，其前身是 1935 年在美国成立的匿名戒酒协会，后来出现了许多不同主题的互诚会，如戒烟和戒毒等，致力于通过其精神上的十二步计划帮助人们戒除上瘾等行为问题。随着其参与对象的日益广泛，AA 建立起遍布全美和很多西方国家的支持网络，使得有需要的人能够不受地域限制、根据自己的时间表去参与位于本地的 AA 互助小组或服务处。据统计，截止到 2020 年，互诚会的全球会员人数已超过 200 万。

图 6-9　互诚会（AA）的 Logo

① 　OTS 的网页档案馆，www.cabinetoffice.gov.uk.
② 　埃德·米利班德，2010—2015 年英国工党领袖。

　　当然社会组织并不仅仅局限于本专题所讲的几类组织，例如以各种学校为代表的教育组织，与我们每个人都紧密相连，还有活跃于社会、与人们休闲生活息息相关的俱乐部、影院等组织，这些组织都很重要，但是限于时间和篇幅，本专题并未纳入，但这并不代表它们不重要。社会组织的多样性，在一定程度上也反映了人类生活的丰富性和人类文明的璀璨。

参考文献

1.　陈志武.文明的逻辑：人类与风险的博弈 [M].北京：中信出版社，2022.

2.　克拉克.告别施舍 [M].洪世民，译.桂林：广西师范大学出版社，2020.

3.　麦克法兰.现代世界的诞生 [M].管可秾，译.上海：上海人民出版社，2013.

4.　范勇鹏.从公司到国家：美国制度困局的历史解释 [M].上海：上海人民出版社，2021.

5.　刘金源.论近代英国工厂制的兴起 [J].探索与争鸣，2014（1）.

6.　张乃和.近代英国文明转型与公司制度创新 [J].史学集刊，2018（4）.

7.　陈晓律.君权变化的政治含义——英国近代政治转型的观念基础 [J].南京大学学报，2018（2）.

8.　张定河，白雪峰.西方政治制度史 [M].济南：山东人民出版社，2003.

9.　周真真.英国慈善活动发展史研究 [M].北京：中国人民大学出版社，2020.

10.　马克思恩格斯选集.第 1 卷，上海：上海人民出版社，2012.

11.　芒福德.城市发展史：起源、演变和前景 [M].北京：中国建筑工业出版社，2005.

12.　孟广林，黄春高.封建时代——从诺曼征服到玫瑰战争 [M].钱乘旦.英国通史 [M].2 卷.南京：江苏人民出版社，2016.

13.　施密特.基督教对文明的影响 [M].北京：北京大学出版社，2004.

14.　格茨.欧洲中世纪生活 [M].上海：东方出版社，2002.

15.　王俊岭.外资企业带动约 4000 万人就业 [N].人民日报海外版，2021-08-24.

16.　杨浩.现代企业理论教程 [M].上海：上海财经大学出版社，2001.

17.　范勇鹏.美国制度的起源与本质：从公司到国家 [J].学术月刊，2020（10）.

18.　范勇鹏.从公司到国家：美国制度困局的历史解释 [M].上海：上海人民出版社，2021.

19.　Kidd, Alan. State, Society and the Poor in Nineteenth-Century England[M]. London: Macmillan Press, 1999.

20.　Owen, David. English Philanthropy 1660-1960. MA: Belknap Press, 1964.

21. Alan Kidd. State, Society and the Poor in Nineteenth-Century England. London: Macmillan Press,1999.

22. Adam, Thomas, eds. Philanthropy, Patronage, and Civil Society: Experiences from Germany, Great Britain, and North America. Bloomington: Indiana University Press, 2004.

23. Tarn, John Nelson. Five Per Cent Philanthropy: An Account of Housing in Urban Areas Between 1840 and 1914. New York: Cambridge University Press, 1973.

24. Smalley, George. The Life of Sir Sydney Waterlow. London: E. Arnold, 1909.

专题七　体育

体育是人类参与度最高的活动之一。体育的历史源远流长，在人类文明的进程中发挥了重要作用。在旧石器时代，先民们就将跑步、摔跤等活动刻画在洞穴壁画上。进入文明阶段后，体育与人类的关系变得更加紧密。借助古代典籍和考古发掘，古人丰富多彩的竞技比赛为人所知，并引发无数遐想。到了近现代，体育除了是民众日常娱乐的主要选择外，还成为官方注意的对象。赛场上的竞技不仅关乎选手的荣誉，还象征着选手背后国家的博弈。如今，体育项目种类繁多，例如电子竞技等运动也被纳入其中，从而能够吸引几乎所有人的关注。体育产业的规模也随之日益扩大，成为各个国家国民经济的重要组成部分。在训练水平和相关科技进步的作用下，体育竞技水平不断提高，向着"更快、更高、更强"的方向前进。本专题将聚焦欧美世界的体育，大致以时间为线索，简要梳理古典时代、中世纪和现代体育的历史，并在最后介绍现代奥运会这一最为人所熟知的大型赛事。通过本专题的学习，我们能够看到人类不断追求卓越的品质。同时，透过体育的历史，我们也能够了解不同时代、不同文明在文化、政治、经济上的特点。

一

古典时代的体育

我们在回顾古希腊体育史时，首先想到的自然是奥林匹亚竞技会。它之所以兴起，离不开古希腊特殊的政治环境。公元前 800 年，城邦成为古希腊社会的重要中心。城邦最初是指为人们提供保护的城堡和要塞，随后逐渐发展为以城市为中心的政治共同体。希腊半岛上的城邦有很多，著名的有雅典、斯巴达、底比斯、科林斯等等。随着城邦的繁荣及其内部不断增大的压力，希腊人在地中海和黑海沿岸建立起许多殖民城邦，比如位于西西里岛上的叙拉古、如今法国马赛的前身马塞里亚。希腊城邦小国寡民、特色各异，比如雅典和斯巴达在政治制度、风俗习惯、经济方式等方面有很多不同。为了争夺资源或建立霸权，特色各异的城邦之间相互竞争，经常爆发战争。但是在遭遇周边的"蛮族"时，希腊城邦又因文化、语言、信仰的近似而存在着亲密的"共同感"。为了在相对和平的状态下互相竞争，展现自身实力，并表达"泛希腊"情感，竞技会应运而生，并成为城邦间互动的平台。[①] 当时，主要的竞技会有四个，分别是：每四年在德尔菲附近举办，向阿波罗献祭的皮提亚竞技会；每两年在尼米亚举办，向赫拉克勒斯献祭的尼米亚竞技会；每两年在科林斯地峡附近举办，向波塞冬献祭的地峡竞技会；每四年在奥林匹亚举办，向宙斯献祭的奥林匹亚竞技会。其中，奥林匹亚竞技会是古希腊世界最重要的竞技会。据后世研究者分析，奥林匹亚竞技会之所以脱颖而出，与以宙斯为核心的多神崇拜体系的形成有关。[②] 由于宙斯成为了古希腊人心目中至高无上的天神，所以向他献祭的竞技会的地位也得到了提升。相传，公元前776年，第一届奥林匹亚竞技会开幕。

奥林匹亚竞技会的举办地坐落在伯罗奔尼撒半岛的西北。它的中心名叫阿尔提斯，是一个边长超过180米的不规则四边形区域。中心周围有很多体育设施，比如体育场、跑马场和竞技训练场。这些体育设施规模也比较大。其中，体育场长212米，宽30多米；摔跤场据说长宽均为66米。

奥林匹亚竞技会有很多比赛项目，比如赛跑、戎装持械赛跑、铁饼、搏击、赛马、五项全能。其中，五项全能包含赛跑、跳远、铁饼、标枪和摔跤。相传，公元前708年，五项全能首次在竞技会中出现。在奥林匹亚竞技会悠久的历史中，许多著名运动员名垂青史，并被各自的城邦视为英雄人物。传说，第一个冠军是埃利斯的科罗厄波斯，他是赛跑选手；费加里亚的阿里奇恩是两次摔跤冠军，是当时人们心目中最伟大的摔跤手；罗德岛的列奥尼达斯在公元前164年到公元前152年之间获得了12个冠军，被誉为最伟大的短跑选手。

---

① 王邵励. 奥林匹亚节视角中的古希腊城邦政治 [J]. 历史教学问题，2003（6）：44.
② 王邵励. 奥林匹亚公祭竞技会的勃兴背景：一项历史学的综合考察 [J]. 世界历史，2008（6）：121.

图7-1　米隆雕塑《掷铁饼者》的青铜复制品（藏于慕尼黑古代雕塑展览馆）

奥林匹亚竞技会有一个显著特点，即裸体竞技。据学者研究，运动员裸体示人的做法与古希腊人的神话信仰和社会风气有关。具体而言，古希腊神话具有神人同形同性的色彩。对古希腊人来说，神灵和英雄都是裸体的，裸体能很好地展现出神和英雄的能量和力量，所以参与有着浓厚宗教祭祀色彩的竞技会的运动员也尊重与效仿崇拜对象的做法，以裸体的方式出场比赛。同时，古希腊人并未简单地把体育运动看作闲暇之余的休闲活动，而是把训练和比赛看作是为战争做准备。在他们看来，裸体的运动员充满"力量感"，会使敌人畏惧。[①]

【问题探究】

通常奥林匹亚竞技会禁止女性参加和观看。请结合相关史实，思考女性在古希腊社会中的地位。

奥林匹亚竞技会的壮大与古希腊的历史环境息息相关，因此它发挥着多方面的作用。第一，它展现了希腊人的力量和美德。另外，由于竞技会每四年举办一次，所以它也成为古代一种历史纪年的标准。第二，它为城邦之间的交往提供了平台。竞技会期间是神圣的休战期，城邦之间可以有机会相互磋商，订立条约，发布公告。另外，由于竞技会能够动员起整个希腊世界参与，所以商人们可以在举办地互通有无，进行

---

① 王大庆：古希腊体育竞技中的裸体习俗探析 [J]. 世界历史，2015（2）：89-98.

贸易活动；艺术家和思想家也能够借此机会交流技艺和学术。[①] 第三，它为城邦间的和平竞争提供机会。各个城邦为了崭露头角，赢得希腊人的尊重，所以在训练和表彰运动员上投入巨大。大大小小的城邦将那些为自己城邦获得冠军的运动员视为受众人敬仰的英雄，而将那些改换门庭、帮助其他城邦比赛的运动员视为卑劣的"叛徒"。

【史料阅读】

（首节）

雷霆的投掷者——脚步不倦的至高宙斯！

你的女儿"时光"在华彩的竖琴声中旋舞，

送我来为那最崇高的竞赛作赞歌。

朋友成功后，高尚的人听见甜蜜捷报

立刻就会兴高采烈。

克罗诺斯的儿子，你拥有那习习多风的埃特纳，

你在那山下囚禁过百首的巨怪台风，

请你快来欢迎这位奥林匹亚胜利者，

为美惠女神们而来欢迎这支庆祝队伍，

（次节）

这队伍象征一种强大力量的不朽光辉，

这队伍来庆祝普骚米斯的赛车，他头戴橄榄桂冠，

一心为卡玛里那城争光。愿天神慈悲，

照顾他的祈求，因为我所称颂的人

热心培养骏马，

喜欢接纳四方的宾客，

他纯洁的心集中于热爱城邦的和平。

我要说的话不掺假，

"考验能测验出一个人"。

（末节）

因此，楞诺斯岛的妇女

后来对克吕墨诺斯的儿子

---

① 王邵励. 泛希腊公共空间的"一体多元"特征：由奥林匹亚公祭竞技会管窥 [J]. 东北师范大学学报（哲学社会科学版），2008（3）：72-73.

才不再不尊重。

他穿上铠甲赛跑获得胜利，

他戴上花冠对许西庇说：

"瞧，我跑得最快，心和手都跟得上。

还未到中年，年轻人

时常也会白头。"

——品达罗斯：《献给卡玛里那城的普骚米斯的颂歌》[1]

奥林匹亚竞技会一直延续到罗马统治时期，总共举办了293届。公元3世纪后，竞技会日渐没落。公元393年，罗马帝国皇帝狄奥多西一世以异端之名废除了奥林匹亚竞技会。自此，古代奥运会没入了历史的尘埃当中。要等到1500多年后，奥运会才再一次成为万众瞩目的赛事。

古罗马的角斗与奥林匹亚竞技会一样，也在古典时代的体育竞技中扮演重要角色，而且还是众多文艺作品刻画的对象。古罗马角斗的兴起与当时的历史环境有关。通常来说，古罗马的历史分为三个阶段。第一个阶段是公元前753年到公元前509年的王政时代；第二个阶段是公元前509年到公元前31年的共和时代；第三个阶段是公元前31年到公元476年的帝国时代。在共和时代中，罗马经历了很多战争，比如维爱战争、拉丁战争、萨莫奈战争、塔灵顿战争、布匿战争、马其顿战争等等。通过长期的对外战争，罗马控制了庞大的土地，将地中海视为"我们的海"，同时也不断激发起罗马人尚武、勇猛的性格。这是角斗竞技出现并发展的历史基础。很多研究者认为角斗并非罗马的原创。据称，在吸收了埃特鲁里亚风俗后，罗马人才开始在祭奠亡灵的仪式上举行这种血腥的表演。相传，第一场角斗士表演发生在公元前264年，由德西姆斯·尤尼乌斯·布鲁图斯为祭奠亡父而举办。[2] 此后，随着罗马不断扩张，罗马城日益繁荣，市民娱乐活动越发丰富，观看角斗表演逐渐成为市民休闲娱乐的主要选择。对于罗马人来说，将角斗士投入角斗场并不会带来多大的心理负担。这是因为在罗马人看来，角斗士没有公民权，他们只是"商品"和"休闲资源"。[3]

角斗士是古罗马角斗的主角，其来源主要是战俘、罪犯和奴隶。[4] 虽然地位卑微，但屡屡获胜的角斗士会被视为明星，宛若英雄，其光辉业绩会镌刻在瓶子、灯具、浮

① 荷马等. 古希腊抒情诗选 [M]. 水建馥，译. 北京：商务印书馆，2013：201-203.
② 于华. 合法的杀戮：对古罗马角斗活动兴起基础的解读 [J]. 体育学刊，2010（2）：99-100.
③ 李永毅，李永刚. 死亡盛宴：古罗马竞技庆典与帝国秩序 [J]. 南京大学学报（哲学·人文科学·社会科学版），2009（5）：114-115.
④ 刘欣然，高雪峰. 古罗马角斗体育竞技研究 [J]. 首都体育学院学报，2009（1）：69.

雕上。[1] 如今，最为人所熟知的角斗士是斯巴达克，在马克思和列宁的著作中，他也被视为历史上反抗剥削压迫者的代表。斯巴达克来自色雷斯，在公元前 73 年率众反抗罗马共和国，是古罗马史上规模最大的奴隶起义的领袖。斯巴达克麾下的军队多次获胜，无可奈何之下，罗马元老院授权克拉苏率领多个罗马军团全力镇压，最终在公元前 71 年击败了斯巴达克的起义军。斯巴达克在交战中被杀，克拉苏俘虏的 6000 多名奴隶也被钉死在通往罗马城的阿皮亚大道两旁的十字架上。除了战俘、罪犯和奴隶外，为获取食物、住所或收获名声，穷人、自由人也会充当角斗士，并占据不小的比例。另外，在帝国时代，少数女性也会成为娱乐罗马人的角斗士。罗马的统治阶层热衷于角斗，所以一些罗马皇帝也曾步入角斗场。据记载，卡里古拉、尼禄、康茂德就扮演过角斗士。值得注意的是，他们无一例外被认为是罗马帝国历史上的暴君。

古罗马角斗的场地通常是竞技场。相传，公元前 52 年，一位元老提议修建了第一座露天竞技场。在所有竞技场中最为著名的当数罗马大角斗场，如今它也是罗马的城市地标（图 7-2）。大角斗场于公元 80 年落成，它的长轴为 188 米，短轴为 156 米，周长为 527 米，中间是表演区，周围是看台。看台约有 60 排，前排是贵宾区，后排由普通人使用，估计可以容纳 5 万至 8 万名观众。看台上方还有天篷。据历史记载，大角斗场在公元 523 年最后一次正式使用。由于罗马人酷爱角斗，所以随着罗马的扩张，其统治区域中出现了许多竞技场。在如今法国、西班牙、德国等地都有竞技场遗址。据统计，目前保存完好的遗址大概有 230 多处。

图 7-2　罗马大角斗场

古罗马角斗的类型主要有三种：第一种是追猎，它指的是人与兽的角斗。在共和时代晚期，独裁者苏拉曾把 100 多头狮子放进角斗场，让非洲人与它们搏斗，场面非常血腥；第二种是格斗，它指的是角斗士之间的竞技。经验丰富、训练有素的角斗士

---

[1]　瓦诺耶克.奥林匹克运动会的起源及古希腊罗马的体育运动 [M].徐家顺，译.天津：百花文艺出版社，2006：126.

手持武器或者驾驶战车，相互攻杀，直至一方杀死另一方；第三种是海战。据称在公元前 46 年，恺撒命人挖好盆地，将水注入，让几千人表演海战。位于罗马的大角斗场可以引水入内，形成湖泊，表演海战。

古罗马角斗除了娱乐大众的功能外，还发挥了更为深远的作用。首先，角斗展示了罗马的繁荣和强盛；其次，由于角斗竞技场座位的位次根据等级做出区分，所以罗马人在参与其中时会进一步明确自身的地位。在观看角斗时，看台上的罗马人也能体会到，相比悲惨的角斗士，自己作为罗马人的崇高身份；再次，观看角斗可以帮助民众宣泄自己的情绪，有利于社会秩序的稳定；最后，因为罗马人热爱观看角斗，所以野心勃勃的政治领袖会借着举办角斗表演的机会笼络人心，赢得民众的支持，为自己的独裁铺平道路。[1]

除了角斗以外，古罗马还有其他竞技项目。古罗马有很多节日，每逢节日常常会举办体育赛事。十月赛马节、阿波罗节会举办战车比赛；地母神节会举办赛马比赛；花神节会举办追猎比赛；大罗马节则会举办战车、赛马、摔跤等比赛。[2] 罗马建有开展这些比赛的场地，比如马克西穆斯竞技场就位于罗马（图 7-3）。它长 621 米，宽 118 米，供赛马、战车比赛使用。

图 7-3　马克西穆斯竞技场遗址

① 李永毅，李永刚. 死亡盛宴：古罗马竞技庆典与帝国秩序 [J]. 南京大学学报（哲学·人文科学·社会科学版），2009（5）：115-117.
② 沃尔夫冈·贝林格. 运动通史：从古希腊罗马到 21 世纪 [M]. 丁娜，译. 北京：北京大学出版社，2015：48-49.

二

中世纪的体育

古典时代的体育活动丰富多彩，人们热衷于竞技比赛。但在基督教的影响下，这一情况在古典时代晚期开始变化。早期基督教著名的神学家德尔图良曾经说道："如果我们不该暴怒的话，那我们就要远离任何类型的演出，也包括赛马，在那儿暴怒是家常便饭。瞧瞧那些来看这种比赛的人吧，来的时候就已经不冷静了，他们喧闹狂吼，疯疯癫癫，更因下赌注而激动万分。"[①] 可见，他敌视体育比赛，认为这些激烈的活动会扰乱人们的精神世界，破坏宗教信仰。与德尔图良一样，早期基督教对体育抱持着负面态度。众所周知，在古罗马，刚刚萌生的基督教曾经遭受过统治者的严厉打压。但是在罗马帝国晚期，基督教经历了合法化的过程。公元313年，罗马皇帝君士坦丁发布了著名的"米兰敕令"，承认了基督教的合法地位。公元4世纪末，罗马皇帝狄奥多西一世宣布基督教为罗马国教。自此，基督教开始主宰欧洲人的精神世界，基督教的体育观就不仅仅关乎一个宗教对体育的态度，还很大程度上决定了整个欧洲对待体育的态度。与德尔图良所说的那样，很长一段时间里，基督教轻视身体，奥古斯丁就指出灵魂高于身体，"身体是灵魂的监狱"。因此，在基督教看来，关注身体，释放民众情绪的竞技会是非常有害的，它是异端崇拜的产物，会迷乱心智，有违禁欲的精神。[②] 基于以上认识，基督教会敌视赛马、搏击、角斗等活动，官方也下令禁止相关的竞技比赛。例如：公元325年，罗马皇帝君士坦丁下令停办角斗士竞技；公元394年，罗马皇帝狄奥多西一世下令废除古代奥林匹亚竞技会；公元426年，罗马皇帝关闭了奥林匹亚宙斯神庙，并摧毁了圣殿；公元399年和404年，罗马皇帝霍诺留两次下令禁止角斗士竞技；公元438年，皇帝瓦伦提尼安三世再次下令禁止角斗士竞技。由此可见，古老的竞技活动走向了衰亡。也正是在基督教体育观的影响下，公元5世纪到12世纪，西欧的体育活动处于衰落的状态之中。中世纪早期的学校教育中也少有

---

① 贝林格.运动通史：从古希腊罗马到21世纪.70.
② 参见孙葆丽.试论基督教禁欲主义及其对欧洲中世纪体育发展的影响 [J].北京体育学院学报，1992（1）：72-76.潘华，肖建.论欧洲中世纪体育文化 [J].体育学刊，2010（9）：21-22.赵国炳，杨忠伟.古希腊与中世纪体育的兴衰探源：基于对身体和娱乐的考察 [J].体育科学，2012（1）：91-92.彭昆.中世纪基督教的灵肉观及其对体育的影响 [J].成都体育学院学报，2015（2）：64-66.

体育活动的位置。

【史料阅读】

首先，要全心、全灵、全力、

爱上主你的天主。

其次，爱你的近人如爱你自己。

然后，不杀人。

不奸淫。

不偷窃。

不贪婪。

不作假见证。

尊重所有的人。

而且，己所不欲，勿施于人。

舍弃自己，为了跟随基督。

克制肉身，

不贪图逸乐。喜爱斋戒。

——《本笃会规》[1]

　　基督教对待体育的态度不是一成不变的，在中世纪后期，基督教的体育观逐渐变得更加灵活。例如生活在 13 世纪的著名神学家大阿尔伯特将游戏分为三类：第一是以音乐为代表的无目的游戏，它们能陶冶心灵；第二是以马术为代表的有用的游戏，它们可用于国防；第三是以赌博、戏剧为代表的可耻的游戏，它们会引诱人们犯罪。可见，在大阿尔伯特的心目中，有一些体育活动已经得到了认可。更为重要的是，中世纪最重要的神学家托马斯·阿奎那认为，"为了获得幸福，完美的灵魂和身体缺一不可。因为灵魂自然是和身体结合在一起的，那怎么能相信，一方的完美会阻止另一方的完美呢？"[2] 另外，耶稣会创始人罗耀拉也认为灵魂和身体都是上帝的造物，不可偏废任何一个方面。[3] 据此可知，基督教对于身体的看法已大为改观，神学家不再简单地把身体和灵魂对立起来，而是认为两者相互助益。体育的生长空间也随之开始扩大。中

① 　普契卡评注. 本笃会规评注 [M]. 杜海龙，译. 上海：上海三联书店，2015：88-90.
② 　沃尔夫冈·贝林格. 运动通史：从古希腊罗马到 21 世纪 [M].88—89.
③ 　潘华，肖建. 论欧洲中世纪体育文化 [J]. 体育学刊，2010（9）：22.

世纪后期，西欧的体育活动逐渐复苏。

【问题探究】

请结合内容，思考基督教有关身体和灵魂关系的看法怎样影响了体育的发展？

骑士运动在中世纪体育史中占据重要地位。骑士是西欧中世纪最低阶的贵族阶层。他们与领主间存在契约关系。简而言之，他们从封建领主那里获得封地，战时则要自备武器与马匹，为领主作战。骑士运动的种类有很多，比如骑马、游泳、投枪、击剑、狩猎、下棋、吟诗。这被称为"骑士七技"。在中世纪，骑士参与的最为知名的运动是比武。

由于法兰西地区的封建制度发展得比较完善，所以据称骑士比武在 11 世纪诞生在法兰西地区，随后传播到欧洲其他地方。关于骑士比武的起因众说纷纭，学者们大致认为可能与以下几点因素有关：第一是封建领主为了加强骑士凝聚力和战斗力，也为了提升自己的声誉以便招揽更多的骑士；第二是骑士为了追求荣誉或爱情；第三是贫穷的骑士为了收获物质利益，改变自身的命运。[①] 骑士比武可以分为很多类别，比如可以分为马上比武和马下比武，也可以分为群体比武、一对一单挑和单人冲靶游戏（图7-4）。

图 7-4　骑士比武（来自 1420 年一份阿尔萨斯手稿）

---

① 倪世光 . 西欧中世纪的比武大赛及其原因 [J]. 东北师大学报（哲学社会科学版），2003（4）：62-66.

  骑士比武的历史可以分为两个阶段。第一个阶段从 11 世纪到 13 世纪。那时的骑士比武缺乏规则，没有人数限制，常常出现以少敌多的情况，而且不需要批准，随时就可以进行。观看者和参与者的身份也可以互换，周围的旁观者可以操起武器，加入战斗。也正因为没有规则，比武往往非常血腥暴力，作战和比武的界限也是模糊的，双方使用致命武器，经常出现伤亡。比如：1216 年，英国埃塞克斯伯爵杰弗里·德·曼德维尔在比武中被踩踏致死；1223 年，荷兰佛罗伦斯伯爵在比武中身亡；1241 年，在诺伊斯的一次比武中，60 多名骑士死亡。第二个阶段从 13 世纪到 17 世纪。这个时候的骑士比武走向了文明化和规则化。群体比武逐渐变成了马上单挑和单人冲靶游戏，参与者需要提供贵族身份证明，长枪要使用钝枪头。骑士在比武时讲究举止优雅和技巧，不能攻击受伤者或落马者。[①] 总之，骑士比武的兴衰与中世纪封建制的兴衰相关。随着中世纪封建制的衰落，骑士比武也在 17 世纪走向了没落。

  狩猎是中世纪骑士们非常热爱的运动。在当时，狩猎是一种特权。中世纪的英格兰，征服者威廉划定了许多王室森林，禁止私人在王室森林里打猎。狩猎的最佳季节是深秋，这是因为那时的动物膘肥体壮。狩猎的装备有弓、弩、枪、矛、刀、剑，以及马、猎犬、猎鹰等等。狩猎的主要目标是鹿和野猪。[②] 当然，狩猎也是一项危险的运动，一些贵族和国王因此丧命。比如，征服者威廉的次子理查德就在狩猎时死于鹿的攻击；丹麦国王沃尔德马也不幸死于狩猎。

  除了狩猎、比武以外，击剑也是比较重要的中世纪骑士运动。据学者考证，从 14 世纪开始，欧洲市面上开始出现许多有关剑术理论的书籍。15 世纪，马克思兄弟会创建了击剑协会。1474 年，兄弟会在法兰克福举办年会，创办剑术学校，进行剑术表演。[③] 16 世纪，意大利半岛上涌现出很多剑术大师，比如卡米洛·阿格里帕、萨尔瓦托·法布里斯、尼古拉德·吉冈堤、里多尔福·卡波·费罗等等。由于骑士是参与击剑运动的主体，而击剑又是决斗的一种形式，所以也造成了一些伤亡。

  中世纪时期，不仅骑士参与运动，许多民众也是体育运动的爱好者。民众模仿骑士，开展击剑、射箭、投枪、下棋等比赛。此外，民众也很爱跑步。在中世纪的运动中，女性身影出现得越来越频繁。在中世纪民间的赛跑比赛中，女性就参与其中。比如在瑞士，未婚女子参加赛跑是很普遍的现象。[④] 在英国，民众的运动丰富多彩。伦

---

① 相关讨论参见倪世光.西欧中世纪的比武大赛及其原因 [J].59—66.唐运冠.西欧中世纪骑士比武的兴衰 [J].世界历史，2016（1）：46—57.

② 倪世光.狩猎·竞技·饮宴：中世纪的骑士 [M].侯建新.经济—社会史评论 [M].2 辑.北京：生活·读书·新知三联书店，2009：145－147.

③ 沃尔夫冈·贝林格.运动通史：从古希腊罗马到 21 世纪，104—105.

④ 沃尔夫冈·贝林格.运动通史：从古希腊罗马到 21 世纪，110—112.

敦市民热衷于摔跤比赛。撞柱比赛在英国也很流行，参与者用球向远处的木柱滚去，以击倒木柱者为胜。

中世纪后期，城市内部及城市之间以运动为载体的对战越来越多。这一现象与当时西欧的历史发展有关。随着西欧的商品经济发展得越来越快，城市的重要性越发凸显。在意大利半岛，以上发展趋势清晰可见。当时，意大利半岛的城市经济日益繁荣，市民娱乐活动渐趋丰富，城内派系纷争也更为频繁。这些因素共同推动了城市竞技活动的发展，而对战恰好应运而生。13世纪，托斯卡纳地区的锡耶纳开始举办对战比赛。参赛者在城市中心的田野广场进行赤手空拳的格斗，获胜者被授予桂冠（图7-5）。之后，格斗比赛的激烈程度愈演愈烈，参赛者开始互相投掷石块。从15世纪开始，比萨每年举办争夺桥梁的对战。在比赛日，竞赛双方汇集到阿诺河的中桥上，目标是把对方赶下桥。[1]

图7-5　锡耶纳田野广场上的竞技（文森佐·鲁斯蒂奇1585年绘制）

足球是如今全世界最受欢迎的体育运动，学者认为足球在中世纪后期的英格兰逐渐流行起来。据说，足球并非源于英格兰本土，而是罗马人带来的。在13世纪英格兰诗歌中，诗人提及当时人们已开始踢足球。到了14世纪初，大学生也参与其中。但是当时的足球赛缺少规则，场面混乱，常常出现事故，因此在1315年，伦敦市长曾代表国王爱德华二世下令禁止足球比赛，但足球赛受人欢迎，所以屡禁不止。[2]足球赛不仅出现在英国，也出现在欧洲其他国家。比如中世纪法国也有类似足球赛的比赛。相传，法国最早的足球赛出现在1147年。这样的比赛缺乏规则，人数不定，少则几十人，多则上百人。比赛方式也比较暴力，人们用手、脚、棍棒将球打入对方的球门。

网球、赛艇与足球一样，它们的起源也可以追溯到中世纪后期。据说，网球最早

---

① 沃尔夫冈·贝林格. 运动通史：从古希腊罗马到21世纪，113—115.
② 沃尔夫冈·贝林格. 运动通史：从古希腊罗马到21世纪，116.

出现在 11 世纪至 12 世纪的法国。当时，法国人开始玩一种用球拍击球的游戏。1290年，法国出现了最早的室内网球场。可能受到法国风尚的影响，英国王室也热衷此项运动。英王爱德华三世在王宫中修建了一个网球场。英王亨利八世是优秀的网球手，王后安妮·博林也是一名网球迷。相传，安妮·博林被捕时正在观看网球赛。14 世纪，赛艇运动开始发展。其中，威尼斯的赛艇比赛最有名。选手们在威尼斯狭窄的水道上比赛。[①] 除了威尼斯以外，比萨、热那亚、奥斯陆、阿姆斯特丹、伦敦等欧洲城市也举办赛艇比赛。

总之，随着主宰中世纪精神世界的基督教对于体育的看法发生变化后，欧洲国家的竞技比赛逐渐丰富。参与比赛中的不仅有贵族，还有平民。当然，在运动场所和内容上，贵族和平民之间还有不小的区隔。

三

现代体育

相比古典时代和中世纪时期的体育，现代体育的一个明显特征是职业化。职业体育并非骤然兴起，它的历史可以上溯到 15 世纪末。当时，欧洲出现了一批专门的"体育人"，骑士学院和剑术学校等机构会聘请他们担任教练。与此同时，他们自己也参与竞赛。有些"体育人"还在王侯宫廷内拥有专门的职位，为贵族管理体育设施或组织体育比赛。15 世纪末出现的体育职业化趋势还带动了体育场馆的建设。欧洲城市中开始出现许多新兴的体育场馆，比如法国有很多网球场，那不勒斯的马术厅驰名欧洲。据记载，1600 年，巴黎就有 1800 座球类游戏馆。随着体育职业化的推进，体育规则变得越来越清晰，裁判的角色也越来越重要。据称，英国人理查德·马尔卡斯特除了是"足球"一词的发明人外，还是我们目前已知最早将裁判员引入足球运动的人。[②]16 世纪后，欧洲的体育赛事越来越多，奖品也越来越丰厚，出现了许多体育明星。

---

① 沃尔夫冈·贝林格.运动通史：从古希腊罗马到 21 世纪 [M].丁娜，译.北京：北京大学出版社，2015：118-121.

② 沃尔夫冈·贝林格.运动通史：从古希腊罗马到 21 世纪，201.

进入 19 世纪后，现代体育的职业化趋势在英国表现得尤为明显。众所周知，英国是最早出现工业革命的地方，资本主义经济发展迅速。19 世纪时，英国国力雄厚，支撑了体育事业的发展，使英国成为体育职业化大潮的中心。1848 年，第一部足球规则，也就是"剑桥规则"十条在英国诞生。1863 年10 月 26 日，英格兰足球总会成立（图 7-6），12 月 8 日，足球总会制定出第一套足球规则。[①] 来自格拉斯哥的前锋詹姆斯·朗的职业生涯是从克莱茨代尔足球俱乐部开始的，他也被视为第一位职业足球运动员。除了足球以外，其他运动也走向了职业化。1845 年，第一部橄榄球规则问世。1864 年，第一家橄榄球俱乐部在英格兰成立。1871 年，由 25 家橄榄球俱乐部组成的英格兰橄榄球联合会成立。19 世纪后期至 20 世纪初，高尔夫球、槌球、板球、羽毛球等流行于英国的许多运动都迈向了职业化的道路，职业体育蓬勃发展。

图 7-6 英格兰足球总会（FA）标志

受英国体育职业化的影响，19 世纪末 20 世纪初，北美体育也出现了职业化大潮。1871 年，美国国家职业棒球员协会成立，1876 年更名为国家联盟。1903 年，它与 1901 年成立的美国联盟合并为美国职业棒球大联盟。1917 年，全国冰球联盟在加拿大蒙特利尔成立。1920 年，美国职业橄榄球协会成立，1922 年更名为全国橄榄球联盟（图 7-7）。1898 年，美国第一个篮球组织——国家篮球联盟成立，但并没有存续很长时间。1946 年，全美篮球协会成立。1949 年，它又与国家篮球联盟合并，改名为"国家篮球协会"。至此，如今大家所熟知的北美体育四大职业联盟全部成立。

图 7-7 美国职业橄榄球大联盟（NFL）标志

如今欧美国家的职业体育体系已经非常完善。以英格兰足球为例，它已经构建起了金字塔形的、具有升降级机制、包含多个级别的职业联赛系统，约有 5000 家俱乐部参与其中。英格兰足球前六级别的联赛分别是第一等级的英超联赛，共有 20 支球队；第二等级的英冠联赛，共有 24 支球队；第三等级的英甲联赛，共有 24 支球队；第四等级的英乙联赛，共有 24 支球队；第五等级的全国联赛，共有 24 支球队；第六等级的全国联赛北和全球联赛南，各自拥有 24 支球队。

除体育职业化外，现代体育的另一个特征是商业化。与体育职业化的历史相似，体育商业化的历史也可以上溯到 17 世纪。由于英国人对板球的兴趣由来已久，17 世

---

① 杨松 .19 世纪英国体育运动的发展及其在帝国传播研究 [D]. 西安：陕西师范大学，2019：50.

纪的英国人就在板球比赛上下注。18 世纪，贵族和富商也以赞助人身份组建板球队。体育广告是反映体育商业化的重要面向。据学者研究，第一个体育广告出现在 1699 年的英国。① 此后，英国的报纸上经常出现体育新闻和广告，这为体育商业化进一步发展创造了机会。体育商业化创造了体育明星，明星也离不开商业化的体育。17 世纪和 18 世纪的英国就出现了一批早期的体育明星。出生在 17 世纪末的詹姆斯·菲格被认为是英国第一位拳击冠军，他的职业生涯交出了 269 胜 1 负的成绩单，1992 年入选国际拳击名人堂。杰克·布劳顿是同一时期的杰出拳击手，但 1750 年，因为他的失利，赞助人坎伯兰公爵损失了数千英镑。

与体育职业化的情况一样，在 19 世纪的英国，体育商业化快速成长。据学者研究，19 世纪后期，足球、板球定期举办赛事，吸引了大量观众。赛事靠着收取门票，获得了颇为丰厚的收益。1850 年，4 万多观众支付入场券，去观看曼彻斯特的一场比赛。1899 年，萨里郡板球俱乐部有会员 4000 人，收入达到了 13000 多英镑。同时，一批体育用品生产商也成长了起来。比如，"伦敦的雅克"公司生产乒乓球、槌球、棋类等，1912 年其价值为 35000 英镑。巴斯迪克公司生产高尔夫球设备，1914 年其资产达到了 65 万英镑。不断壮大的体育产业也吸收了许多就业人口。此外，随着《体育杂志》《体育生活》等报纸的出现，一些运动员借助传媒力量，成为了大明星。②

到了 20 世纪，体育商业化继续高速发展。20 世纪后期，发达国家体育产业的规模已十分庞大，是国民经济新的增长点。据统计，1989 年日本的体育产业生产总值达到了 4.2 万亿日元。1993 年，日本职业足球联赛成立。同时，日本的体育品牌，比如美津浓、亚瑟士等也成为了全球知名体育品牌。③ 在意大利，足球产业发达。1998 年，意大利体育产业年产值达到了 182.5 亿美元。在国家经济低迷时期，意大利体育行业的发展速度仍远高于其他行业。在发达国家中，美国的体育商业化程度最深，规模也最庞大。据统计，1995 年，美国的体育国内生产总值达到了 1520 亿美元。1997 年，美国职业体育领域内的商业企业营收是 334.09 亿美元，吸纳就业人数达 82.82 万人。2014 年，北美四大职业联盟收入达到了 260 亿美元。与之相关，美国的体育传媒也规模很大。1998 年，美国广播公司为拥有国家足球联赛 8 年专有权，支付 180 亿美元。2015 年，美国"超级碗"30 秒广告费是 450 万美元，国内收视人数达到了 1.145 亿人次。由于发达的体育商业化，美国的体育明星收入丰厚。根据美国体育财经杂志 *Sportico* 在 2022 年的统计，世界收入最高的前 10 名运动员中有 5 位来自美国，勒布

① 沃尔夫冈·贝林格 . 运动通史：从古希腊罗马到 21 世纪，217.
② 任明慧 . 英国现代体育的起源 [D]. 开封：河南大学，2015：43-45. 杨松 .19 世纪英国体育运动的发展及其在帝国传播研究，63.
③ 相关情况参见鲍明晓 . 国外体育产业形成与发展 [J]. 体育科研，2005（5）：6.

朗·詹姆斯排名第一，他在过去一年中进账了 1.269 亿美元。

20 世纪以来，随着体育职业化和商业化的不断发展，赛事规模也不断扩大。在足球领域，有欧洲足球五大联赛，即英格兰足球超级联赛、西班牙足球甲级联赛、意大利足球甲级联赛、德国足球甲级联赛、法国足球甲级联赛。在网球领域，有大满贯赛事，即澳大利亚网球公开赛、温布尔登网球锦标赛、法国网球公开赛、美国网球公开赛。这些比赛吸引了来自全球的目光。除了这些大型体育赛事外，以世界杯和奥运会为代表的超级体育赛事更加夺人眼球。据统计，全球估计有 10 亿人观看了 2014 年巴西世界杯决赛，2012 年伦敦奥运会开幕式是英国全年收视率最高的电视节目，在美国也有 4070 万观众收看了转播。为顺应赛事规模的扩大，许多城市也加大力度建设体育场馆。到 21 世纪初，德国有 521 座体育场，西班牙有 432 座体育场，英国有 367 座体育场，日本有 167 座体育场。[①]

在职业化和商业化的同时，现代体育还呈现出一种新的特质，也就是体育与学校教育的关系变得极为密切。这样一种趋势的历史也可以上溯到几百年前。在 17 世纪时，精英学院中就包含了体育课。莱布尼茨还曾抱怨精英学院中身体训练超过了智力训练。[②] 此后，体育在学校教育中占据了一定地位。19 世纪中后期，体育课是学校教育的重要环节。教育家不仅将它看作训练学生身体、培养良好品格的方式，还将其与民族和国家的命运相联系。他们认为拥有健康身体的现代公民是国家得以强大的重要保障，因此体育课的重要性就不言而喻了。在欧美国家中，英国的学校体育教育起步较早，其在公学中率先发展，19 世纪中后期扩展到其他学校中。其中，重要推动者就是拉格比公学的校长——托马斯·阿诺德。他认为体育教育能培养学生良好品格和团队合作精神。随后，马尔博罗公学、哈罗公学等学校中也广泛地开展体育运动。[③]19 世纪末 20 世纪初，体育教育在英国初等学校中普及开来，以培养健康的下一代为目标。英国大学里则继续推广足球、赛艇等运动。20 世纪中期以后，各国都非常重视学校体育教育。以美国为例，1955 年，青年健身总统委员会成立。1981 年，青少年国家体育联盟成立。1990 年，"健康公民 2000 战略"呼吁保障学生参与高质量学校体育教育。1993 年起，美国运动与体育教育协会发布了有关校园体育教育的调查报告。[④] 美国的大学体育建设得非常完备、成体系。美国大学生体育联合会的成员是全美 1000 多家大专院校、联盟及其他组织，由它推动的大学体育赛事是世界上运作最成功的大学体育赛事。

---

① 沃尔夫冈·贝林格.运动通史：从古希腊罗马到 21 世纪，368.

② 沃尔夫冈·贝林格.运动通史：从古希腊罗马到 21 世纪，158.

③ 任明慧.英国现代体育的起源.开封：河南大学，2015：29-32.杨松：19 世纪英国体育运动的发展及其在帝国传播研究.110—115.

④ 李佩璟，刘玉洁.美国青少年体育教育组织框架研究 [J].体育金融研究中心研究报告，2019（13）：5.

【问题探究】

请结合自己的经验，思考一下体育教育对人的成长产生了怎样的作用？

在现代，体育越发受到全民的关注，形成了大众体育热潮。推动大众体育发展的动力有许多。比如欧洲体育俱乐部带动了大众体育。据研究者统计，德国足球联合会会员在 2011 年达到了 700 万人。此外，国际奥委员也是推动大众体育的重要机构。1983 年，国际奥委会的"大众体育工作组"成立。1986 年，第一届国际大众体育大会召开。另外，世界卫生组织也关注大众体育。1978 年，世界卫生组织发起了"健康为大众运动"。1986 年，在世界卫生组织倡议下，第一届国际健康促进大会召开。1997 年，世界卫生组织召开主题为"积极生活：体育为健康"的会议。大众体育的项目有很多，主要包括健步走、健身房健身、跑步、游泳、足球、自行车等。如今，大众体育的参与者越来越多。美国卫生部规定积极体育参与人口的界定标准是每周至少参加 150 分钟中等强度以上的体育活动，或每周至少参加 75 分钟高强度体育活动。据研究者统计，2013 年，美国 49.9% 的成人达到了积极体育人口的标准。在德国，73.6% 的民众（3 岁及以上）每周至少参与 1 次体育活动。[①]

现代体育发展势头良好，但挑战无处不在，服用违禁药物的事例尤其引人关注。这一挑战的出现也与现代体育的发展有关。体育商业化、职业化带来了巨大的经济利益。因此，为了获得更大名声和收入，有的运动员铤而走险，通过服用药物来提高成绩。1960 年罗马奥运会上，丹麦自行车选手詹森在 100 公里自行车比赛中猝死。在随后的尸检中发现，他服用了兴奋剂。1968 年墨西哥城奥运会是第一届全面进行兴奋剂检查的夏季奥运会。在该届奥运会上，保加利亚摔跤运动员因服用兴奋剂而被除名，瑞典团体五项的名次也因为队员服用兴奋剂而被取消。1988 年汉城奥运会，加拿大短跑名将本·约翰逊在百米比赛中以 9.79 秒的成绩夺冠，但随即被查出服用兴奋剂，这成为体育史上最大的丑闻之一。为了应对兴奋剂泛滥的问题，国际体育组织出台了许多文件，比如《反对在体育运动中使用兴奋剂奥林匹克宪章》《世界反兴奋剂条例》《哥本哈根反兴奋剂宣言》《奥斯陆反兴奋剂宣言》《国际反兴奋剂协定质量规划》等等。但是服用兴奋剂的案例仍不时出现。2012 年伦敦奥运会就查出了 12 例兴奋剂违规事件。

---

① 刘东峰. 发达国家大众体育参与现状与测量研究——兼与上海比较 [J]. 上海体育学院学报，2016（4）：29.

【史料阅读】

反兴奋剂体系建立在体育的内在价值观之上。该内在价值观通常被称为"体育精神"，即运动员将天赋发挥到极致而有道德地追求人类的卓越。

反兴奋剂体系旨在保护运动员的健康，并为运动员提供不使用禁用物质和禁用方法而追求卓越的机会。

反兴奋剂体系力求在尊重规则、尊重其他参赛者、公平竞争、公平的比赛环境以及纯洁体育对世界的价值等方面维护体育的完整性。

体育精神是对人类精神、身体和心灵的颂扬，是奥林匹克精神的精髓，体现在体育运动中以及体育运动所呈现的价值观中，包括：

·健康；

·道德、公平竞赛与诚实；

·《条例》规定的运动员权利；

·卓越的表现；

·人格与教育；

·乐趣与快乐；

·团队协作；

·奉献与承诺；

·尊重规则与法律；

·尊重自己，尊重其他参赛者；

·勇气；

·共享与团结。

体育精神体现在我们如何公平竞赛。

使用兴奋剂在根本上与体育精神背道而驰。

——《世界反兴奋剂条例》（2021）

四

现代奥运会

罗马帝国晚期，罗马皇帝以异教之名废止了奥林匹亚竞技会。由此，奥林匹亚竞技会没入了历史的尘埃之中。到了文艺复兴时期，人文主义者迷恋古希腊和古罗马的文化，他们从故纸堆中重新发现了曾盛极一时的奥林匹亚竞技会。这也点燃了人们对此的兴趣。此后，欧洲民众借用"奥运会"的名称，办了许多不同类型的运动会。体育史研究者大卫·戈德布拉特介绍道，在17世纪以后的欧洲曾出现过许多"奥运会"，比较有名的有英格兰的"科茨沃尔德奥运会"、1796年法国的"共和国奥运会"、1850年英国的"文洛克奥运会"。[①] 但是从比赛项目和赛事内涵上来说，这些"奥运会"与古代奥林匹亚竞技会大相径庭。到了19世纪，有关重建奥运会的呼声越来越高，而这又与希腊反抗奥斯曼帝国的斗争密切相关。19世纪30年代，希腊摆脱了奥斯曼帝国的统治。为了树立民族认同，提振爱国精神，希腊政治精英开始筹划复兴奥运会，并在随后举办了一些小型奥运会。

在重建奥运会的潮流中，顾拜旦男爵发挥了至关重要的作用。顾拜旦自幼对古典文化兴趣浓厚。19世纪时，随着考古学的进展，古代奥林匹亚竞技会的遗址得到了发掘。这为顾拜旦"复活"奥运会的设想提供了现实素材。在考察了"文洛克奥运会"等赛事后，他为重建奥运会而四处奔走。终于，在以顾拜旦为主的热心人士的努力下，现代奥运会从梦想变成了现实。也正是因为他的贡献，顾拜旦被誉为"现代奥林匹克之父"。1894年，在巴黎召开的国际体育代表大会确定雅典将在1896年举办第一届现代奥运会。1894年6月，国际奥林匹克委员会成立，希腊文学家维凯拉斯担任主席，顾拜旦担任秘书长（图7-8）。1894年底，1896年雅典奥运会组委会成立，希腊王储康斯坦丁担任主席。[②]

① 戈德布拉特.奥运会的全球史[M].项歆妮，译.武汉：华中科技大学出版社，2021：22-30.
② 戈德布拉特.奥运会的全球史[M].项歆妮，译.武汉：华中科技大学出版社，2021：44-47.

图 7-8　顾拜旦男爵

1896 年 4 月 6 日，第一届现代奥运会的开幕式在雅典帕那辛纳科体育场举行。希腊国王乔治一世宣读了开幕词，他说道："我宣布第一届雅典国际奥林匹克运动会开幕。国家万岁，希腊人民万岁。"这届奥运会大概有 240 名选手参赛。第一届现代奥运会的比赛项目有田径、自行车、射击、游泳、击剑、体操、举重、摔跤等。当时，颁发金牌的环节还没有出现。第一名获得银牌和橄榄花环；第二名获铜牌和月桂花环。这届赛事的一项特别创新是马拉松比赛。马拉松比赛由法国语言学家米歇尔·布雷亚尔发明，选手需要从古代著名的马拉松战役战场跑到雅典帕那辛纳科体育场，距离大约 40 千米。首届马拉松比赛冠军是希腊人斯皮里宗·路易斯。当路易斯跑入体育场时，全场一片沸腾，许多人甚至下场与路易斯一同跑向终点。[1] 自此之后，马拉松比赛是每届奥运会的重头戏，为冠军颁奖的仪式也受到万千瞩目。1896 年 4 月 15 日，第一届现代奥运会闭幕。乔治一世宣读闭幕词，他说道："我宣布第一届国际奥林匹克运动会闭幕。"

图 7-9　奥林匹克标志

---

① 戈德布拉特.奥运会的全球史.55—56.

第一届现代奥运会有以下两个特点：第一是非商业化；第二是业余性。这与顾拜旦的体育思想有关。在他看来，争夺冠军没有那么重要，奥运会的价值在于通过体育提升人类的伦理道德，加强国际合作，以应对日渐庸俗的社会风气和日益紧张的国际局势。但顾拜旦身处 19 世纪 20 世纪之交，当时国际局势波诡云谲，欧洲国家间的矛盾日益显著，其他地区的民族也在不断争取独立建国，因此他的理想具有"乌托邦"色彩。随后的奥运会并不像顾拜旦所设想的那样，以一种"非政治"的姿态团结世界，推动人类向更伟大的目标前进。与之相反，奥运会深刻地介入国家政治当中，成为打造国家形象的重要工具，其中充满了民族主义而非国际主义的味道。

【史料阅读】

至于总体上的田径运动，我不知道它未来的命运；但是我想提醒大家关注一个重要的事实，即：在百年来一系列的变化中，它展示了两个新的特征，它是民主的、国际的。前者保证了它的前途，在民主的之外，目前再也没有任何可以长期存在的组织。至于第二个特点则为我们打开了意想不到的前景。如果有人对你说战争将会消失，你会认为这些人是空想主义者，你没有完全错；但是另有些人认为发生战争的可能性在逐渐减少，我并认为这是空想主义。

——顾拜旦：《奥林匹克宣言》[1]

1908 年伦敦奥运会上，面对国力蒸蒸日上的美国，为了证明英国仍然掌握着主导国际政治的权柄，英国选手在一些项目里不惜以弄虚作假的方法击败美国选手。1936 年奥运会在柏林举办。纳粹政权希望借助奥运会来展示国家实力，并验证种族主义的理论。著名导演莱妮·里芬斯塔尔则通过纪录片《奥林匹亚》表达了纳粹的意识形态（图 7-10）。1931 年，日本入侵中国。这一行径遭到了国际社会强烈批评。为了扭转反日情绪，也为了提振民族精神，日本决定申办 1940 年奥运会。[2] 随后，它获得了成功。但到了 1938 年，由于战事扩大，日本放弃了主办权。由此可见，在 20 世纪血

图 7-10　纪录片《奥林匹亚》海报

---

① 顾拜旦. 奥林匹克宣言 [M]. 上海：人民出版社，2008：9-10.
② 戈德布拉特. 奥运会的全球史 .91—92、207—213、216.

腥的年代里，奥运会无法做到"非政治"。

第二次世界大战结束后，顾拜旦的"乌托邦"理想也没有得到落实，奥运会同样在国家政治中扮演重要角色。1948年，二战后第一届奥运会在伦敦举行。历经了残酷的战争后，英国试图借助举办奥运会来重振国家形象，改变人们有关英国日益衰落的印象。1960年奥运会在罗马举行。通过这届赛事，意大利试图展示清除法西斯势力之后，一个新兴民主国家的风采。日本希望借着举办1964年东京奥运会的机会，展现一个历经二战和美国占领，如今经济高速发展、社会发生巨大变化的国家面貌。1968年奥运会来到了墨西哥。墨西哥则试图通过举办奥运会来扭转人们有关当地官僚腐败、社会混乱的"刻板印象"，向世人展现一个新兴的、独立于两大阵营之外的、正行进在现代化道路上的新国家形象。1988年汉城奥运会上，韩国希望借此机会提升国家地位，提振民族自信心。[1] 通过这些例子可知，现实与顾拜旦的理想有着很大差距。甚至可以说，顾拜旦理想中的奥运会已经变得面目全非。

顾拜旦认为奥运会应该贯彻"非商业化"的原则，但实际上奥运会的发展时刻离不开商业化。比如1932年洛杉矶奥运会的商业化氛围就非常浓厚，大量好莱坞明星参与其中。凭借发达的传媒业，洛杉矶娱乐、旅游之都的形象深入人心。[2] 此后，奥运会的商业化程度不断加深。例如1984年洛杉矶奥运会就获得了巨大利润。这一情况离不开洛杉矶奥组委主席尤伯罗斯的努力。他坚持独家赞助的模式，在每个行业选择1个企业，并规定最低赞助金额为400万美元。最终，可口可乐以1260万美元战胜百事可乐，获得独家赞助权。另外，美国通用成为汽车行业赞助商，富士获得了胶卷行业的独家赞助权。这届奥运会也成为首届实现盈利的奥运会。如今，奥运会的商业化规模巨大，国际奥委会也成为一个经济实力雄厚的国际组织。

除了"非商业化"外，顾拜旦还坚持"业余原则"。早年国际奥委会的领袖们也一度坚守顾拜旦的理念，比如第五任主席艾佛里·布伦戴奇就是"非职业化"的忠实支持者。但是在赛事规模、影响力扩大的现实下，以及在商业化的影响下，"非职业化"的原则终究被突破。1981年，在萨马兰奇的领导下，国际奥委会修改了《奥林匹克宪章》，取消了对职业选手的限制。1988年汉城奥运会上，一批顶尖职业选手亮相奥运赛场。1992年巴塞罗那奥运会上，由一众NBA球星组成的"梦之队"横扫篮球赛场。此后，奥运会成为职业选手竞技的舞台。经过长期艰苦训练的职业运动员前仆后继向各种纪录发起冲击，大大提升了奥运会的竞技水平。可见，现实中的奥运会与顾拜旦头脑中的奥运会大相径庭。甚至可以说，顾拜旦理想中的奥运会从来没有成为现实。"现代奥

---

① 戈德布拉特. 奥运会的全球史 .234、285、293—294、305、373.

② 戈德布拉特. 奥运会的全球史 .186—187.

运之父"的理想不断遭受挑战，现实中的奥运会也在一百多年的历史中面临过多方面的挑战。

在奥运会刚刚复兴不久，市面上就出现了很多批评声。批评者认为奥运会忽视女性，并带有浓厚的精英主义、欧洲中心主义、白人至上的色彩。为此，批评者也组织了属于自己的奥运会。据学者统计，20世纪早期的奥运会中，女子项目寥寥无几，许多女性运动员被排斥在奥运会之外，这一现象与时代趋势不符。因此，在女子运动先驱爱丽丝·米利亚特等人的推动下，1921年，第一届女子奥运会在蒙特罗洛举办。工人阶级认为奥运会体现了资产阶级价值观，因此1925年在法兰克福举办了第一届工人奥运会。二战后，第三世界国家批评奥运会被欧美国家垄断，因此1963年在雅加达举办了第一届新兴力量运动会，包括中国在内的51个国家与地区，2700多名运动员参赛。[①] 以上"另类奥运会"因为种种原因，寿命都不长，而保守的国际奥委会也在时代变迁下，对赛事做出了一定程度的调整，来满足不同群体的需求。

奥运会另一个重大挑战是国际局势的影响，这甚至造成了奥运会停办。1916年柏林奥运会因一战而取消；1940年东京奥运会、1944年伦敦奥运会则因二战而取消。另外，在冷战时期，奥运会也成为两大阵营博弈的平台。为抗议1979年苏联入侵阿富汗，美国等国发起了抵制1980年莫斯科奥运会的运动，最终只有80个国家与地区参赛。同样，为报复美国等国抵制1980年莫斯科奥运会，苏东集团以及朝鲜、古巴、越南、老挝等国联合抵制1984年洛杉矶奥运会。此外，恐怖活动的阴影也曾笼罩在奥运会上。1972年奥运会在慕尼黑举办。其间，巴勒斯坦激进组织"黑九月"发动恐怖袭击，最终导致11名以色列运动员、教练员遇害，史称"慕尼黑惨案"。

兴奋剂问题挑战了奥运会的基本精神。历史上，服用禁药的事例不胜枚举。早在奥运会复兴不久，1904年圣路易斯奥运会上，美国选手托马斯·希克斯就在"士的宁"的帮助下获得了马拉松比赛冠军。1960年罗马奥运会上，丹麦自行车选手詹森在比赛中猝死，尸检证明他服用了兴奋剂。1968年墨西哥城奥运会，保加利亚和瑞典的两名选手被发现服用违禁药物。1988年汉城奥运会，加拿大选手本·约翰逊因为服用兴奋剂而被取消百米冠军成绩。之后，获得过9块奥运会金牌的美国选手卡尔·刘易斯被誉为"20世纪最伟大的田径运动员"，他也曾卷入服用兴奋剂的丑闻。

贪污腐败是挑战国际奥委会合法性的重要因素。1995年，国际奥委会确定美国盐湖城获得2002年冬奥会主办权。到了1998年，盐湖城冬奥会申办过程中的贿选行径被曝光。据报道，申奥委员会为国际奥委会成员及其家庭成员提供信用卡、昂贵礼品、

① 戈德布拉特.奥运会的全球史.128、153、278.

学费、医疗费；等等。① 最终，多位国际奥委会成员辞职或被开除。盐湖城申奥丑闻曝光后，其他申奥过程中的违规行径也被披露。1993 年，悉尼击败北京、伊斯坦布尔等城市，获得了 2000 年奥运会主办权。但之后，悉尼奥委会官员承认为了夺取主办权，他们在投票前夕塞给了国际奥委会两位非洲委员各 3.5 万美元。为了打击贪腐，也为了挽救形象，国际奥委会在 1999 年成立了道德委员会。为保证独立性，委员会成员多数为非国际奥委会人士。

民众的抗议在多个城市申办和举办奥运会的过程中屡见不鲜。可以说，举世瞩目的奥运会是许多社会运动展示自身主张的重要契机。1968 年，美国黑人民权运动如火如荼，以汤米·史密斯为代表的美国选手发起了抵制墨西哥城奥运会的运动，要求国际奥委会不向仍实行种族隔离政策的南非发出邀请。此外，为筹办奥运会，城市更新在所难免，建设大量基础设施很有可能破坏当地环境。这就引起了许多环保人士的不满。例如阿姆斯特丹在申办 1992 年奥运会的过程中就遭到了环保组织的抗议。另外，20 世纪 90 年代末，澳大利亚土著群体为争取权益，发起抵制悉尼奥运会的运动。② 2016 年里约奥运会筹办和举办期间，民众发起了多场游行，抗议政府的拆迁侵害自身权益，并强调筹办奥运会并没有给自己带来好处，反而加剧了贫富差距。

现代中国与奥运会有着复杂的关系。徐国琦认为奥运会之于现代中国始终具有塑造国家形象，激发爱国主义的作用。对于处于危局中的中国人来说，是否参与奥运会关系到中国能否以平等的身份加入国际大家庭。为此，1908 年，《天津青年》的一篇文章连发三问：中国何时能派出一个赢奖牌的运动员参加奥运会比赛？中国何时能派出一个赢奖牌的代表团参赛？中国何时才能邀请世界各国到北京参加奥运会？另外，1930 年，宋如海将 Olympiad 译为"我能比呀"。③ 从这个小例子中也能明显看到，中国人希望借助参与奥运会来提升中国的国际地位，提振民族自信心。

从 20 世纪 20 年代开始，中国与奥运会建立了正式联系。1922 年，王正廷成为国际奥委会首位中国委员。1932 年，中国人登上了奥运会的舞台。当时，为挫败日本利用奥运会将"伪满洲国"合法化的企图，短跑运动员刘长春在张学良等人的帮助下，代表中国参加了洛杉矶奥运会。刘长春虽然没有获得任何奖牌，但他是第一个参加奥运会比赛的中国人。

① 戈德布拉特.奥运会的全球史.434—438.
② 戈德布拉特.奥运会的全球史.395、428—429.
③ 徐国琦.奥林匹克之梦：中国与体育（1895—2008）[M].崔肇钰，译.广州：广东人民出版社，2019：33-34、79.

【学习拓展】

　　1932 年 7 月 30 日，第十届奥运会在美国洛杉矶举行，在海上颠簸了整整 22 天的短跑选手刘长春站到男子 100 米赛道上，没有训练场、晕船严重，状态大打折扣的刘长春无缘决赛，但作为中国第一位参加奥运会比赛的运动员，他已经用 10 秒 7 的成绩为中国速度按下启动键。

　　0.87 秒，中国田径从孑然一身到惊艳世界，跨越了 89 年的历史，这不仅是中国速度的突破，也是亚洲速度的崛起。

　　9 秒 98 的决赛成绩，这是苏炳添在以 9 秒 83 打破亚洲纪录两个小时后创造的，对于尚在追逐世界速度的亚洲选手而言，一天之内连续跑进 9 秒区，这已然是历史留名的时刻。

　　——梁璇：《从刘长春到苏炳添：跨越 89 年的中国速度》[1]

我们能从刘长春和苏炳添的故事中体会出怎样的精神？

　　1936 年，中国派出由 69 名运动员组成的代表团参加了柏林奥运会。1948 年，中国派出了 33 名运动员参加伦敦奥运会。中华人民共和国建立后，1952 年，中国派出代表团参加赫尔辛基奥运会，但代表团到达赫尔辛基时已是闭幕式的前一天，运动员错过了比赛。然而，因为台湾问题，中国在 1958 年与国际奥委会断绝了关系。之后，在中方据理力争和多方努力下，中国在 1979 年恢复了在国际奥委会的合法席位。随即，在 1980 年，中国派出 28 名运动员参加了普莱西德湖冬奥会。1984 年洛杉矶奥运会上，中国代表团阵容庞大，总共有 311 名运动员。其中，射击选手许海峰获得了中国第一块奥运金牌。由此可以说，中国与奥运会的关系已经从"我能比呀"变成了"我能赢呀"。

　　在中国综合国力日益强盛的时代背景下，中国人势必要将"我能赢呀"发展为"我能办呀"。改革开放后，党和国家领导人对在中国举办奥运会寄予厚望。1979 年，邓小平在答日本记者问时就表达出了在中国举办奥运会的希望。1984 年，洛杉矶奥运会中国代表团也在新闻发布会上表达了申办 2000 年奥运会的希望。[2] 之后，举办奥运会的计划被正式提上了议事日程。1992 年，北京向国际奥委会提交申请，申办 2000 年奥运会的工作开始启动。但是在 1993 年，北京最终以两票之差败给了悉尼。1999 年，

---

① 梁璇. 从刘长春到苏炳添：跨越 89 年的中国速度 [J]. 中国青年报，2021-08-02.
② 徐国琦. 奥林匹克之梦：中国与体育（1895—2008）.272.

北京向国际奥委会递交了申办 2008 年奥运会的申请书。最终在 2001 年，北京获得该届奥运会主办权。2013 年，北京又向国际奥委会提交了申办 2022 年冬奥会的申请书。2015 年，北京获得主办权。就此，北京成为首个既举办过夏季奥运会又举办过冬季奥运会的城市。

参考文献

1. 贝林格.运动通史：从古希腊罗马到 21 世纪 [M].丁娜，译.北京：北京大学出版社，2015.

2. 戈德布拉特.奥运会的全球史 [M].项歆妮，译.武汉：华中科技大学出版社，2021.

3. 顾拜旦.奥林匹克宣言 [M].上海：人民出版社，2008.

4. 瓦诺耶克.奥林匹克运动会的起源及古希腊罗马的体育运动 [M].徐家顺，译.天津：百花文艺出版社，2006.

5. 徐国琦.奥林匹克之梦：中国与体育（1895—2008）[M].广州：广东人民出版社，2019.

6. 闫小平，郭红兵.竞技体育的渊源与发展 [M].北京：中国科学技术出版社，2006.

7. 鲍明晓.国外体育产业形成与发展 [J].体育科研，2005（5）.

8. 刘欣然，高雪峰.古罗马角斗体育竞技研究 [J].首都体育学院学报，2009（1）.

9. 李永毅，李永刚.死亡盛宴：古罗马竞技庆典与帝国秩序 [J].南京大学学报（哲学·人文科学·社会科学版），2009（5）.

10. 李佩璟，刘玉洁.美国青少年体育教育组织框架研究 [J].体育金融研究中心研究报告，2019（13）.

11. 倪世光.西欧中世纪的比武大赛及其原因 [J].东北师大学报（哲学社会科学版），2003（4）.

12. 倪世光.狩猎·竞技·饮宴：中世纪的骑士 [M].侯建新.《经济—社会史评论》（第二辑）[M].北京：生活·读书·新知三联书店，2009.

13. 潘华，肖建.论欧洲中世纪体育文化 [J].体育学刊，2010（9）.

14. 唐运冠.西欧中世纪骑士比武的兴衰 [J].世界历史，2016（1）.

15. 王邵励.奥林匹亚节视角中的古希腊城邦政治 [J].历史教学问题，2003（6）.

16. 王邵励.泛希腊公共空间的"一体多元"特征：由奥林匹亚公祭竞技会管窥 [J].东北师范大学学报（哲学社会科学版），2008（3）.

17. 王邵励.奥林匹亚公祭竞技会的勃兴背景：一项历史学的综合考察 [J].世界历史，2008（6）.

18. 王大庆.古希腊体育竞技中的裸体习俗探析 [J].世界历史，2015（2）.

19. 于华.合法的杀戮：对古罗马角斗活动兴起基础的解读 [J].体育学刊,2010（2）.

20. 杨松.19 世纪英国体育运动的发展及其在帝国传播研究 [D].西安：陕西师范大学，2019.

21. 荷马，等.古希腊抒情诗选 [M].水建馥，译.北京：商务印书馆，2013.

22. 沃尔夫冈·贝林格.运动通史：从古希腊罗马到 21 世纪 [M].丁娜，译.北京：北京大学出版社，2015.

23. 孙葆丽.试论基督教禁欲主义及其对欧洲中世纪体育发展的影响 [J].北京体育学院学报，1992（1）.

24. 赵国炳，杨忠伟.古希腊与中世纪体育的兴衰探源：基于对身体和娱乐的考察 [J].体育科学，2012（1）.

25. 彭昆.中世纪基督教的灵肉观及其对体育的影响 [J].成都体育学院学报，2015（2）.

26. 米歇尔·普契卡评注.本笃会规评注 [M].杜海龙，译.上海：上海三联书店，2015.

27. 任明慧.英国现代体育的起源 [D].开封：河南大学，2015.

28. 刘东峰.发达国家大众体育参与现状与测量研究——兼与上海比较 [J].上海体育学院学报，2016（4）.

专题八　福利国家

我国学界一直以来非常关注西方福利国家制度的发展，庇古、熊彼特、贝弗里奇、T. H. 马歇尔、吉登斯、埃斯平·安德森等人在不同领域的福利著述被较早引入中国并得到了国内学界的热烈讨论。"福利国家"是 20 世纪出现的一个新词语，它首先发源于西方，并在二战后最早在英国确立实施。20 世纪 50—70 年代，福利国家制度迅速在西方国家传播开来，并日臻完善，形成了"自由主义"福利体制、"保守主义"福利体制、"社会民主主义"福利体制三大类型。然而，福利国家在经过二三十年的发展后，也面临着诸多问题和挑战，特别是 20 世纪 70 年代的石油危机后，西方世界普遍对福利国家制度进行了调整和改革。2008 年金融危机后，南欧国家的债务危机引起了国内外学者的高度关注，南欧福利国家也被看作是福利制度的第四种类型。本专题首先梳理"福利国家"的内涵及由来，并针对性地探讨北欧和南欧两大典型，在此基础上考察福利国家制度的历史影响和发展前景。对福利国家的探讨，可以为深入理解现代社会保障制度奠定基础。

一

何谓"福利国家"

"福利国家"（Welfare State）发端于西欧，但它并没有一个统一的界定，一般是指一个国家对人们的生存状况承担责任，在就业、教育、医疗、住房等领域向社会承担的一整套制度化系统化政策的总称。国家通过对社会经济和生活进行干预调节，为国民在面临困境时提供社会救济，为预防困境提供社会保险，同时提供相关的社会服务等，以使社会在一个更加富裕的基础上"和谐发展"。这体现了国家社会功能的增强。因而，它是一项国家制度，代表的是一种国家形态。

这项制度的诞生源于资本主义工业化、现代化进程产生的不平等和贫富差距的加大。福利国家就是一个社会在现代化过程中必然出现的某种社会协调机制，它本身也是一个社会在逐步"试错"过程中的产物。作为现代社会保障制度的一种形式，"福利国家"既不同于传统的慈善救济，也不同于政府早期的社会政策。以德国为例，尽管最早的社会保险体系见于俾斯麦时期的德国，但是德国并不是第一个福利国家，因为它尚未上升到国家制度层面，还处于零散的社会政策层面。第一个真正建立起现代意义上的"福利国家"的是英国。

二战结束后，英国政府完善并通过了一系列立法，包括完善《工业分配法》、设立住房修建执行委员会，通过《国民医疗保健法》（1946年5月）、《工业伤害法》（1946年7月）、《国民保险法》（1946年2月）、《国民补助法》（1947年秋）等。1948年7月4日，艾德礼宣布"四项立法——国民保险法、工业伤害法、国民补助法、国民医疗保健服务法明天将开始生效，——这些立法是社会保障的主体。这些社会服务将是广泛的，每一个公民都可以享受到它带来的好处。……每一个家庭成员都将由此获得保障"[①]。两年后，英国政府正式宣称这种制度为"福利国家"。从此，福利国家成为英国社会的一个典型标志。

那么福利国家制度与传统的《济贫法》有何联系与区别？英国的社会政策由来已久，其产生的压力来自英国现代化所引发的社会问题。16世纪的圈地运动，剥夺了农民赖以生存的土地，导致他们背井离乡，流离失所，形成了一支庞大的失业大军。虽然这为即将到来的工业革命准备了充足的劳动力，但却给统治阶级造成了巨大的安全隐患，加之玫瑰战争后被解散的军队和寺院解散后大批僧侣的加入，情况越发严重，社会随时都有爆发动乱的可能。都铎王朝首先制定了残酷的法律来控制流浪的失地农民，但是收效甚微。于是1572年，政府又通过了强制征收济贫税的条例，并任命专人管理负责征收，为政府的济贫活动提供了稳定的资金来源，同时规定教区对其贫民负有不可推卸的责任。1601年，伊丽莎白女王将已有惯例用济贫法的形式固定下来，由官方设定一条贫困救济线，对老人、患病者和孤儿进行收容，对穷人家的小孩进行就业训练，为失业者提供工作，并对不值得救济的人进行惩罚。随后，政府把教区作为救济的中心，进一步完善济贫措施，同时积极鼓励社会慈善事业。这就是《伊丽莎白济贫法》，即旧济贫法。

伊丽莎白济贫法的通过和实施具有重要的意义。它不仅救济了贫民，而且缓解了社会矛盾，避免了激烈的社会动荡，从而为工业革命的顺利开展和英国现代化的发展提供了良好的社会环境。更重要的是，伊丽莎白济贫法的出台标志着英国社会政策的诞生。它表明了"政府必须将贫穷的人数和贫穷的程度控制在一个不致引起动乱的'度'上"。正是由于英国统治者选择了缓和而不是激化社会矛盾的政策，英国才得以避免欧洲大陆各国那种因现代化而引起的剧烈的社会动荡。与此同时，伊丽莎白济贫法是政府通过立法对每一个人强制征收济贫税来救济贫民的第一次行动，它意味着处

① 陈晓律.英国福利制度的由来与发展[M].南京：南京大学出版社，1996：188.

于绝境的贫民有权利向国家和比他更富有的邻居请求帮助。从这个意义上，伊丽莎白济贫法埋下了未来社会保障的种子。[①] 可以说，传统的《济贫法》为英国福利国家的建立提供了第一块基石。

与此同时，要理解福利国家，必须理解《贝弗里奇报告》的出台及其所体现的现代意识。1940年5月，以丘吉尔为首的三党联合政府成立，为应对国内的经济社会问题，急需一个战后重建的改革纲领，以号召人们团结一致共同对抗法西斯主义，为此政府吸收了大批专家共同制定改革计划。1941年5月，英国经济学家威廉·贝弗里奇（William Beveridge，1879—1963）被纳入一个调查英国现行社会保障问题的部际协调委员会，开始筹划改革的框架。他希望把各种改革者的不同意愿和所有的社会服务计划都纳入一个有内在联系的统一体系中，确保人们的生活不低于国民最低生活标准。为此，他为福利国家构建了三个基本原则：普遍性原则，充分就业原则，雇员、雇主和财政部三方共同承担社会保障费用原则。

【史料阅读】 贝弗里奇委员会的组成

1941年6月10日，英国不管部部长，国会议员阿瑟·格林伍德阁下在众议院宣布：由于工作需要，他已以战后重建问题委员会主席的身份安排所有相关部委对英国现行的社会保险方案和相关服务进行一次全面的调查；同时，应他之邀，威廉姆·贝弗里奇爵士将出任部际协调委员会主席，负责执行此次调查。

部际协调委员会人员组成如下：

主席：威廉姆·贝弗里奇爵士，高级巴思勋爵士

部委代表：R.R. 巴纳提尼先生，最低级巴思爵士，内务部；P.Y. 布朗顿先生，劳动和兵役部；M.S. 考科思小姐，英帝国勋章获得者，年金部；乔治·爱珀斯爵士，高级英帝国勋爵士，最低级巴思爵士，政府精算师；R. 汉密尔锁·法雷尔先生，卫生部；E. 黑尔先生，最低级巴思爵士，财政部；M.A. 汉密尔顿女士，战后重建委员会秘书处；A.W. 麦肯锡先生，关税与消费税部；乔治·里德爵士，高级英帝国勋爵士，最低级巴思爵士，国民救助委员会；M. 里特桑小姐，高级英帝国勋爵士，苏格兰卫生部；B.K. 怀特先生，互助会和简易人寿保险机构登记处

秘书：D.N. 切斯特先生

——节选自《贝弗里奇报告——社会保险和相关服务》，中国劳动社会保障出版社1995年，第1页。

[①] 陈晓律. 英国福利制度的由来与发展 [M]. 南京：南京大学出版社，1996：13-15.

　　1941 年 12 月 11 日，《社会保险和相关服务》即《贝弗里奇报告》诞生，它分为 6
个部分，共 300 多页。贝弗里奇首先提出应该建立完备的社会保障计划，以最终消除
贫困，并指出"社会保障应旨在维持生存所需的最低限度的收入"[①]。他进一步指出了社
会保障的三条指导原则、三项基本任务、三种方式和应该包括的 12 个要点，并详细阐
述了充分就业与社会保障计划的关系，认为一个不能维持充分就业的社会保障计划是
失败的。贝弗里奇报告将各种关于福利国家的理论综合起来，在一个统一的基础上制
定出了一套详细的计划和政府可以实施的政策，标志着福利思想的发展已完成了由理
论向实际政策的过渡，它是福利思想由理论变为现实的中间环节，为政府提供了一个
可以实施的政策框架。

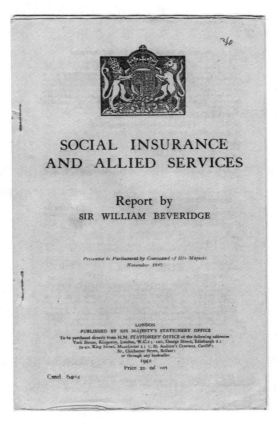

**SOCIAL INSURANCE
AND ALLIED SERVICES**

Report by
SIR WILLIAM BEVERIDGE

Presented to Parliament by Command of His Majesty
November 1942

LONDON
PUBLISHED BY HIS MAJESTY'S STATIONERY OFFICE
To be purchased directly from H.M. STATIONERY OFFICE at the following addresses
York House, Kingsway, London, W.C.2 ; 120, George Street, Edinburgh 2 ;
39-41, King Street, Manchester 2 ; 1, St. Andrew's Crescent, Cardiff ;
80, Chichester Street, Belfast ;
or through any bookseller
1942
Price 2s. od. net

Cmd. 6404

图 8-1　1942 年《贝弗里奇报告》（英国议会档案馆，　BBK/D/495）

　　《贝弗里奇报告》体现了一个非常重要的精神，即要实现集体的自由。英国自 18
世纪末一直坚持自由主义，亚当·斯密、大卫·李嘉图、马尔萨斯等经济政治学家的理
论备受推崇。贫穷被看作是懒汉的结果，因为政府没有义务为其承担责任。《贝弗里奇

---

① 　William Beveridge. Social Insurance and Allied Services, Cmd, 6404, .8.

报告》并没有否认自由主义，而是认为在追求个人自由的同时，应该首先实现集体的自由，只有在保障人们基本的生存需求的基础上，人们才能更好地实现个人自由，因而"福利国家"融合了现代意识。

英国思想家霍布豪斯认为，英国式的自由可以大致分为三种类型：公民自由——其基本原则是依法办事，"在法律面前平等"，表明平等为自由基本要素。其次为财政自由，即政府必须对纳税人负责，否则纳税人可通过停止纳税的方式来切断政府的财源，这就是人们常提出的"无代表不纳税"；这种财政自由是政治自由的重要保障。然而更为重要的却是社会自由的权利，即取消由于阶级、性别和社会地位等强加于人们的种种限制，使每个人都能获得受教育、选择职业等方面的同等机会，它本质上意味着人们在社会生活领域中的平等。[①] 换言之，人们必须充分享有现代社会应该给每一个社会成员提供的社会福利保障，人们才有可能真正享有社会平等的权利。福利国家就是第三种自由权利最主要的体现形式。T.H. 马歇尔曾指出，"福利国家是一个长期的公民权（即公民资格）演进过程中所达到的最高峰"[②]。因而，福利国家制度的建立，是社会传统与现代意识的融合，也是一个个人权利逐步增加和个人自由不断充实的过程。它是文明的产物，而且是一个仍在不断改进的产物。

【 学习拓展 】

①　霍布豪斯 . 自由主义 [M]. 朱曾汶，译 . 北京：商务印书馆，1996：10–15.
②　转引自安东尼·吉登斯 . 第三条道路——社会民主主义的复兴 [M]. 郑戈，译 . 北京：北京大学出版社，2000：11.

《贝弗里奇报告》提出了威胁英国社会的"五个巨人"（如图所示：Want，贫困，Ignorance，愚昧，Disease，疾病，Squalor，肮脏 and Idleness，懒惰），由此也预示着社会的五种需要，即所有人有足够收入的需要，医疗保障的需要，教育机会的需要，足够住房的需要，良好就业的需要。贝弗里奇不仅希望政府为公民提供收入保护，更提供了一个社会重建和社会进步的愿景。结合所学，思考现代社会保障制度在哪些方面体现了"平等精神"。

二

"福利国家"的由来

英国建立福利国家后，这一制度迅速在欧美传播开来，各国纷纷效仿《贝弗里奇报告》制定了本国的福利纲领。至 20 世纪 70 年代，欧美普遍建立了福利国家，这一制度也传播到了日本、韩国等。"福利国家"的建立体现了时代的进步、文明的发展，那么其建立需要具备哪些条件？是否是构建了《贝弗里奇报告》蓝图后即可建立？对这一问题的探讨，可以加深我们对福利国家制度的认识，并理解构建这一制度背后的影响因素，从而更好地认识其潜在的危机。英国作为第一个福利国家，了解其建立的由来，无疑具有启示作用，本部分将重点以英国为例探究福利国家制度的由来，并主要从经济基础、社会思潮、社会利益集团以及政党和政府四个方面进行分析。

首先，至 20 世纪 40 年代英国已经具备了建立福利国家所需要的物质基础并有了一套理论指导——凯恩斯主义。尽管英国经历了二战的严重创伤，经济损失总额达到 70 亿英镑，约占全国财富的 1/4，出口贸易损失约 2/3，但是战后英国经济迅速恢复和发展，1947 年底，英国经济恢复到战前水平。1951 年，英国工业生产比 1937 年增长了 31%，1950 年的出口比 1938 年提高了 75%，通货膨胀被控制住，充分就业得到保障。英国已经具备了足以消除贫困、维持国民最低收入水平的财富。

第一次世界大战和战后的经济大危机，促使凯恩斯主义发展起来，从而为福利国家的建立提供了完备的理论基础。1936 年，经济学家凯恩斯的研究成果《就业、利息和货币通论》公开出版，由此凯恩斯主义流行起来。这一理论集中论证了国家如何干预、如何调整经济结构以确保社会改革的实现。凯恩斯主义，将社会福利领域与提供社会福利的经济生产领域相结合，论证了政府应该干预，怎样干预，干预到什么程度，使社会政策与经济干预挂钩，加深了社会对福利认识的深度。凯恩斯主义还从拯救资本主义制度角度，论证了大规模政府干预的必要性。他认为充分就业不仅与穷苦人的生存有关，而且涉及整个资本主义经济体系能否顺利运转。但是完全依靠市场机制的资本主义制度并不能自我调节、实现充分就业，政府干预是建立合适的调节机制的唯一补救措

图 8-2 1965 年 12 月 31 日《时代》杂志封面上的约翰·凯恩斯

施。福利制度不仅仅是救助穷人，更是资本主义制度的安全网。它摧毁了资本主义体系可以自我调节的观念，给资本主义带来了结构性调整的理论，标志着资本主义由传统向现代的转变。[①] 福利国家建立的理论基础已经具备。

其次，集体主义社会思潮的转向为福利国家的构建提供了思想基础。20 世纪以前英国一直流行的是自由主义思潮，济贫法只是政府为避免社会动荡采取的一种权宜之计，因而伊丽莎白济贫法也在 1834 年被以"劣等处置"原则、"济贫院检验"原则为基础的《济贫法修正案》（即新济贫法）所取代，由以往的济贫变成惩贫。然而，社会化大生产将人们前所未有地紧密联系起来，济贫法不仅未能消除贫穷问题，反而使济贫范围不断扩展，这迫使人们思考：在社会经济生活中那些无法维持生存的人到底应该如何处置？是个人责任还是政府责任？个人与政府关系的解释变成一个社会关注的问题，这也是福利国家的思想基础。

19 世纪英国的经济迅速发展，工业革命成果显著，但 1875 年后出现了一个经济和贸易的大萧条时期。劳工阶级的就业状况急剧恶化，社会矛盾再度激化，贫困问题以及与之相连的社会政策的改革再次成为公众关注的焦点。贫穷"几乎已经成为工人阶级所希望得到的一种固定的生活方式"。自由主义者的理论逐渐失去说服力，社会开始对贫困问题重新思考。一些活跃的社会活动家则通过实证来调查贫困的根源。查尔斯·布思和希博姆·朗特里对贫困调查作出了突出贡献。19 世纪 80 年代，布思开始了对贫困的调查，并写出了 17 卷的巨著《伦敦人的生活与劳动》，对贫困、各行各业的收入、穷人的社会道德等进行了详细论述。布思发明了"贫困线"的概念，认为应该用统一的标准来衡量贫困，否则就无法在贫困问题上达成共识。布思的调查为 19 世纪末

---

① 陈晓律. 英国福利制度的由来与发展 [M]. 南京：南京大学出版社，1996：111.

的人提供了一份关于贫困的范围和程度的详细调查资料，使人们对贫困的理解建立在以科学统计为基础的客观事实上。希博姆·朗特里的贡献在于进一步提出了"基本贫困线"的概念，证实了贫困是一种普遍存在的现象，并提出贫困的原因在于社会经济结构本身存在问题，而不是由于个人行为。此时，对贫困的探讨开始转向经济增长和社会秩序角度，贫困的原因在于社会经济结构本身而不是由于穷人的懒惰和无能，因而摆脱贫困需要政府干预。

【问题探究】

福利国家与传统慈善的区别何在？

对贫困问题的再认识还打击了只要个人自由就能解决一切问题的自由主义思潮，标志着自由放任时代的结束。同时，一股新的社会思潮正在兴起，即温和的集体主义精神，其认为政府应该通过对社会和经济的控制在解决社会问题上发挥积极的主导作用。费边社会主义和新自由主义，是集体主义社会思潮的两大代表，它们关于社会福利和社会问题的观念在英国福利发展史上占有重要地位。1884 年，一个主要由中产阶级知识分子组成的费边社在英国成立，其主要思想理论被称为费边社会主义。费边社会主义关于福利的思想可以主要概括为：强调必须要保证国民最低生活标准，这是每个公民的天赋权利；政府有责任和义务组织各种社会服务，采取各种手段来达到这一目标。费边社希望在社会改革中消灭贫困，最终实现对平等的追求。

新自由主义，是相对于以政治民主、经济自由放任和个人自由为主要内容的正统自由主义而言。1890 年以后，新一代年轻的自由党人重新审视个人主义的自由观，对正统自由主义进行了重要修正。自由被注入了新的因素，即平等和正义，由此产生了新自由主义，其代表人物是霍布豪斯、霍布森和塞缪尔。他们就个人与社会的关系、社会有机体理论、国家观念等提出了一整套新的观念。霍布豪斯认为自由的真正含义是人们能够最好地使用他们的天才、机会、精力和生命；社会是个人创造财富的基础，财富是合作的结果，因而国家有权在特定的条件下对私有财产进行干预。斯宾塞的社会有机体理论认为社会是一个统一体，并不是简单的生存竞争，要提供给人进步的机会，个人有勤奋工作的义务，而社会也有为人们提供获取生存手段的义务。新自由主义在社会政策领域的一次大运用则是 1906 年以劳合·乔治为首的自由党上台后推行的一系列社会立法。以 1908 年颁布的《老年补助金法》为例，该法对年收入在 21 镑至 31 镑 10 先令之间的人按收入等级给予不同补贴的国家帮助，它完全由国库开支，个人无需缴费。这项法令不仅立即为 50 万老年人提供了补助金，而且领取者没有任何权利损害，标志着英国社会政策开始告别济贫法，向现代意义上的福利制度转变。[①]

再者，雇工和雇主两大社会利益集团达成了共识。19 世纪末的经济萧条和随之而来的大规模失业使工人阶级的组织工会意识到自身力量的有限，他们开始要求政府通过立法为工人提供更好的就业条件。所以 1900 年工党一经成立，便围绕着工人阶级的要求极力倡导社会改革，包括养老金、医疗保健、社会保险等方面，希望通过国家干预为工人提供各种必要的社会服务项目以保持国民最低生活标准。工人阶层的愿望基本都在贝弗里奇报告中得到体现，雇工集团支持政府的福利改革计划。

雇主对社会政策的态度与雇工完全不同，他们关注的不是雇工的生存状况，而是他们能够获得的经济利益。这两个经济利益对立的集团，又在某种程度上存在利益的一致性，因为劳动力的素质和自身再生产的情况关系到生产效率和雇主的经济利益。因而雇主希望的社会政策是：能够保持工人的工作热情和主动性；保证劳动力大军的素质；国家发展教育事业，培养适合现代化生产的劳动力；解决都市化所产生的问题，保证健康的生活和生产环境。因而，社会政策能够获得雇主支持的关键是看其能否提高经济效率。[②] 二战前雇主对社会政策的基本态度是摇摆不定的。"但英国经济的现实证明削减社会服务开支并非摆脱困境的出路，而凯恩斯理论此时出现，为整个统治集团指明了一个新的方向，既然不能靠紧缩摆脱困境，那么就应该试一试相反的对策。"[③] 雇主开始支持福利国家策略，希望国家的干预能够重新恢复经济的繁荣和稳定，这体现在二战开始后他们对贝弗里奇报告的支持态度。他们对社会服务的内容、项目以及保险金来源等都开始与雇工的看法基本一致。

最后，两大政党取得共识，工党的成功当选将福利设想最终变成了现实。主要政党政治共识的形成以及一个积极推行社会改革的政党的当选对贝弗里奇报告的实现具有关键作用。从 19 世纪 80 年代开始，自由党和保守党已经从上层阶级的利益和角度出发，将社会福利的扩大和收入的再分配看作是缓解社会冲突的一个重要手段。战争再次使英国的种种社会弊病暴露出来，许多保守党人也相信战后重建某种与以往不同的社会不仅是可能的而且是应该的。1943 年 1 月 14 日，联合政府内阁正式讨论贝弗里奇报告，保守党和工党经过激烈争论，最后同意贝弗里奇报告。1945 年 5 月，联合政府宣告解散，英国举行大选。工党大获全胜，1945 年 7 月 26 日，英国组成了以艾德礼为首相的工党政府。强有力的工党政府迫切地将各种福利设想都转变为具体的国

---

① 陈晓律. 英国福利制度的由来与发展 [M]. 南京：南京大学出版社，1996：87.
② 陈晓律. 英国福利制度的由来与发展 [M]. 南京：南京大学出版社，1996：142.
③ Arthur Marwick. Britain in the Century of Total War. London: Penguin, 1970: 221–224.

家立法。至此，福利国家建立的各种条件皆已具备。

艾德礼政府也为后来的政府形成了社会政策框架。此后的几十年，保守党与工党轮流执政，不但没有改变艾德礼政府确定下来的福利国家原则，而且不断地对福利国家的内容进行补充和发展，使福利国家所包含的范围越来越广、规制越来越细。至 20世纪 70 年代，英国已形成以国民医疗保健服务、社会保险和个别社会服务为支柱的完整的社会福利制度。

概括来说，"福利国家的产生需要四个方面的基本条件：第一，社会的生产力必须发展到一定的水平，能为构建福利国家提供必要的物质基础；第二，占主导地位的社会思潮赞成社会福利事业，并由此产生较为完整的理论政策，提供建设福利国家的蓝图与框架；第三，这种蓝图必须得到社会各利益集团和主要政党大体上的赞同，取得政治与经济上的某种共识；第四，一个在此共识基础上产生的政府，它有能力并愿意将各种福利设想转变为具体的国家立法。福利国家毕竟是通过政府这个中介，而不仅仅是通过理论和大众的意愿去直接实现"[1]。英国战后的经济恢复和发展以及集体主义社会思潮的发展为福利国家提供了物质和思想基础，《贝弗里奇报告》作为建设福利国家的蓝图，不仅得到了社会两大集团——雇主和雇工的支持，而且主要政党也对此达成共识，由此为福利国家的构建提供了社会基础和政治基础。最后，福利国家在热衷社会改革的艾德礼工党政府的领导下变成现实。"福利国家"一词也不胫而走，并成为物质平等、社会正义和人们民主愿望的象征。

三

北欧福利国家

各福利国家制度在迅猛发展的同时，也呈现出了自身的特色。艾斯平·安德森将福利国家划分为三大类型：以英美为代表的"自由主义"福利体制（盎格鲁—撒克逊福利体制）、以法德为代表的"保守主义"福利体制（欧洲大陆的合作主义福利模式）、以北

---

[1]　陈晓律.英国福利制度的由来与发展[M].南京：南京大学出版社，1996：8.

欧国家为代表的"社会民主主义"福利体制（斯堪的纳维亚福利模式）。[①] 以丹麦、瑞典、芬兰、挪威和冰岛为代表的北欧福利制度以其高福利水平而备受推崇并得到各国学者的高度关注，但也有不少人质疑此种高福利会培养懒汉、滞后经济发展。然而，根据世界经济论坛所公布的 2012—2013 年度全球竞争力排名，北欧五国中的芬兰和瑞典排名第三和第四，丹麦、挪威分别为第十二和第十五，皆属一流竞争力国家。国际货币基金组织发布的报告表明，北欧五国 2011 年人均 GDP 最低的冰岛也有 4.3 万美元，而挪威高达 9.7 万美元。可见，高福利政策并未使北欧五国的经济表现有所逊色。其成功之处何在，又是什么因素造就了这种模式，对这一模式的探索有助于更好地认识福利国家发展的不同路径。

■ 北欧福利国家的特色

20 世纪 30 年代，北欧各国在工业利益和农业利益之间、资方与工会之间逐渐达成了全国范围内的阶级妥协。自此，北欧国家开始逐步建立全方位的福利经济体系，并在二战后正式形成了关于养老、残疾、疾病、住房等方面的福利方案。北欧国家普遍将缴费和税收结合起来，通过带有鲜明再分配色彩的方案转移给公民，从而完成了由救济到福利国家的转型。到 20 世纪七八十年代，北欧国家已经形成了一种国际性的、有特色的福利国家模式。

"北欧的'高就业率'和'由国家提供服务'是北欧模式的精华部分。"首先，北欧福利模式强调就业，推行积极的劳动力市场政策，不断增强劳动力市场的灵活性和弹性。"北欧国家在社会、医疗和教育等公共部门的雇用率最高，这些部门中大约 90% 的雇员由政府雇用，形成对比的是在其他欧洲国家这一数字为 40% ~ 80%。北欧国家因此创造出大量就业机会。瑞典中央一级劳动力市场委员会有工作人员 1400 多人，各城市共有 325 个就业办公室，工作人员 7000 多人。与财政资金以提供服务形式为主不同，像养老金、失业金等福利项目，则以提供资金为主，有时也适当地提供一些服务。"[②] 如丹麦创立了灵活保障模式。在养老制度改革方面，针对人口老龄化不断加重的趋势，北欧国家积极采取提高退休年龄、改革养老金制度等措施来缓解养老支出的压力。

同时，北欧福利国家提供的福利更多的是社会服务，而不是现金转移。北欧政府再分配的基本理念是为公民提供基本、平等的公共服务。这体现了集体主义与个人自

① 考斯塔·艾斯平 – 安德森 . 福利资本主义的三个世界 [M]. 北京：商务印书馆，2010.
② 高连奎 . 世界大时局——各国经济改革得失 [M]. 北京：电子工业出版社，2014：22、24.

由主义之间的平衡和融合。对于服务提供，北欧政府认为不一定需要由政府直接提供，而是主要通过代理机构为公民提供公共服务，政府则负责监督代理机构。例如，瑞典在医疗卫生改革方面，通过加强绩效管理、引入私营部门和市场竞争机制等方式，扩大医疗卫生服务的供给规模，提高公共服务的质量和水平。在知识经济方面，在欧盟15 国，平均只有 16% 的劳动力从事制造业工作，而且这个比例还在下降。反过来说，超过 80% 的人现在要从事以知识为基础或服务性工作来谋生。教育的投入、大学的拓展和信息通信技术的普及是欧洲社会模式现代化的关键部分。北欧国家恰恰增强了这些关键领域的社会服务。芬兰是 ICT 技术领先并拥有健全福利体制社会的有趣例证。此外，瑞典、丹麦和芬兰领先改革了养老金制度，使其具有长远的可持续性。[①]

　　服务提供也促使北欧形成了社会投资型的福利模式，即通过向技术和教育创新投入大量资金，将福利支出最终转化为社会生产力。丹麦的策略包括普及 IT 技术和建立成功的技术群。芬兰甚至更加广泛地把 IT 技术运用到经济重构和政府中，其 IT 化程度远高于美国。斯堪的纳维亚国家的研发开支是三个欧陆国家的两倍，其总体教育开支——尤其是用于高等教育方面的开支——还要大，而且其教育成就在国际排名中一直名列前茅。斯堪的纳维亚国家的经济不平等程度世界最低，其儿童贫困程度也很低。这些国家为了实现预算平衡，实行削减国家开支的办法，但并没有造成贫困或整体经济不平等方面的极大提升。它们适应变化的一个关键部分是采取有利于家庭的政策。斯堪的纳维亚国家的平等主义性质更多来源于对儿童和改善妇女地位的社会投入，而非直接再分配等诸如此类的东西。[③]

　　可以说，北欧福利模式的最大特色在于社会平等，其确立的一个重要社会基础就是"合作主义"。"瑞典模式的一个突出特点就是政治妥协和阶级合作，而瑞典的阶级合作并非只是工会代表工人争取福利那么简单，而是工人直接参与管理，参与企业的管理和社会的管理。""通过合作主义的制度安排，政府机构和各个利益群体以契约的方式达成默契。在契约中，各群体在保留传统利益的同时也获得某些新利益。"[②] 劳资双方共同解决劳资纠纷、共同管理劳动力市场、共同决定企业大事等，北欧、德国作为工人参与企业管理的合作主义国家，其成就是瞩目的。北欧各国通过总税收的再分配和刺激工作动力来支撑这个体系，借助于强调促进全员就业的劳动和经济政策的项目来进行。北欧福利国家确立了相对平等的社会结构和崇尚平等的社会理念，因而也形成了"高就业、高福利、高税收"的显著特征，实现了"广泛性、普遍性、统一性"的福利原则，在缓解社会矛盾、稳定社会秩序、促进经济发展等诸多方面取得了显著

---

①③　安东尼·吉登斯 . 欧洲社会福利模式的反思与展望 [J]. 开放时代，2007（3）.

②　高连奎 . 世界大时局——各国经济改革得失 [M]. 北京：电子工业出版社，2014：17.

成效，受到了世界各国的普遍推崇。

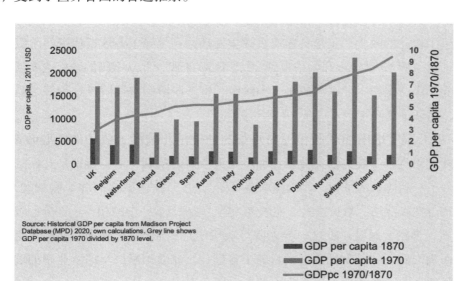

图 8-3　欧洲主要国家 1870—1970 年人均 GDP 增长 [①]

■ 北欧福利模式延续的根源

　　北欧诸国在建立福利国家的时候均是以渔业和捕猎为经济支柱的落后国家，但是福利国家建成后，北欧迅速实现城市化并成为世界上人均五百强企业最多的地区。福利国家没有阻碍这些国家的发展，反而在一定程度上促进了这些国家的崛起。这说明合理的福利配置，会促进经济发展或者说是经济持续增长的前提条件。北欧福利模式虽然遭遇诸多挑战，但目前看来，这套模式仍然具有强大的吸引力和生命力。究其根源，主要在于以下几方面。

　　1. 社会历史条件的决定性作用，特别是其古老的民主传统和强大的农民阶级。北欧三国地广人稀，北欧农民长于独立经营，较为完整地保留了前工业化时期相对均等化的社会结构和相当多的传统因素。近代北欧农业先于它的手工业完成了由传统自然经济向资本主义商品经济的转变，出现了无数家庭小农场，而北欧工业无法吸收的农村过剩人口，大量迁居到了对劳动力恰好供不应求的美国。过剩人口的这种大规模外迁，使得留居农民的社会经济地位得到了相对加强。北欧国家中农民自发组织的农业合作社，使得他们在社会化大生产的浪潮中又站住了脚，并被顺势带入现代社会。

---

① 　Nima Sanandaji. UNDERSTANDING THE NORDIC WORK ETHIC, https://www.newgeography.com/content/007369-understanding-nordic-work-ethic.

农民不但没有像其他国家农民那样因社会变迁所带来的"相对剥夺"而沦为边缘，反而走上了一条独具特色的农业现代化之路。与此同时，在 19 世纪初，北欧三国农民又先后组建了自己的政党。正是各国农民政党发动并且领导了各国近代资产阶级的所谓"和平革命"。从 19 世纪末开始一直到 20 世纪 30 年代，北欧三国的政权主要就掌握在农民政党手中。这样，北欧形成了工人阶级、资产阶级和农民阶级这种三足鼎立的阶级结构，保证了北欧走上了一条"中间道路"。

2. 最大限度地增加就业和提高妇女的地位是北欧模式成功的重要政策保障。北欧模式的重点在于使人们充分就业而不是失业后的福利救助。特别是女性的充分就业，保障了福利体系的平衡。北欧国家有着庞大的公共福利服务体系，譬如幼儿抚育、病残帮扶、洗衣清洁、看护病人、照顾老人等"家务活动"中的相当一部分已经转移到了幼儿园、学校、医院、社区、养老院等机构中，因而这些"家务"也就转变成了工作，从而为没有工作的女性创造大量的工作岗位。北欧国家妇女的就业率如瑞典高达81%，而在希腊和意大利，只有 45% 的妇女拥有工作。

3. 牢固的共同体意识是北欧模式成功的精神支柱。北欧国家人口不多、民族单一、容易培育共同体意识，且北欧各国有全面覆盖的教育投入。在北欧各国，几乎全部的教育投入，从儿童的玩具费、义务教育到高等教育奖学金，都是由国家承担的。这从根本上保证了每一位公民，无论其出身如何，都有同等的、充分地发展自己潜在天赋的机会，且形成了强烈的共同体意识。而社会志愿组织的参与则在政府与家庭、个人之间建立起联系纽带，使共同体意识得以发扬。此外，合理的中央—地方关系进一步保障了这种共同体意识。中央与地方分工明确，各司其职，既能制定统一有效的全国性政策，也能根据各地社会经济发展水平之间的差异灵活变通，务求实效。

【史料阅读】

北欧儿童托育机构采取托育一体化，普遍向 0-6 岁婴幼儿提供日间照料服务，幼儿一般 10 个月到 1 岁左右开始进入托育机构。2019 年，挪威和丹麦 3 岁以下婴幼儿入托率均在 55% 以上，冰岛则达到 60%。在政府提供公立儿童照料服务的情况下，大多数父母可以在育儿假后返回工作岗位。

——国务院妇女儿童工作委员会：《北欧国家儿童照料的家庭政策及其启示》[1]

---

[1] 国务院妇女儿童工作委员会，石鑫．北欧国家儿童照料的家庭政策及其启示．见 https://mp.weixin.qq.com/s/NIG8Gvra5Greu8xBFLkqmw.（微信公众号：性别研究视界）

■ 北欧福利国家的危机与前景

　　北欧福利模式，在 20 世纪 80 年代后遭遇发展危机，面临着劳动人口数量下降、老龄化、失业增加、政府财政负担过重、青年一代的反叛等问题。面对困局，北欧诸国纷纷引入竞争机制和民营资本，在原有政府主导的基础上强调与市场因素结合，对其经济政策和福利国家制度进行调整和改革，如减少向失业人员发放福利金，逐步放开对经济的控制，下调所得税税率，下调带薪病假、产假、儿童、住房等补贴，提高政府和公共机构的透明高效和廉洁度等等。丹麦率先采取私有化、民营化的措施；芬兰和挪威也从 90 年代初开始了福利国家私有化的改革；而瑞典的私有化政策实践则走得更远。

　　如今的北欧各国福利体系在继续发展。丹麦福利系统最有代表性的是卫生保健、失业和养老金，这些方面保存了斯堪的纳维亚模式普遍性和高水平的社会替代性收益率的特征。这个系统中正在不断强化的个人责任化是一个能被感觉到的重大变化。与这个特点相伴随的是许多面向社会的公共计划通过私人保险得到了补充与完善。芬兰原先的"共同责任"原则正在逐渐弱化。原先建立芬兰社会保障系统的目标是，无论个体成员的民族、性别、就业状况还是对社会贡献等方面的差异，所有人的需求都享有平等地受社会保护的权利；而现在更强调的是个体成员享有的权利与他对社会贡献的联系。普遍性的受惠原则正在减弱，贫困也在加剧，慷慨大方的计划在收缩。从学术归类来看，芬兰的斯堪的纳维亚模式特征也在减少，反而在靠近欧洲化模式。与 20 世纪 90 年代初盛行的模式相比，当前瑞典也具有更多与大西洋和大陆模式相似的特征。

　　总体而言，自 20 世纪 90 年代以来，政治家们对改造北欧国家福利模式的意愿从来就没有完全消失过，并出现了不断趋于欧洲化的发展趋势。个人主义化、去中心化、依赖家庭成员和亲属的增强，以及依靠市场解决问题等的社会特征，促使北欧国家的政策朝其他欧洲国家的社会福利模式进一步靠近。尽管北欧模式有趋于欧洲化的发展趋势，但和世界其他地区相比，北欧福利模式仍然具有很强的自我特色，受到很高的社会支持。北欧以公共福利为主导的模式并没有发生质的变化。究其根源，既有古老民主传统和强大农民阶级的社会历史条件因素，也有强劲的就业和牢固的共同体意识等现实因素。

　　尽管在公共舆论上人们越来越多地谈论到北欧国家目前所面临的问题和挑战，但要找出如何改变这一模式的现实道路却十分困难。自由主义式的削减措施并不符合北欧的国情和传统，必须立足于其传统与历史，在民主和普遍的基础上探讨改革之路。任何政策的有效性都取决于是否立足于北欧福利模式制度与规范基础之上。

四

南欧福利国家

　　埃斯平-安德森将福利资本主义划分为三种类型,不过葡萄牙、西班牙、意大利、希腊等南欧国家却有着不同的福利模式,因而常被看作是福利资本主义的第四个世界,即南欧模式。希腊开启了欧洲文明的曙光,西班牙和葡萄牙引领了大航海时代,意大利则是文艺复兴的发源地,南欧国家在欧洲的古代和近代历史上耀眼璀璨。但南欧国家却成了 2008 年金融危机以来欧洲经济发展最为困难的国家。根据欧盟《稳定与增长公约》,欧盟各成员国财政赤字率占 GDP 的比重不得超过 3%,公共债务占 GDP 的比重不得超过 60%,但从 2010 年开始南欧四国的债务情况都超过了欧盟规定的最高额度。很多人将欧债危机归因于南欧的高福利制度。但南欧国家不仅不是高水平福利国家,甚至达不到欧盟的平均水平。以希腊为例,希腊福利支出占 GDP 的比重为20.6%,德国占 27.6%,而瑞典更是高至 38.2%,欧盟 27 国平均社保支出总额占 GDP 的 26.9%。[①] 国内的讨论更多聚焦于北欧、西欧福利,而对南欧国家的福利探讨较少,欧债危机后才开始对南欧福利给予了更多关注。因而,有必要考察南欧国家福利体制的整体状况,了解南欧福利国家的建立、特点、成因,并进一步明晰欧盟单一市场政策下南欧福利与经济发展之间的关系,从而更好地认识全球化、区域集团化发展对福利国家的影响。

表 8-1　经济危机爆发时南欧各国财政情况

国家	希腊	葡萄牙	意大利	西班牙
经济危机爆发时间	2009.12	2011.6	2011.11	2012.7
财政赤字率占 GDP 比重 /%	13.7	8.8	3.9	9.8
国债占 GDP 比重 /%	115	92.4	120.7	84.1

[①]　沈尤佳. 福利资本主义的命运与前途:危机后的思考 [J]. 政治经济学评论,2013(4):178-196.

表 8-2　南欧四国经济危机前后的经济增长、公共债务和赤字 [①]

	GDP 年增长 (%)		中央政府债务总额 (% of GDP)		盈余 / 赤字 (% of GDP)	
	1995–2007 年平均	2008–2010 年平均	1995–2007 年平均	2008–2010 年平均	1995–2007 年平均	2008–2010 年平均
西班牙	3.7	−0.8	48.2	42.1	−0.9	−5.2
希腊	3.8	−3.4	114.4	125.7	−5.4	−11.7
意大利	1.6	−1.6	113.8	112.1	−3.0	−3.6
葡萄牙	2.5	−0.3	62.7	85.1	−3.5	−6.9

■ 南欧福利体制的建立

　　南欧福利国家大多是在 20 世纪 70 年代后才陆续建立起来。葡萄牙在第二次世界大战后经历了长期的停滞不前，直到苏亚雷斯领导的社会党在 1975 年上台后，才开启了民主和福利的制度化建设。尤其是 1995 年后，社会党以相对多数上台执政，实施了大量的社会福利政策。希腊的独裁统治直到 1974 年才宣告结束，此后逐渐过渡到民主政体，80 年代在外部援助和内生动力的促进下，逐渐构建了现代化福利国家。西班牙第二次世界大战后初期满目疮痍，随着经济复苏，政府通过一系列计划建立了以社会保险、养老金、健康保险、住房和教育为五大支柱的福利体系，并在 20 世纪七八十年代走上政治民主和经济发展的道路。20 世纪 60 年代末，意大利经历了政治经济变革，共和党和社会党的执政弱化了基督教民主党的优势地位，意大利政府通过了旨在再分配财富、建立更为强大的广泛福利国家的法案。总体而言，20 世纪 70 年代后，南欧的民主进程和福利国家建设才真正开始加速推进；但到 90 年代，即面临财政问题，并出现了削减福利的现象，这一趋势在 2008 年金融危机后更为明显。

■ 南欧福利体制的特征

　　1. 总体福利水平低且发展不平衡。"体系内部二元分化现象严重。一方面，正规劳动力市场上受保护的就业人群享受异常慷慨的福利保障，意、希、西、葡四国雇员养老金相对工资收入的替代率在欧盟各国是最高的。另一方面，对于在非正规、体制外就业市场的从业人员，南欧国家只提供非常低水平的补贴。希腊非正规就业市场劳动力福利补贴只有正常工资的 8%，意大利只有 9%。四国还是欧盟内最晚出台全国

① World Bank (2015) World Bank Open Data online database, retrieved from http://data.worldbank.org/ 世界银行开放数据在线数据库 .

性最低收入标准的国家。"[1] 南欧各国普遍存在福利项目发展不平衡的现象，在公共养老金支出方面一直比较慷慨，而且养老金和失业津贴的支出上存在"内部人"和"外部人"的差异。[2] 面对民众投票热情不高的情况，各政党争相抢夺投票率较高的公务员，因此公务员待遇过高成为南欧国家的通病。"在希腊，公务员不仅有法律保障的铁饭碗，还能享受超高福利。希腊公共部门雇员一年有 14 个月的收入，一年至少有一个月的带薪休假，58 岁就可以退休，退休以后一年领取 14 个月的养老金。"[3]

　　2. 家庭的保障作用突出。"家庭主义"通常被视为南欧福利国家模式的一个典型特征，"一般来说，这个术语指的是家庭在福利制度的总体架构中发挥的关键作用，作为儿童和受抚养人的主要照顾和福利提供者"[4]。以德法为代表的欧洲大陆福利国家通常通过具体的财政和社会政策，明确支持家庭作为福利和护理提供者的作用；而在南欧国家，家庭介入主要是为弥补公共干预的缺失，缺乏政府政策的支持。例如，"希腊的失业补助开支还不到 GDP 的 0.1%，仅仅为欧盟国家平均水平的 1/5，与丹麦、瑞典这样的高福利国家相比显得微不足道。在希腊，家庭仍然是给失业者提供救济和庇护的主要单位。"[5] 与其他欧美国家相比，这种情况更为明显。"在 1990 年代，意大利政府给予 12 个月的保障，失业者可以得到原先工资 20% 的补偿，但 12 个月后停止；西班牙的失业保障好一些，失业头 6 个月能得到原工资 70% 的补偿，福利最久可维持 22 个月；英国的失业福利最好，虽然失业头 6 个月的补贴为工资的 38%，但持续时间没有上限；而美国的失业福利也比南欧国家多。在英国的失业家庭中，有 79% 得到政府失业救济，而意大利只有 27%，西班牙 66% 失业家庭得到救济。"[6] 加之南欧国家都处于天主教的传统影响范围，因而，与北欧国家依赖国家不同的是，南欧国家更加注重对传统家庭组织和天主教会体系的依赖。"无论个人与劳动力市场的关系以及福利国家承认的个人权利如何，家庭仍然被看作是社会保护的主要体系。这种文化模式使福利制度的性别性质具有结构性。"[7] 男性或父亲是家庭的主要收入者，而女性主要局限于儿童保育和老人的长期护理服务，这也导致了南欧国家与欧洲核心国家相比女性的劳动力市场参与很低，从图 8-4 女性就业率即可窥见一斑。

① 扈大威. 金融危机后南欧福利模式改革观察 [J]. 人民论坛，2020（1）.

② 李凯旋. 意大利福利制度的双重二元性 [M]. 北京：中国社会科学出版社，2018.

③ 高连奎. 世界大时局——各国经济改革得失 [M]. 北京：电子工业出版社，2014：202.

④ Margarita León and Mauro Migliavacca, Italy and Spain: Still the Case of Familistic Welfare Models? Population Review, Volume 52, Number 1, 2013.

⑤ 高连奎. 世界大时局——各国经济改革得失 [M]. 北京：电子工业出版社，2014：200.

⑥ 陈志武."还是家靠得住"：南欧国家的经历 [N]. 经济观察报，2019-08-12.

⑦ Franca Bimbi (1999) The Family Paradigm in the Italian Welfare State (1947−1996), South European Society and Politics.4: 2, 72−88.

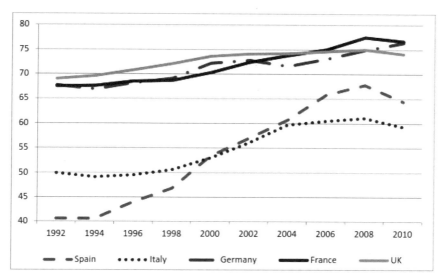

Source: Eurostat LFS 2010

图 8-4 25—49 岁的女性就业率

3. 忽视服务提供。尽管所有政党都在道德和意识形态上强调家庭，但南欧各国政府普遍缺乏相应的家庭政策，忽视服务提供。以意大利为例，一般家庭的丈夫在正规部门工作，妻子在家照顾孩子和老人，从而导致福利国家重现金转移轻服务；并将大多数福利与劳动力市场的活动挂钩。因而意大利的福利与男性就业紧密相关，失业则意味着被排除在社会服务之外，而不是获得政府的真正帮助。"意大利没有为非老年人提供全国性的安全网：全国性的最低收入从未发展起来，而为穷人提供的现金补贴和服务在各地区之间差别很大。"[1] 特别是昂贵的养老金，由于人口寿命的延长和退休年龄的提早，年复一年地为越来越多的老龄人口提供这种福利的成本使经济面临巨大的规模压力，并挤占了其他需要的社会支出，如就业培训、儿童保育等。忽视服务的倾向还体现在对非营利组织或第三部门组织的重视不足。在南欧国家，这些组织在地方福利系统的基础上发挥着至关重要的作用，但它们在治理舞台上的参与往往是虚幻的，进而影响了公私伙伴关系在福利领域的创新性发展。

4. 地下经济泛滥。南欧福利国家普遍地下经济活跃。"希腊地下经济规模巨大，在经济合作与发展组织（OECD）国家中位居第一。希腊'全民逃税'，根据希腊媒体援引希腊企业联合会的估算，希腊全国每年偷逃税款高达 300 亿欧元，相当于 GDP 的 10%。据估计，不向政府纳税、不为职工办理任何保险、无法纳入政府正常经济统计

---

① Julia Lynch. The Italian welfare state after the financial crisis[J]. Journal of Modern Italian Studies, (2014) 19: 4, 380–388.

系统的'影子经济'，相当于希腊国内生产总值的 1/4-1/3。"[1] 希腊经常被看作是一个挤满了富有群体的贫穷国家，其"政府在社会福利上的投入达到了人均 10600 欧元，而税收却仅为人均 8300 欧元"[2]。意大利同样如此，它"根据工人的收入来资助社会福利，而不是从国家对所有形式的经济活动和财富征收的一般税收中拨款，这就产生了经济学家所说的'规模楔子'。雇主对每个工人的总成本包括工人的工资和在这些工资之外欠政府的社会分摊金，以支付工人的养老金、失业津贴、家庭津贴、残疾保险等。尽管意大利工业在高附加值部门有很强的竞争力，这些额外的劳动成本使雇主不愿意雇用新的工人，特别是在生产力和工资水平的低端"[3]。除了高失业率之外，另一个严重后果就是缴费基数缩小，因为雇佣的工人减少了。这种地下经济的泛滥，严重削弱了福利体制的经济基础。

总体而言，南欧四国基本都不是高福利国家，希腊的福利支出水平还没有达到欧美的平均水平，更不要说与北欧相比了。这就使得南欧社会缺乏一个统一的社会安全网，导致了非常高的贫困和匮乏水平，特别是儿童贫困率的遥遥领先很能说明其问题。

■ 南欧福利模式的困境成因

1. 经济基础与福利供给的配置失当。南欧经济在自由贸易中处于弱势，特别是属于低端低附加值的农产品居多，金融不稳定、高债务，商业环境不良，偷税漏税问题严重，劳动力市场的"影子经济"或"地下经济"占比高。希腊经济主要靠船运及旅游，经济结构很单一，对外依存度太高。西班牙亦是典型的旅游经济国家，2009 年服务业占 GDP 比重达到 66%。伴随着第三次民主化浪潮，葡萄牙直接从落后的以农业为主的经济转变为以第三产业占主导地位的经济，也加速了南北经济发展的不平衡。南欧国家并没有根据其经济基础状况和经济结构的特点进行福利体制的合理配置，忽视更为重要的社会救助、失业救济等方面的体制建设，而把有限资金更多花在了具有极大不平衡性的养老金上。福利没能带来公平，更没能保障普通大众在工作中的权益，因而未能给予经济以有力推动。更糟糕的是，欧盟国家内经济结构的差异也使南欧经济处于不利的环境中。欧盟一体化进程使南欧国家越发单一地集中于纺织业和旅游业，相反德国、瑞典则越来越集中在高科技产业上，导致南欧国家不仅处于产业链的底端且产业结构单一，并很容易遭到来自东南亚和加勒比的竞争，生产发展长期停滞不前。

①　高连奎. 世界大时局——各国经济改革得失 [M]. 北京：电子工业出版社，2014：201.

②　帕尔默. 福利国家之后 [M]. 海口：海南出版社，2017：32.

③　Julia Lynch. The Italian welfare state after the financial crisis[J]. Journal of Modern Italian Studies, (2014) 19: 4, 380–388.

2. 未建成投资型的福利体制。福利支出并不只是政府的负担，更是政府对社会的投资，会产生巨大的经济效益。例如，政府对教育的投资，可以培育一批高素质的人才，这是当今经济发展的关键。对医疗的投资，可以让人们尽快回到工作中，降低经济损失。但是南欧二者都欠缺，尤其是教育水平偏低。南欧国家近十年来工业制造业发展缓慢，热衷于发展服务业和房地产。据统计，1997—2007 年，南欧国家有约 4 个百分点的 GDP 从工业转向了金融服务业和房地产，高于莱茵模式国家和北欧模式国家 2 个百分点。这造成了南欧产业空心化：脱离实体经济，产业结构失衡。南欧四国的高新技术类行业占总值的比重明显低于德国和法国，希腊为 9%、爱尔兰为 21%、意大利和葡萄牙为 20%，明显低于德国 25% 和法国 24% 的水平；农林渔业产值所占比重则比较高，希腊为 10%、爱尔兰为 11%、意大利为 11%、葡萄牙为 14%，而德国的这一比重仅为 7%。[①] 南欧国家的创新能力也较差，2009 年葡萄牙的专利数量仅为德国的 0.6%，而南欧福利制度对教育和创新的低投入、对儿童贫困的忽视与产业结构的空心化是联系在一起的，许多资金被直接用于消费，而非储蓄、投资，或用于基础设施建设、现代化或者制度发展。以意大利为例，男性养家糊口模式下，不仅导致女性劳动力参与水平低，缴费基础更窄，而且"促成了意大利的非常低的生育率，不愿意对儿童进行社会投资，进一步加剧了养老金重的福利国家的挤出效应，并导致人力资本形成的薄弱，特别是在一些南部地区"[②]。

3. 未形成合作机制。南欧国家在福利制度发展中未形成国家、雇主、雇员三方的合作主义关系。"合作主义是北欧和德国等欧洲国家普遍采用的一种社会经济管理模式，是介于共产主义和资本主义之间的第三种模式，这种模式真正实现了阶层和谐和社会和谐，这些国家也因此创造了高度发达的社会生产水平。"它是"资本所有者和无产阶级合作的模式"[③]。合作主义是建立在劳资合作上的政治经济体系，是建立福利国家的重要理论和制度基础。但南欧国家缺乏这种合作主义，以致社会上精英阶层和大众阶层的对立明显。精英占据着大部分财富，并在资源配置中发挥主导作用，而大众阶层全面处于弱势，社会没有形成公平机制。"根据《社会民主之再思考》一书中沃尔夫冈·默克尔所做的实证研究，从贫困、教育、就业、福利和收入分配五个维度比较欧美 19 个主要福利国家的社会公平，西班牙、意大利、葡萄牙和希腊的加权得分分别为 −2.58、−2.71、−2.96 和 −3.09，和爱尔兰一起排在了最末五位。"[④] 这也体现在工资的

① 胡浩 . 欧债危机是南欧国家的发展模式危机 [J]. 中国财政，2013（14）：69–71.
② Julia Lynch. The Italian welfare state after the financial crisis[J]. Journal of Modern Italian Studies, (2014) 19: 4, 380–388.
③ 高连奎 . 世界大时局——各国经济改革得失 [M]. 北京：电子工业出版社，2014：14、15.
④ 程实 . 欧债危机为何集中在南欧 . 第一财经日报 [N]，2013–04–01.

两极分化上。"在当前希腊人最低月工资不到 600 欧元的情况下，该国银行业救助机构希腊金融稳定基金的工作人员仍享受着每月 2 万—2.2 万欧元的高薪待遇。根据西班牙证监会披露的资料，2011 年，西班牙上市企业董事会主席的年工资上升了 4.4 个百分点，平均每人的收入达到了 52.2 万欧元。"①

■ 欧盟体制约束下的南欧福利模式前景

南欧国家在 1500 年以前有着辉煌的过去，但是 1500 年后却处于欧洲核心地区的边缘。南欧在宗教改革、启蒙运动、工业革命和资产阶级民主革命等一系列加速社会变迁的进程中落到了西欧和北欧的后头。长期落于人后的南欧渴望融入欧洲，而欧洲一体化的发展也使欧盟有意识地努力重组欧洲南部的边缘国家。

欧盟一体化的一个重要目标是既要建立欧洲单一市场，即对所有成员国实施相同的市场规则，废除所有阻碍生产要素自由流动的国家障碍，同时促进各成员国市场力量的平衡，以消除经济实力的差异和经济分歧。欧盟力图超越民族国家，利用法规作为内部共同市场建设的支柱。但南欧国家在加入欧共体时，还没有单一的欧洲市场，南欧相对较低的经济发展水平对欧洲一体化提出了挑战。欧盟执行者认为南欧在欧洲市场上与核心国家相比较缺乏竞争力，对此需要对相对落后的南欧国家进行一定的政策引导，并采取了基于激励措施的间接方式来提高南欧国家的经济竞争力。

为实现贸易自由化和资本市场的自由化，欧洲货币联盟取消了汇率设定以打破国家保护主义；同时，为确保南欧国家的市场竞争力和宏观经济稳定，敦促南欧加入欧洲货币联盟并承诺遵守马斯特里赫特标准和《稳定与增长公约》。1988 年，自贸区改革将国家以下各级的国家和非国家行为者纳入其中，欧盟希望通过诸多政策和机构的设定激励成员国的正确行为，"改变他们的发展能力，剥夺他们直接重新分配资源的能力，并迫使他们在制定框架发展目标时遵循严格的规则和原则，将中央政府行为者的责任向下延伸到国家以下的行为者，向上延伸到欧盟层面的行为者"②。欧盟主要希望加强这些国家的监管、跨国市场制造和发展的能力，减少地域发展差距，而不太关心其市场保护能力。

---

① 沈尤佳. 福利资本主义的命运与前途：危机后的思考 [J]. 政治经济学评论，2013（4）.

② Laszlo Bruszt. European Integration and the Evolution of Economic State Capacities in Southern and Eastern Europe, in Desmond King and Patrick Le Galès, Reconfiguring European States in Crisis. Oxford Scholarship Online, 2017.

【问题探究】

结合研学，思考欧盟一体化政策给各民族国家带来的利与弊。

然而，欧盟的一体化政策却麻痹了南方的市场和金融反应。虽然货物和资本流动的自由化会迫使南欧国家重新调整方向以提高竞争力，但欧洲货币联盟的成员资格实际上起到了保护他们免受这些压力的作用。1999 年，欧元面世，但欧元区的财政政策并没有实现统一。"货币和财政是联动的，当一个国家的债务达到一定程度后，其利率和汇率都会发生相应的变化，比如利率升高，货币贬值，但是现在整个欧元区使用单一货币，这就意味着当单个国家债务过高的时候，并不会引起利率的上升或是货币的贬值，也就是缺乏相应市场反应。"[1] 这导致南欧国家与国际金融市场的压力隔绝。同时，欧洲共同货币的建立导致政府债券收益率趋同，也使公司债券的定价取决于发行人的部门和信用风险特征，而国家因素只起了很小的作用，即在 2008 年金融危机之前，所有的欧元区国家在国际金融市场的眼中似乎是平等的。因此，欧洲货币联盟不是促进实施旨在提高竞争力的改革，而是麻醉了南方国家实施改革的能力，一旦他们的借贷成本与欧元区其他国家趋同，南欧国家的政府就很可能会减少财政纪律。[2]

更为严重的是，一般政府可以通过汇率和利率政策对财政危机进行干预调节，或者通过货币贬值延缓危机、激励经济。但是欧盟各成员国失去了利用货币政策来缓和经济波动的这个有力工具，南欧国家只能靠各自的财政政策来应对经济问题，无法通过中央银行购买本国国债或通过增发货币等方式筹集资金、消解偿债压力。债台高筑的南欧国家最终发生了主权债务危机。面对危机，欧盟给南欧国家施加了直接压力，

① 高连奎 . 世界大时局——各国经济改革得失 [M]. 北京：电子工业出版社，2014：196.

② Laszlo Bruszt. European Integration and the Evolution of Economic State Capacities in Southern and Eastern Europe. Oxford Scholarship Online, 2017.

也进行了经济和危机管理。最重要的举措可谓是 2012 年 3 月《财政契约条约》(Fiscal Compact Treaty)的签署。它规定成员国的预算必须平衡或有盈余，且这些规则要求具有约束力和永久性（必须被写入国家法律），因而紧缩成为欧洲一体化的重要特征。"根据条约，成员国可以对财政或工资政策进行控制，只要后者符合新规则规定的纪律'界限'（如公共预算赤字的限制或竞争力目标）。因此，对于像西班牙和希腊这样面临严重经济困难的国家，采取反周期的财政政策是被禁止的。剩下的唯一选择是通过降低工资、削减福利和持续破坏就业保护来实现内部贬值。"但工资和工作条件通常被视为促进经济竞争力的关键要素，这必然降低了其经济竞争力，并使南欧国家"陷入了持续的内部贬值的漩涡"[1]。

欧债危机后，欧盟的施压和各项政策极大地推进了南欧国家的改革，导致了各国的财政紧缩。危机后，意大利政府进一步加快了改革步伐，包括：大幅削减养老金和公共卫生费用，国有企业私有化；劳动力市场放松管制，集体谈判制度的权力下放和削减工资。虽然意大利的福利国家看起来比危机前更全面，但"家庭主义作为意大利福利国家的主要支柱之一的持续存在，证明了它没有能力改革其系统并转向'社会投资方法'"[2]。其改革"突出了国内政治与外部变革驱动力的相互作用"[3]，缺乏整体战略更像是一种应对危机的权宜之计。其他南欧国家也具有相似的倾向。2010—2013 年，南欧四国通过了不少于 76 项劳工改革，数量最多的是希腊（29），其次是西班牙（22）、葡萄牙（17）和意大利（8）。这些改革大幅减少了对个人和集体解雇的保护；大幅削减离职金、最低工资和失业福利的水平（和期限）；削弱对临时失业者的保护以及通直接攻击国家集体谈判安排。[4] 可以说，欧盟的外部驱动刺激了危机之后南欧国家的社会政策改革。

毫无疑问，紧缩的改革倾向并没有带来期望的成效。"紧缩措施的'休克疗法'除了导致持续的经济衰退外，还严重打击了南欧福利模式的支柱（即就业保障、房屋所有权、养老金充足率）。传统的家庭式社会再生产模式由于普遍不安全的新政治经济的出现而变得不稳定。"2016 年欧洲央行的统计数据显示，在所有不良债务人中占最大份额的是中小型企业（通常是家庭所有）和家庭，这表明家庭无力偿还债务。民众亦

[1] Theodoros Papadopoulos. Rattling Europe's ordoliberal'iron cage': the contestation of austerity in Southern Europe. Critical Social Policy 2018, Vol. 38(3): 505-526.

[2] UGO ASCOLI AND EMMANUELLE PAVOLINI ed., The Italian Welfare State in a European Perspective: A Comparative Analysis. Bristol: Policy Press, 2015.

[3] Stefano Sacchi. The Italian Welfare State in the Crisis: Learning to Adjust? South European Society and Politics. 2018, 23: 1, 29-46.

[4] 引自 Theodoros Papadopoulos, Rattling Europe's ordoliberal'iron cage': the contestation of austerity in Southern Europe, Critical Social Policy 2018, Vol. 38(3): 505-526.

对紧缩政策反抗强烈，不仅"挑战传统的议会政治和政党，并质疑欧盟秩序自由主义经济治理的合法性，甚至质疑欧盟本身的完整性"[1]。然而，这些努力到目前为止并未撼动经济政策的发展方向，紧缩政策依然牢固。

五

福利国家的影响

福利国家制度的建立和发展为社会带来了巨大的影响，它不仅在很大程度上改变了人们的生活方式、行为方式和价值标准，而且对整个社会和资本主义制度也带来了深刻的影响。然而，它也引起了国家财政负担过重、经济发展缓慢等严重的社会问题，并面临着诸多危机与挑战。

■ 福利国家制度的历史意义

福利国家制度普遍提高了人们的收入水平，改善了人们的生活质量，在很大程度上对社会财富进行了重新分配，降低了社会的贫富两极分化和收入不均。以英国为例，福利国家建立后社会上层所拥有财富的百分比有下降的趋势，社会上层占社会总财富的百分比由 1911—1913 年的 92% 下降到 1960 年的 83%。[2] 可以说，福利国家通过对社会财富的重新分配，使不占有生产资料的人对社会财富的分配也拥有了一定的发言权。人们通过手中的选举权，间接对社会事务发挥影响力。同时，任何一个政党都不能只代表一个阶级的利益，它必须兼顾其他阶层和利益集团的利益才能取得政权，而这在一定程度上也调节了各利益团体的关系，从而有助于促进经济发展，提高人们的收入水平和生活质量；并避免了尖锐的社会矛盾，促进了社会的和谐和稳定。

① 　Theodoros Papadopoulos. Rattling Europe's ordoliberal "iron cage": the contestation of austerity in Southern Europe, Critical Social Policy 2018, Vol. 38(3): 505-526.
② 　Porothy Wedderburn. Facts and Theories of the Welfare State, Journal Reporter, 1965: 134.

【问题探究】

"福利国家的问候"

结合所学，思考福利国家制度在提升人力资本上的贡献。

福利国家的建立和发展，是资本主义制度在结构上的一次重大调整。自由与平等在资本主义对抗封建主义的斗争中并行不悖。但随着资本主义的进一步发展，19世纪自由放任大行其道，社会平等被忽视。资本主义创造的巨额财富集中在少数人手中，广大的劳动人民并没有享受到这种财富，反而加深了他们的痛苦，造成了尖锐的社会矛盾和社会冲突。20世纪30年代的经济大危机证明，自由主义经济已经失灵，资本主义国家必须寻找解决问题的途径。福利国家制度则将平等和正义元素赋予自由之中，以一种渐进的社会结构的转变方式，通过对财富再分配的大规模干预，为整个制度找到了一个暂时的平衡点。自由和平等之间有了一个相对平衡，社会结构亦逐渐趋于稳定，并重新赋予资本主义经济活力。可见，福利国家制度是资本主义寻求社会公正的调整，它完善了资本主义制度。

福利国家制度的建立也体现了资本主义国家社会控制的加强。社会福利的本质是如何去帮助那些遇到麻烦的人，让他们自此后能够幸福地生活，但福利本身也代表着权力——社会可以通过福利这种权力来进行控制。[1] 福利不仅仅是人们享受的一种服务，更是政府控制社会的一种权力。社会控制的方式可以分为"硬""软"两种，暴力

---

① Phyllis J. Day, A New History of Social Welfare, Prentice-hall, USA, 1989: 1.

代表着"硬权力"，而社会福利则代表着"软权力"。这是因为，当一个人享受某种福利时，他便会很自然地将福利的供应体制与自己的生存状态联系起来。当他进一步投资于某种纳捐福利时，他也就在不自觉地为这种制度投资。以养老金为例，人老是一个自然的过程，社会能控制住一个人的老年预期，也就在一定程度上控制了他中年甚至青年时代的行为。一个社会为其成员提供的福利，就是为自身提供了一种稳定的力量。[①] 福利国家正是通过使人们在某种程度上参与到国家制度中来的方式，实现对人们的控制和管理，从而有效发挥硬权力所不具有的功效，使社会更加稳定。

■ 福利国家产生的问题

但福利国家在追求平等的同时也牺牲了经济自由。到 20 世纪 70 年代，福利国家的发展已举步维艰，面临必须进行改革的命运。首先，政府财政负担加剧，经济发展缓慢。福利国家建立后，各国政党普遍不断提高福利水平，而不敢轻易取消福利措施或者是降低福利支出，而失业人数的增加、人口老龄化和福利机构的膨胀又进一步加剧了政府的福利支出。"自从 1949 年英国事实上成为福利国家后，花在社会保障方面的公共费用（实际上）已增加了 7 倍，从不到国内生产总值的 5% 增至现在的大约12%。它几乎占了整个公共开支的 1/3。"[②] 国家的财政收入是建立在税收的基础上，到70 年代末，政府不仅要不断增加税收，还要不断借债，导致 1950 年以来政府入不敷出的情况愈演愈烈。政府为弥补财政赤字而增发货币的政策，又导致物价不断上涨，物价上涨的后果是再次提高福利，再度引起财政支出的增加，如此形成了一种恶性循环，而政府的财政危机最终会转移到经济部门，从而给经济发展带来沉重负担，削弱经济发展活力。福利国家以维持充分就业为前提和基础，但政府在一味提高福利水平的同时，却忽视了充分就业原则，结果促使人们为了生存而兢兢业业地工作、提高个人技艺和生产效率的动力，逐渐松弛或消失，于是形成了一种动力真空。人们的工作积极性大大降低，而且失业者寻找工作的动力也减少了，而对雇主而言，最大利润原则、死后子女可以继承大笔遗产是投资者不断追加投资、积累财产的动力。高额累进所得税和财产转移税（超过两万英镑投资的所得税和附加税高达原投资额的 98%），使税后利润偏低，投资者也无法把大笔遗产完整地转让给子女，这就使投资者缺乏对投资和积累的兴趣。于是，在投资领域形成了投资不如储蓄、储蓄不如消费的另外一个动力真空。[③] 甚至出现了资本与人才同时外流的消极境况，支撑福利大厦的经济基础

---

① 陈晓律. 以社会福利促社会控制——英国的经验 [J]. 经济社会史评论，2011（1）：13-22.
② 玛格丽特·撒切尔. 通往权力之路 [M]. 北京：当代世界出版社，1998：545.
③ 陈晓律. 英国福利制度的由来与发展 [M]. 南京：南京大学出版社，1996：214.

受到威胁。如何改变这种境况，成为福利国家发展的一项艰巨任务。

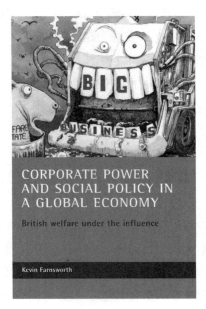

图 8-5 《全球经济中的公司权力和社会政策》图书封面

　　社会公众对福利国家的态度也在发生转变。西欧 20 世纪 70 年代的经济危机发生后，公众对福利国家的态度由以往的普遍支持，发展到产生怀疑。一些人甚至认为，福利国家造成社会服务的浪费和服务质量的低下，更造成了人们的懒惰和国家对人们生活的控制，它已经过时。不过，大部分人仍然认为，如今社会问题超过任何个人和组织解决的能力必须依靠国家的力量，只有改进福利国家制度，提高福利服务的效率，才是福利国家的发展方向。公众对福利国家的态度变化，反映出福利国家面临的困境。与此同时，对政府信任的危机促使人们开始怀念传统的志愿服务和互助慈善。其实，贝弗里奇在构建其福利蓝图时并没有否认志愿活动，甚至认为志愿活动仍是福利国家必不可少的组成部分。贝弗里奇认为"志愿行为是社会进步的一种方式"[1]，救助苦难既要有物质财富的充足分配，又要有志愿行为的充分使用。志愿服务是一种不能通过金钱来获得的服务。社会不幸有很多种类，程度也不尽相同。许多不幸并不是由于缺少金钱，也不能通过金钱的再分配进行补救。例如在帮助盲人方面，志愿行为是提供有效的个人服务的重要渠道，许多盲人需要情感的支持，而志愿组织有能力从广大的社区中选择那些有时间又愿意帮助盲人的人为之服务，这是官方服务所无法提供的。[2]

---

① 　William Beveridge. Voluntary Action: a report on methods of social advance. London: G. Allen & Unwin, 1948: 154.

② 　William Beveridge. Voluntary Action: a report on methods of social advance. London: G. Allen & Unwin, 1948: 266-267.

志愿组织能够有效地增进社会情感，提高社会信任程度。虽然《贝弗里奇报告》强调发挥志愿组织的重要作用，并希望志愿组织在战后继续发挥作用，但政府并没有很好地落实。随着二战后福利国家的建立及工党政府上台，慈善的作用和前途受到普遍怀疑。尤其是工党政府，不仅认为志愿组织作用小，而且认为志愿组织是他们所极力反对的英国阶级体系的象征，是寡头政治和教会资产阶级思想的可恶表达，不适合中央集权式的福利国家体系。"对于最初构建新的国民健康服务 NHS 计划的奈林·贝文来说，志愿组织代表的只不过是各地方家长式作风的拼凑物。"[1] 志愿组织的角色出现衰退，并没有实现贝弗里奇认为它在某种程度上可以充当政府行动者的设想。但这种状况到 70 年代后得到改观，福利危机的出现让人们重新意识到志愿组织角色的重要性。

福利国家制度基于民族国家的最初设计与全球化推进下的区域集团化发展之间的矛盾愈益明显。南欧福利危机背后隐藏的是西欧资本主义市场的总体危机。福利国家的设计是针对民族国家的，或者说是以民族国家为单位的，"马歇尔表明，公共福利计划对于民族国家的建设和对社会公民权的现代理解至关重要，其基础是国家的、全面的和标准化的社会保护体系"[2]。欧盟的一体化政策减少了国家的作用。欧盟要求其成员国在各国地方内充当欧盟政策的地方守护者，服从于其单一市场原则，正如德国联邦财政部长沃尔夫冈·朔伊布勒博士曾说，"不能让选举来改变一个成员国的经济计划"[3]。从欧盟整体市场配置来说，这种模式可以提高生产效率，确保生产效率的最大化。但是这里一个最大的问题是，各成员国都是独立的民族国家，它也不会简单让位于自由和不受约束的市场，欧盟却没有能力安排广泛的社会机制，其推行的单一市场政策是孤立的，缺乏内在社会机制的配套，其政策必然不会在各国顺利得以贯彻落实。因为欧盟各成员国在单一市场内的角色和地位极不平衡，德法及北欧国家掌握着收益率更高的高新技术产业，处在产业链的顶端，而南欧国家普遍以农业和旅游业为主，产业单一且处于欧盟产业链的末端。南欧不利的市场地位必然会带来诸多的经济问题，这也是欧盟面对南欧福利危机采取的措施徒劳无益的重要原因。

更重要的是，"资本主义不仅仅是一种基于生产资料私有制的生产和消费组织方式，由所谓的人类自然行为（自私、自利）驱动，旨在实现利润最大化，而是一种整个社会结构的模式，其中经济动力仅仅是这种结构的一个方面"[4]。正如卡尔·波兰尼认

---

① David Gladstone. British Social Welfare: Past, Present and Future. London: UCL Press, 1995: 219.

② A.Briggs. The welfare state in historical perspective, European Journal of Sociology, 1961 (2): 221‐258.

③ Guardian. [2016‐04‐05], Yanis Varoufakis, Why we must save the EU. The Guardian, 5 April. Available at: https://www.theguardian.com/world/2016/apr/05/yanis‐varoufakis‐why‐we‐must‐save‐the‐eu.

④ Alberta Andreotti, David Benassi, Yuri Kazepov. Western Capitalism in Transition. Manchester: Manchester University Press, 2018.

为的，经济过程是由政治、文化和经济机构的特定组合所促成的，且处于不断的动态平衡发展中，各种制度也不断被重塑。[①] 社会关系被嵌入在经济体系中，社会必须以这样一种方式来塑造，以使该体系按照其自身的规律来运作，这就是我们熟悉的市场经济只能在市场社会中运作。[②] 市场需要法律、货币、规范、供应机制等一系列有组织行为的支持，而社会机构也需要对市场的破坏性后果作出反应并引导和纠正市场力量，从而使市场和经济得以持续，而这是民族国家的权利。

如今全球化的趋势使资本、商品和人员的流动急剧增加，这扩大了市场机会，并在国家、公司或组织以及人口，当然还有个人等行为者之间产生了更多的相互依赖和冲突，这些变化过程将经济关系从主要受民族国家约束的社会和政治关系中分离出来，社会关系越来越难以直接地促进经济运作的再分配结果，并在实际上有利于那些有更多权力影响分配过程的人。[③] 国家更难监管进入其领土管辖范围内的人员和公司，政策成本和收入管理，包括社会保障，也变得更加复杂。无论是作为整体的欧盟，还是在成员国内部，都带来了更加严重的不平等和凝聚力问题。[④] 南欧福利模式是欧洲社会福利模式的一部分。尽管斯堪的纳维亚模式实现了社会福利与经济增长绩效的共同发展，但从根本上依赖于经济的繁荣和再分配。福利模式依赖于整体经济的繁荣，并应对后者有所作为。如果福利资本和社会机制不能合理安排，它也必将影响福利国家制度乃至经济发展的总体前景。

---

① 波兰尼. 大转型 [M]. 杭州：浙江人民出版社，2007.

② K.Polanyi. The Great Transformation, Boston: Beacon Press, 2001: 61.

③ Alberta Andreotti, David Benassi, Yuri Kazepov. Western Capitalism in Transition. Manchester: Manchester University Press, 2018.

④ 安东尼·吉登斯. 欧洲社会福利模式的反思与展望 [J]. 开放时代，2007（3）.

参考文献

1. 安德森.福利资本主义的三个世界 [M].北京：商务印书馆，2010.

2. 庇古.福利经济学 [M].北京：商务印书馆，2020.

3. 陈晓律.英国福利制度的由来与发展 [M].南京：南京大学出版社，1996.

4. 黄范章.瑞典"福利国家"的实践与理论——"瑞典病"研究 [M].北京：商务印书馆，2016.

5. 顾柏.新风险　新福利：欧洲福利国家的转变 [M].马继森，译.北京：中国劳动社会保障出版社，2010.

6. 吉登斯.第三条道路——社会民主主义的复兴 [M].北京：北京大学出版社，2000.

7. 基杜伦，斯坦恩·库恩勒，任远.重塑中国和北欧国家的福利制度 [M].上海：复旦大学出版社，2014.

8. 凯泽.福利国家的变迁：比较视野 [M].文姚丽，译.北京：中国人民大学出版社，2021.

9. 李凯旋.意大利福利制度的双重二元性 [M].北京：中国社会科学出版社，2018.

10. 罗思坦.正义的制度：全民福利国家的道德和政治逻辑 [M].北京：中国人民大学出版社，2017.

11. 库恩勒，陈寅章，保利·基杜伦.北欧福利国家 [M].上海：复旦大学出版社，2010.

12. 熊彼特.资本主义、社会主义与民主 [M].北京：商务印书馆，1999.

13. 帕尔默.福利国家之后 [M].熊越，李杨，董子云，等译.海口：海南出版社，2017.

14. William Beveridge. Voluntary Action: a report on methods of social advance. London: G. Allen & Unwin, 1948.

专题九　全球化

进入 20 世纪后，借助新兴的科技，发生在千里之外的事情能够被人们马上了解，因此生活在不同地区、国家、大洲上的人们越来越觉得彼此之间存在千丝万缕的联系，大家前所未有地有了一种全人类的意识。有着不同物质水平、语言、文化、风俗的民族相互接触、频繁互动一方面带来了同气连枝的合作精神，另一方面也引发了激烈的竞争意识，由此战争与和平的交织贯穿于 20 世纪的人类历史当中。到了 20 世纪末，随着冷战的终结，尽管某些地区仍然时有战争发生，但不可否认的是，将全人类拉入战争旋涡的危机得到了缓解，致力于连通世界的热情再一次高涨。在此氛围中，全球化一词被大家频频提及，全球意识也仿佛成为适应时代的必需。此后一段时间里，全球化一度与人类进步的方向画上了等号，人们似乎都能借着全球化的势头改善自身，改变未来。但实际情况并不如此，进入 21 世纪后，全球化遭遇了许多阻力，它的普遍性价值也受到了质疑，反对者认为面对不平等的世界，全球化没有解决原先的问题，反而造成了很多新问题。的确，全球化需要得到批判性的审视。但人类之间互通有无、彼此理解的趋向不能因此而受到遏止。惟其如此，人类才能拥有一个美好的未来，构建出真正意义上的人类命运共同体。可见，全球化有着曲折的历程，针对它的赞扬声和批评声都与它复杂的内涵相关。那么全球化到底是什么，它有着怎样的历史，它对于我们来说有哪些利与弊？对此，本章将从全球化的定义、全球化和反全球化、全球化的三个面向入手，简明扼要地回答以上问题。

一

全球化的定义

全球化是一个大家耳熟能详的名词，在日常接触的事务中，全球化现象比比皆是。经济领域的外包即是典型的全球化现象，简而言之，它是指企业将一部分业务通过合同承包的方式交给其他公司完成。外包起到了降低成本、提高利润的作用。例如深圳龙华科技园于 1996 年投产，是富士康在大陆地区的运营中心，而富士康的主要业务就是负责代工苹果 iPhone 智能手机。与之类似，微软、英特尔、亚马逊、惠普等企业在印度班加罗尔设立了工程与客服中心。根据纳扬·昌达在《大流动》一书中的统计，到 2006 年，欧美公司的 24 小时业务已吸收了 50 多万印度人。因此，当大家拨打微软的客服电话时，电话那头传来的很可能是极富印度特色的英语。另外，国际活动同样是常见的全球化现象。在类型多样的国际活动中，国际会议和国际赛事为众人所熟知。例如二十国集团领导人峰会于 2016 年 9 月 4 日至 5 日在杭州召开。此次峰会的主题是"构建创新、活力、联动、包容的世界经济"。再比如 2022 年 2 月 4 日至 2 月 20 日，第二十四届冬季奥林匹克运动会在北京召开，共有 91 个国家与地区，2871 名运动员参加比赛。北京冬奥会的吉祥物"冰墩墩"风靡全球。可见，这些国际会议和国际赛事加强了全球联系，推进了全球化进程。另外，分布广泛的跨国连锁餐厅也是日常生活中经常遇见的全球化现象，麦当劳就是其中的典型。1967 年，麦当劳在加拿大开设了它的首家国际餐厅，由此开启全球化道路。1975 年，麦当劳在中国香港开设了分店。1990 年 10 月 8 日，麦当劳的中国内地首家分店在深圳市解放路宝华楼西华宫开设。据报道，如今麦当劳在中国内地的门店数量已经突破了 4000 家。也正因为麦当劳的分店遍布全球，"麦当劳化"成为一个专门的概念，用以理解全球化的内涵。

全球化现象比比皆是，那么全球化的定义到底是什么呢？其实，作为一个专业术语的"全球化"（Globalization）使用的时间并不长。根据学者的研究，全球化一词最早出现在 20 世纪初期，但当时的人们并没有特别重视这个词汇。全球化一词真正获得重视则是从 20 世纪 80 年代开始。从那时开始，全球化一词在多种语言、学科、部门之间迅速传播，成为一个热门词汇。它不仅出现在流行著作、政府报告和学术论文里，而且也在大家的日常对话中频频出场。值得注意的是，尽管全球化如今已是一个高频词汇，但它的定义并不明确。围绕全球化的定义问题，学者们根据各自的学术理念和立场提出了多种多样的观点。

英国学者戴维·赫尔德在《全球大转型》一书中指出，全球化的定义至少要包括扩展范围、强度、速度、影响四个方面的内容。有鉴于此，赫尔德认为全球化是指社会关系和贸易在空间组织上的转型，而这一转型也将在扩展范围、强度、速度和影响上反映出来。与此同时，这一转型还会产生跨越大陆、跨越地区的流动和活动，从而形成一个相互影响的权力网络。[①] 另外，英国学者安东尼·吉登斯从时空关系压缩的角度理解全球化。他认为全球化是指远距离地域之间关系的空前强化。除此之外，在全球化研究方面卓有建树的社会学家罗兰·罗伯逊则更多地从文化或意识的角度定义全球

---

① 刘东. 中国学术（第四辑）[M]. 北京：商务印书馆，2000：310-311.

化。他认为全球化是指不断增长的具体的全球相互依赖的事实和全球整体意识。[①] 总而言之，关于全球化的定义有很多。但在多种多样的定义当中，至少有一点是相同的。也就是，全球化是指一个全球互动不断密切的过程。

【史料阅读】

因此，全球化可以被定义为：世界范围内的社会关系的强化，这种关系以这样一种方式将彼此相距遥远的地域连接起来，即此地所发生的事件可能是由许多英里以外的异地事件而引起，反之亦然。这是一个辩证的过程，因为有这种可能，即此地发生的桩桩事件却朝着引发它们的相距遥远的关系的相反方向发展。地域性变革与跨越时一空的社会联系的横向延伸一样，都恰好是全球化的组成部分。因此，今天无论是谁，无论在世界的什么地方研究社区问题，他都会意识到，发生于本地社区里的某件事情，很可能会受到那些与此社区本身相距甚远的因素（如世界货币和商品市场）的影响。其结果并不必然是在相同方向上的一系列变迁，相反，甚至通常是彼此相反的趋向。通过一个复杂的全球性经济网络的作用，新加坡一个城市区域的日益繁荣可能与匹兹堡附近的一个社区的贫困相关，后者的产品在国际市场缺乏竞争力。

——安东尼·吉登斯：《现代性的后果》[②]

如果全球化指的是一个全球互动不断密切的过程，那么这个过程是从什么时候开始出现的呢？换言之，全球化是不是一个新的现象？它的历史起点在什么时代？其实，如何定义全球化直接关系到如何界定全球化的历史起源。具体来说，如果偏重全球化定义中有关人类交往的面向，那么全球化的历史就可以追溯到史前时代。这是因为在古老的年代里，人类之间的交往就已经存在；如果突出全球化定义中有关跨国商贸的面向，那么全球化的历史可能就是从 16 世纪开始的；如果将全球化视为跨球联系建立的过程，那么全球化的历史则要从 19 世纪后期讲起。关于全球化的起源及历史分期问题，美国学者曼弗雷德·斯蒂格做了一番系统的考察。他认为全球化的历史至少可以分为五个阶段：第一个阶段是史前时期，时间从公元前 1 万年到公元前 3500 年；第二个阶段是前现代时期，时间从公元前 3500 年到公元 1500 年；第三个阶段是早期现代时期，时间从 1500 年到 1750 年；第四个阶段是现代时期，时间从 1750 年到 1970 年；第

① 张汝伦 . 文化视域中的全球化理论——罗兰·罗伯逊的全球化理论简述 [J]. 复旦学报（社会科学版）1996（6）：23-26.
② 安东尼·吉登斯 . 现代性的后果 [M]. 田禾，译 . 上海：译林出版社，2011：57.

五个阶段是当代时期，时间从 1970 年到现在。[①] 因此，以下将按照斯蒂格的时代分期，简要介绍五个阶段中全球化的内容和特点。

【问题探究】

关于全球化始自何时的问题众说纷纭。请结合相关史实，谈谈你对这个问题的看法。

全球化的第一个阶段是史前时期。根据现有的考古研究，在史前时期，现代人类的祖先走出非洲，分布到五大洲。之后，农业社会逐渐开始形成，不同地区适宜种植不同作物。比如说，西南亚适宜种植小麦、大麦；东南亚适宜种植芋头、甘薯；东亚适宜种植粟、水稻和大豆。随着农业的发展，社会财富开始积累，一批不直接参与农业生产的群体出现。当社会复杂程度得到提升，人们的贸易需求也随之增长。由此，人类之间的交往逐渐密切起来。但受制于客观条件，那个时候的人类交往是零散和缺乏系统的，也没有形成持久和远距离的关联。因此，史前时期有了全球化的萌芽，但其程度很低。

全球化的第二个阶段是前现代时期。在这一阶段中，人类的文化和技术都得到了很大发展。一个个占据广大地域范围的国家先后出现。亚历山大帝国、罗马帝国、汉帝国、阿拉伯帝国的建立都方便了人类的交往。在种种"软性"和"硬性"条件的帮助下，诸如丝绸之路这样的远距离贸易网络得以形成。总之，前现代时期的全球化程度大大提升，跨越大洲的交往不断增多，货物、人员、思想的交流日益频繁。但值得注意的是，此时传染病的破坏力也随着全球化程度的提升而提升，中世纪黑死病的流行就证明了这一点。因此，我们也能够看到，全球化带来的影响是多方面的，它不仅推进了人类诸文明之间的交流互动，而且也方便了灾难的蔓延。

全球化的第三个阶段是早期现代时期。在第三阶段中，西方在全球化的过程中发挥了重要的作用。此时，西方正值资本主义发展时期，海外市场对其的吸引力不断提升。因此，在技术进步、商人阶层兴起、政府支持等一系列因素的作用下，西方的海外贸易与殖民扩张进程不断加速，英国东印度公司、荷兰东印度公司、哈德逊湾公司、英国皇家非洲公司等特许公司相继建立。因此，在早期现代时期，欧洲国家探索"新世界"的步伐不断加速，跨洋贸易和人口迁移渐趋频繁。全球化的面貌也随之变得更加清晰。

---

① 有关全球化历史的讨论参见曼弗雷德·B. 斯蒂格. 全球化面面观 [M]. 丁兆国，译. 上海：译林出版社，2009.

全球化的第四个阶段是现代时期。在这一时期中，西方借助两次工业革命的力量，其交通和通信技术得到了突飞猛进的发展。此时，资本主义在全球扩张，争夺殖民地的斗争如火如荼，人口膨胀下的移民浪潮风起云涌。显而易见的是，现代时期，全球互动空前强化，例如国际贸易量和跨境金融活动大增，国际品牌不断涌现。但国际竞争也日趋激烈，由战争带来的反全球化浪潮交杂其中，为全球化蒙上了阴影。

图 9-1 悉尼环形码头的船只（图片来源：Mary Evans Picture Library）

全球化的第五个阶段是当代时期。当代的全球化表现在全球通信与旅游、全球货币与金融、全球生产与贸易、全球生态变化等诸多方面。因此，随着世界一体化加剧和全球意识的形成，加拿大学者马歇尔·麦克卢汉所说的"地球村"正式形成。

综上所述，斯蒂格勾勒了从史前时代到当前的全球互动历程。从中可见，全球化并不是一个新鲜事物，它其实有着悠久的历史。也正因如此，斯蒂格心目中的全球化定义较为宽泛，指的是各种形式的人类交往互动的历程。

二

全球化与反全球化

全世界几乎所有人都情愿或不情愿地加入了全球化当中，扮演着不同角色。其中，当代全球化的主要推动者包括以下组织和个人：以国际货币基金组织为代表的国际金融机构；以波音公司为代表的跨国公司；以欧洲联盟为代表的国际组织；以乔治·索罗斯为代表的国际投资者；以托马斯·弗里德曼为代表的支持全球化的学者。由此可见，推动当代全球化的主要力量是精英，以及由精英组成的组织。不可否认的是，当代全球化具有"自上而下"的特点。

"自上而下"的全球化具有一定正面价值，比如推动世界经济发展，加强国际合作。但这种形式的全球化也带来了很多负面影响，比如国内贫富差距加大、全球不平等加剧。基于数据统计，很多学者认为当代的全球化对富裕国家更加有利。也就是说，全球化没有拉近发展中国家与发达国家的差距，反而扩大了"南北差距"。另外，有的学者认为全球化的局面对富裕国家来说也并非完全是积极的。简而言之，全球化加速了产业转移，导致发达国家自身的产业空心化，大批工人随之失业，国内贫富差距问题越发严重。根据联合国统计，"自 2008 年全球金融危机以来，亿万富翁的数量增加了一倍多。"[1] 另外，根据《2022 年世界不平均报告》的统计，"目前，全球最富有的 10% 的人口占据了全球收入的 52%，而最贫穷的一半人口只赚取了全球收入的 8%。"[2] 此外据有关机构统计，2021 年，欧洲 10% 的顶层拥有 58% 的财富；北美 10% 的顶层拥有 70% 的财富。由此可见，当代社会进一步分化，全球财富不平等的现象尤为明显，而这离不开全球化带来的负面效应。

全球化除了带来财富差距加大的现象，还加剧了环境危机。当代全球化一方面推进了经济发展，丰富了民众的消费选择，但另一方面也导致了碳排放量的增加。据 2017 年的统计数据，美国的交通工具总共排放了 19 亿吨二氧化碳。另外，在全球化浪潮中发展起来的跨国企业也是许多地方环境污染、资源耗竭的罪魁祸首。例如，在

---

[1] 相关数据采集自联合国官方网站，见 https://www.un.org/zh/un75/inequality-bridging-divide，2023 年 6 月 8 日访问。

[2] 世界不平等实验室：世界不平均报告 2022（中文版），见 https://wir2022.wid.world/，2023 年 6 月 10 日访问。

1984 年 12 月 3 日，印度中央邦博帕尔市的一家农药厂发生了化学品泄漏事故，造成了重大人员伤亡，史称"博帕尔事件"（图 9-2）。这家农药厂就与美国联合碳化物公司有关。据统计，该事件至少造成了 2.5 万人直接死亡，55 万人间接死亡，20 多万人永久残废。又比如，可口可乐公司在印度设立的装瓶厂需要耗费大量水资源，致使当地地下水枯竭。

图 9-2　印度"博帕尔事件"纪念雕像（荷兰雕塑家露丝·沃特曼创作于 1985 年）

除了以上两个问题外，学者们还认为当代全球化导致了民主倒退。这一点在当下的欧美国家表现得尤为明显。通过观察欧美国家的选举可见，在全球化时代，公民参与政治生活的热情反而出现了衰退。这是因为，欧美很多民众认为带有全球化色彩的国际机构其实破坏了民主。例如，反对欧盟的人士就认为欧盟的议事过程带有精英色彩，缺乏民主，它的决策几乎都由布鲁塞尔的官员做出，普通民众的意志难以很好地体现在决策当中。类似的挫败感使得民众对参与政治生活不再抱有热情。

此外，当代全球化还在一定程度上导致了宗教原教旨主义复兴。在原教旨主义者看来，全球化意味着西方化、美国化，它所宣扬的价值理念与自身的文化传统、宗教信仰之间存在根本矛盾。由于这一矛盾不可调和，所以在面对来势汹汹的全球化力量这一情况下，宗教原教旨主义者就以各种方式保卫自身的生活方式和精神世界的"纯洁性"。

如上所述，全球化带来了种种问题，因此反全球化运动随之出现。反全球化的主张多种多样、难以归类。在欧美国家，反全球化的主张主要有：反对自由贸易，推行贸易保护主义政策；严格控制移民数量和来源；强调本国优先；怀疑国际合作，实行单边主义。在第三世界，反全球化的主张主要有：警惕欧美霸权；声讨跨国公司；反对文化入侵。

【问题探究】

全球化给世界带来了可观的益处，但也引发或扩大了许多弊病。请结合相关史实，分析一下全球化的利与弊。

反全球化运动中的参与群体同样多种多样。第一种群体是民族主义者。在如今的欧美，坚持民族主义立场的政党越发壮大，其中的代表有奥地利自由党、法国国民阵线。奥地利自由党成立于 1956 年。它是一个右翼政党，主张严格控制移民，反对欧盟。该党现任主席是诺伯特·霍费尔。法国右翼政党国民阵线成立于 1972 年，创立者是让-马里·勒庞。国民阵线的主张包括反移民、反欧盟和经济保护主义。2018 年，该党改名为国民联盟。

第二种反全球化群体是左翼人士。可以说，左翼人士在反全球化的运动中扮演了非常重要的角色。在拉美，"萨帕塔运动"一度声势浩大。该运动的起源可以追溯到 1994 年 1 月 1 日。当日，"北美自由贸易协定"（North American Free Trade Agreement，NAFTA）正式生效。在拉美的左翼人士看来，这一全球化的最新成果将破坏当地的社会经济生态，使本地经济沦为跨国公司的附庸。为了保护原住民的权益，墨西哥南部的恰帕斯州爆发了"萨帕塔运动"。这场运动的领袖是化名为马科斯的"蒙面骑士"。在欧美世界，左翼作家也频频著书立说，指出全球化带来的弊病。例如加拿大作家娜奥米·克莱恩在 2000 年发表了《NO LOGO：颠覆品牌全球统治》一书。她认为塑造全球品牌的跨国公司带来了很多问题，比如它为了提升利润，压榨第三世界的员工；又比如它借助消费文化，不断营销自身品牌，影响民众的判断力。[①]

【史料阅读】

萨帕塔远动选择 1994 年元旦——北美自由贸易协定生效日对墨西哥军队"宣战"，发起武装起义并在短时间内控制了圣克利斯托瓦尔及恰帕斯的五个城镇。他们发表公报，向

① 娜奥米·克莱恩 .NO LOGO：颠覆品牌全球统治 [M]. 徐诗思，译 . 桂林：广西师范大学出版社，2009.

人们解释北美自由贸易协定禁止补贴印第安合作农场，这对墨西哥恰帕斯——全国最贫困的州的 400 万原住民无异于一纸就地处决令。

自从墨西哥革命允诺要经由土地改革归还印第安人土地起，已历时百年，在所有那些食言之后，北美自由贸易协定的签订实在是忍受的极限："我们是 500 年斗争的产物……但今天我们要说，受够了就是受够了！"反叛者自称为萨帕塔人，沿用了 1910 年革命中遇难的英雄萨帕塔的名号，他曾率领着一支底层的农民军队，为将大地主的土地归还给印第安人和贫穷农民而战。

七年来，萨帕塔运动同时代表着两种力量：首先，是在恰帕斯山中对抗痛苦的贫穷与耻辱的叛逆力量，但比这更重要的，是成为一种新的运动，是提供不同的思考权力、抵抗和全球化的理论。其理论——萨帕塔主义——不仅反转了传统的游击战略，而且极大地改变了左翼政治。

我从未前往恰帕斯朝圣，但我目睹着萨帕塔人的理念通过运动圈，如涟漪般地传播开来：一句话，一种开会的方式，一个脑筋急转弯的隐喻。不像那些站在讲坛上、手持扬声器的布道的经典革命者，马科斯通过迷来播撒萨帕塔人的主张：不要权力的革命者，掩起面孔方被看到的人民，一个包容许多世界于其中的世界，一场拥有一个拒绝、许多种不同追求（One "no" and many "yeses"）的运动。[①]

——诺米·克莱恩:《未知的偶像》

第三种反全球化群体是宗教原教旨主义者。正如之前所言，全球化一定程度上刺激了宗教原教旨主义的复兴。在宗教原教旨主义者看来，全球化可以和美国化画上等号，因此其往往将反全球化与反美结合在一起。他们认为美国的价值理念与生活方式借助全球化的力量散布到世界各地，对他们的信仰造成了冲击。因此，他们制造的许多反美恐怖活动，其实也是向全球化宣战。在宗教原教旨主义者组成的大大小小的团体中，"基地"组织是最有名的。1998 年 8 月 7 日，"基地"组织针对美国驻坦桑尼亚和肯尼亚大使馆发动了汽车炸弹袭击，总共造成了 224 人死亡。当然，最知名的事件无疑是"9·11"事件。2001 年 9 月 11 日，"基地"组织策划和实施了"9·11"事件，事件共造成 2996 人死亡或失踪（图 9-3）。

---

① 戴锦华，刘健芝.蒙面骑士：墨西哥副司令马科斯文集 [M].上海：上海人民出版社，2006：375.

图 9-3　美国 "9·11" 事件

除以上由反全球化群体掀起的运动或事件外，重要的反全球化运动还有以下几种。第一是反对世界贸易组织的运动。在所有反对世界贸易组织的运动中，"西雅图风暴"最有名。1999 年 11 月 30 日，世界贸易组织第三届部长会议在美国西雅图开幕，有 4万多人组成的抗议队伍与警察发生了冲突。到了 12 月 1 日，上百人被警察逮捕。第二是反对八国集团峰会的运动。2001 年 7 月 20 日，八国集团峰会在意大利热那亚召开。当时，超过 10 万名抗议者举行了示威游行，并与警察发生了冲突。最终，1 人死亡，126 人被逮捕。第三是反对欧盟的运动。2001 年 6 月 15 日至 16 日，欧盟领导人在瑞典哥德堡举行会议。当时，超过 1 万名抗议者举行示威游行，与警察发生冲突。[①]2016年 6 月 23 日，英国举行 "脱欧公投"。其中，51.9% 的英国选民投票支持离开欧盟。

图 9-4　英国脱欧

① 吴易风. 全球化和反全球化 [J]. 海派经济学，2003（2）：13-26.

在以上运动里，抗议声占据了上风。换言之，在上述反全球化运动中，人们热衷于颠覆全球化的成果，否定性多于建设性。值得注意的是，由左翼人士发起的运动在反思全球化的同时，还在思考如何建设一个更公平、更美好的世界。可以说，他们的行动既有颠覆性，又有建设性。比如，2001 年 1 月 25 日至 30 日，第一届世界社会论坛在巴西的阿雷格里港举行。此次论坛的主题是反全球化、反新自由主义，其口号是"另一个世界是可能的"。2003 年 1 月，第三届世界社会论坛再一次在巴西的阿雷格里港举行。此次论坛的主题之一是"资本主义后的生活"，美国著名左翼学者诺曼·乔姆斯基发表了题为"如何对抗帝国"的演说。在他们看来，全球化的重要内涵是资本主义的全球扩张，以私有化、减少政府干预为主旨的新自由主义随之成为影响亚非拉许多国家的意识形态，当地的社会经济生态直接暴露在跨国资本的面前，沦为了被剥削的对象。因此，反对新自由主义与反对全球化是一体两面的。

总而言之，全球化的消极后果引发了反全球化现象，而反全球化又在很大程度上借助全球化的力量获得了广泛影响力。全球化与反全球化的纠葛共同将世界带入了更为复杂的境地。

三

经济全球化

全球化现象体现在诸多领域，经济全球化是全球化的重要面向。通常来说，经济全球化是指商品、资讯、劳务、技术、资金等要素在全球范围内的流动和配置，从而使各国经济日益相互依赖、相互联系的总体趋势。

正如前文所言，按照一些学者的看法，全球化不是一个新现象，它的历史甚至可以追溯至史前时代。因此，经济全球化也不是一个新现象，它的历史同样可以上溯至古代。在梳理相关历史时，有的学者认为经济全球化的历史大致可以分为四个阶段。第一个阶段是古代的贸易往来。古代希腊和罗马时期已经非常成熟的地中海区域贸易，以及丝绸之路是经济全球化早期历史的代表。第二个阶段是 16 世纪后的殖民扩张与世界市场形成时期。在这个阶段中，经济全球化的重要事件包括开辟新航线，建立"三角贸易"，推进资本主义的全球扩张等等。第三个阶段是第二次世界大战之后东西方两大阵营的对峙期。一般来说，大多数人认为冷战导致了全球化水平下降。但在冷战时期，东西方两大阵营内部的经济互动其实变得更加频繁。同时，两大阵营之间也存在一定程度的经济合作。因此，在冷战时期，经济全球化也没有停下脚步。第四个阶段是冷战结束后全球经济互动加速的时代。在当代，国际局势总体呈现缓和态势，高新技术不断推陈出新，经济全球化的步伐也不断加快。[1]

经济全球化体现在商品市场一体化、劳动力市场一体化、资本市场一体化等方面，所以在衡量经济全球化的程度时，研究者大多会从统计国际出口量、移民数量、国际资本流量等要素入手。为此，以下将从商品市场、劳动力市场和资本市场三方面说明经济全球化的程度。首先，商品市场一体化正不断加深。根据世界银行的统计，从1981年开始，世界货物和服务出口总额总体呈现增长态势。其中，2020年的世界货物和服务出口总额是22.524万亿美元。值得注意的是，发展中国家之间的贸易往来在其中占据了较大比重。根据联合国报告的统计，"发展中国家之间的贸易占国际货物贸易的很大一部分，2018年达到5.5万亿美元，即占全球贸易的28%。"另外，根据中国对外经济贸易统计学会编制的《2020年进出口统计综述与分析》统计，2020年，我国进出口总额达到了46462.6亿美元。其次，劳动力市场一体化的趋向也日益明显。根据联合国移民署的统计，"2017年全球约有1.64亿移民工人，占（当时）2.58亿全球国际移民存量的近三分之二（64%）"[2]。最后，资本市场一体化正持续深化。据数据统计，1990年至2008年，全球资本流动的规模总体呈上升态势。另外，根据2021年10月《世界经济展望》的测算，2021年全球资本流动总规模预计约为1.55万亿美元，同比上升15.8%。[3]此外，银行跨国投资的规模也能在一定程度上反映资本市场一体化的情况。2019年，浙江大学互联网金融研究院对银行境外投资的情况进行了统计和分析。该机构在全球范围内挑选了75家境外资产数据完整的银行。最终，该机构得出结论：在这75家银行中，排名前20名的银行的境外资产规模达到了所有银行的76%。[4]

① 陈江生. 经济全球化的历史进程及中国机遇 [J]. 人民论坛, 2021（13）: 22-25.
② 联合国移民署. 世界移民报告 2020, 全球化智库, 译, [2023-06-10]http://www.ccg.org.cn/archives/58943.
③ 中国科学院大学国际资本流动与金融稳定研究课题组. 国际资本流动回顾和展望 [J]. 中国金融, 2022（3）: 40.
④ 浙江大学互联网金融研究院. 顺时而谋, 十年一剑——2019 全球银行国际化报告. [2023-06-10]http:// www.aif.zju.edu.cn/achievements/detail/1634.html.

【史料阅读】

萨博兰尼认为，"没有哪个社会可以承受这样一个系统的结果，即便是在最短的一段时间内"，他期望19世纪曾被压抑的革新的原动力的复兴。自80年代以来，"大转变"开始向相反方向发展。其中占统治地位的虚拟商品又怎样呢？供资本支配的劳动以前所未有的速度增加。1980年在资本主义经济体中的全球劳动力只有不到10亿人，至2000年增加到近15亿。然而截至这个时间，中国、苏联和印度的略多于15亿的工人也加入到资本所雇用的工人总数之中。在短短的一些年中，世界上工人阶级的数量就翻了一番达30亿之多，他们所处的环境经常还像19世纪早期一样严酷，这是这一时期内最大的结构性变化。这一变化的长期结果还有待观察。在短期内，对于资本而言，它是一笔财富而非威胁，它削弱了劳动力的议价能力——降低了全球的资本—劳动比率，根据最权威的估计约降低了55%—60%。在这一方面，资本主义体系目前看上去足够安全，它的反对力量也表明了这一点。

——佩里·安德森《佩里·安德森论当代世界形势》[①]

由此可见，当代经济全球化总体呈现上升态势，在此过程中，以下力量发挥了关键性作用。首先是国际货币体系。在回顾它的历史时，布雷顿森林体系是绕不开的对象。1944年7月，44个国家的代表在美国新罕布什尔州布雷顿森林公园签订了一系列文件，制定了以美元作为国际货币中心的货币制度。它规定美元同黄金直接挂钩，其他国家的货币又与美元挂钩。但到了20世纪70年代，因经济危机、美元贬值等问题，布雷顿森林体系最终瓦解。除了国际货币体系以外，推动当代经济全球化的力量还包括国际经济组织。国际经济组织有很多，令人耳熟能详的有以下三个：第一个是国际货币基金组织。它的工作包括监察货币汇率和各国贸易情况，为有需要的国家提供技术和资金协助，确保全球金融制度运作正常；第二个是国际复兴开发银行。早期，它的工作是资助受第二次世界大战破坏的欧洲国家的重建工作，随后扩展到为贫穷和发展中国家提供贷款；第三个是关税及贸易总协定。它的主要工作是降低关税，推动自由贸易，以及通过协商方式解决贸易摩擦；第四个是世界贸易组织。它的前身是关税及贸易总协定。它主要负责监督成员经济体之间各种贸易协议的执行情况。

---

① 佩里·安德森. 佩里·安德森论当代世界形势（下）[J]. 张勇，译. 国外理论动态，2009（5）：79.

图 9-5　世界贸易组织官方标志

图 9-6　华为官方标志

　　除了国际货币体系和国际经济组织外，跨国公司在推动当代经济全球化的过程中发挥了至关重要的作用。大家非常熟悉的跨国公司有谷歌、微软、三星、IBM、苹果、华为、波音等等。这些跨国企业通过直接投资、工序外包、策略联盟等活动，将不同经济活动分散到世界各地进行。例如波音公司供应链遍布全球。据研究者统计，"在波音 787 项目中，波音只承担了总工作量的 35%，包括 10% 部件的研发制造以及最终的总装工作。其余 65% 的工作量全部委托来自全球各地的 23 家一级供应商负责，包括大部分子系统的设计与制造。"[①] 可见，正是在这些跨国公司的运作下，商品、资讯、劳务、技术、资金等要素在全球范围内得到了流动和配置。

　　经济全球化是全球化的重要面向。全球化带来了好处，也引发了问题。同样，当代经济全球化既有积极的一面，也有消极的一面。正如之前所言，当代全球化具有"自上而下"的特点，精英以及由精英构成的组织是当代全球化的既得利益者，可以说全球化并没有实现共同富裕，反而在一定程度上加剧了不平等现象。因此，经济全球化也要为贫富差距的加大负责。此外，由于国际经济组织、跨国公司在全球经济运行中发挥了越发重要的作用，当代经济全球化还侵蚀了民族国家的经济主权，加大了各国的金融风险。但无论如何，当代经济全球化的好处是不容忽视的。它无疑推动了全球经济增长，促进了国际交流与合作，丰富了民众的消费选择。

---

① 李芝维. 波音公司供应链管理与体系建设中的"处世哲学"[N]. 中国航空报，2020-10-16.

四

政治全球化

关于什么是政治全球化，英国学者戴维·赫尔德曾提出过一个比较周全的定义。他认为政治全球化是指："政治关系在时间和空间上的扩展与延伸，以及政治权力和政治活动跨越现代民族国家的界限、无处不在这样一种现象。在世界某个角落所作的政治决定和发生的政治行为会迅速地传遍世界，并获得世界性的反响。"① 基于这样的定义，政治全球化的内容比较丰富，它包括政治价值和规则的全球化、政治主体的多元化、政治决策的跨国化、国际合作的制度化、政治行为及其影响的全球化。

在当代，尤其是 20 世纪 90 年代以后，随着政治全球化的步伐不断加快，全球治理的面貌开始清晰。可以说，促进国际协调与合作；保障经济全球化有效运行；解决环境污染、气候暖化、跨国犯罪、疾病传播等问题是政治全球化进程中的主要议题。因此，以下将举例说明针对以上议题的举措与政治全球化之间的关联。

首先，在应对气候暖化的问题时，政治全球化的效果体现在许多方面。众所周知，气候暖化会造成很多危害。例如随着气候暖化，海平面将会上升，进而导致极端天气频发；气候暖化也会进一步加剧传染病的扩散；气候暖化还会加速物种灭绝的步伐，从而破坏生物多样性。气候暖化的危害极其巨大，这些危害不会限于一地，而会造成全球性的影响。因此，应对气候暖化不能靠一个或几个国家的努力，全球治理必不可少。有鉴于此，国际社会加强合作，共同应对气候暖化问题。1992 年 6 月，巴西里约热内卢召开了联合国环境与发展会议，签署了《联合国气候变化框架公约》。随后，1997 年 12 月，《联合国气候变化框架公约》缔约国在日本京都召开会议，拟定了《京都议定书》。由此可见，解决气候暖化的问题，政治全球化是必由之路。

---

① 祁亚辉.福利国家的制度分析：全球化背景下福利国家的改革与选择[M].海口：南方出版社，2006：276.

图 9-7 《联合国气候变化框架公约》第二十六次缔约方大会世界领导人峰会

其次，政治全球化在防治传染病上也发挥了重要作用。1967 年 1 月 1 日，世界卫生组织发动了消除天花的计划。通过多方的合作，世界卫生组织在 10 年之后宣布，天花已经被消灭。在新冠疫情全球流行期间，政治全球化的必要性尤为显著。[①] 为此，中国政府主张加强抗疫合作，同世界共渡公共卫生难关。据 2021 年底的报道，中国已向 120 多个国家和国际组织提供了近 20 亿剂疫苗。

【学习拓展】

在这场史无前例的抗疫斗争中，中国得到很多国家支持和帮助，中国也开展了大规模的全球人道主义行动。去年 5 月，我在第七十三届世界卫生大会上宣布中国支持全球抗疫合作的 5 项举措，正在抓紧落实。在产能有限、自身需求巨大的情况下，中国履行承诺，向 80 多个有急需的发展中国家提供疫苗援助，向 43 个国家出口疫苗。中国已为受疫情影响的发展中国家抗疫以及恢复经济社会发展提供了 20 亿美元援助，向 150 多个国家和 13 个国际组织提供了抗疫物资援助，为全球供应了 2800 多亿只口罩、34 亿多件防护服、40 多亿份检测试剂盒。中非建立了 41 个对口医院合作机制，中国援建的非洲疾控中心总部大楼项目已于去年年底正式开工。中国同联合国合作在华设立全球人道主义应急仓库和枢纽也取得了重要进展。中国全面落实二十国集团"暂缓最贫困国家债务偿付倡议"，总额超过 13 亿美元，是二十国集团成员中落实缓债金额最大的国家。

——《习近平在全球健康峰会上的讲话》（2021 年 5 月 21 日新华网）

---

① 何帆. 传染病的全球化与防治传染病的国际合作 [J]. 学术月刊，2004（3）：34-42.

请结合人类命运共同体的理念，思考中国在全球化进程中应扮演的角色。

最后，打击跨国犯罪需要政治全球化。跨国犯罪的种类繁多，比如假冒药品、贩毒、卖淫、非法赌博、"黑客"行为。跨国犯罪的收益颇为丰厚。据统计，2015年，假冒药品产生了2000亿美元的经济价值，贩卖可卡因产生了850亿美元的经济价值。也正因此，跨国犯罪吸引了很多不法分子。为打击跨国犯罪，国际社会加强合作，多国政府相互支持。1923年，国际刑警组织成立。1990年11月1日，《联合国禁止非法贩运麻醉药品和精神药物公约》生效。2000年11月15日，《联合国打击跨国有组织犯罪公约》出台。①

通过以上事例可知，政府间组织扮演了重要角色。因此，它们是政治全球化的重要参与者与推动者。除了上文提及的例证外，以下几个政府间组织在政治全球化进程中发挥了关键作用。第一个是联合国。1945年6月26日，50个国家的代表在美国旧金山签署了《联合国宪章》。1945年10月24日，联合国正式成立。目前，联合国共有193个会员国。第二个是北大西洋公约组织。1949年4月4日，美国、英国、加拿大、法国等12个国家的外长在美国华盛顿签订了《北大西洋公约》。1949年8月24日，条约生效，北大西洋公约组织成立。北大西洋公约组织对于欧洲与北美洲国家的防卫合作至关重要。第三个是欧洲联盟。欧洲联盟的前身有1952年建立的欧洲煤钢共同体，1958年建立的欧洲经济共同体等等。在1993年11月1日，《马斯特里赫特条约》生效，现在为人所熟知的欧洲联盟出现了。

图9-8　联合国标志

图9-9　"绿色和平"官方标志

除了政府间组织以外，国际非政府组织在政治全球化进程中也发挥了重要的作用。国际非政府组织有很多，比如1971年成立的"绿色和平"（Greenpeace），它致力于以实际行动推进积极改变，以保护地球环境与世界和平。目前，绿色和平组织在世界55

---

① 邵沙平，丁明方.控制跨国犯罪与现代国际法的发展——2000年《联合国打击跨国有组织犯罪公约》评述[J].法学评论，2002（1）：62-70.

个国家和地区设有分部，拥有超过 300 万名支持者。另外，比较有名的是同样成立于 1971 年的"无国界医生"（Doctors Without Borders，DWB）。目前，这个组织在超过 70 个国家开展救援项目，为受武装冲突、流行病、疫病和天灾影响，以及遭排拒于医疗体系以外的人群提供紧急医疗援助。根据数据统计，在第二次世界大战之后，政府间组织和国际非政府组织的数量都大幅上升。这无疑标志着政治全球化进程的加速。

从上面的例子中可以看到，政治全球化给人类带来了很多好处，它对解决许多问题都有帮助。因此，政治全球化似乎预示了人类未来发展的方向。很多乐见政治全球化的学者也设想了一个美好的未来。那时，国际组织将发挥强有力的作用，由《威斯特伐利亚条约》奠定基础的主权国家会慢慢地消失，一个超国家的政治组织和价值体系必然会出现。对于他们来说，未来会出现一个"世界国家"。就像日本学者大前研一所说的那样，未来是一个"无国界世界"。

【史料阅读】

在这个崭新的无国界的世界里，政府的角色仍然存在，尽管其作用在变弱。而政府的职能主要有培训就业者、保护环境、建设安全舒适的基础设施。如果政府未能充分认识到这样一个事实，即政府职能已经从保护人民和保护自然资源不受外来经济的威胁演变为确保人民能够在来自世界各地最好最便宜的产品和服务中有最大的选择余地和选择空间，那么这些国家在全球化的竞争中将会落后。在过去的几个世纪里，政府的统治力量一直保持着以武力相威胁的重商主义者的思维和做派，今天的政府如果保持这样的做法，不但会影响外来投资的积极性，也会使人们的生活境况恶化。更糟糕的是，人民就会与新兴的全球化经济脱离了。这样一来，势必导致士气降落、产业发展停滞，形成螺旋式下降的趋势。同时，政府以近乎偏执的怀疑眼光去看待外界，担心所谓的剥削者和投机者会拿走它们拥有的资源。如此，它们便忽视了人民的需求，损毁了人民的人力资源价值。

——大前研一:《无国界的世界》[1]

但进入 21 世纪，尤其是在 21 世纪的第一个十年中，政治全球化的进程遭遇了一些困境。比如，欧盟成员国内部的"疑欧主义"不断上升。2015 年初，难民危机的持续进一步加深了"疑欧主义"。根据"欧洲晴雨表"的民意调查，不到一半的受访者对欧盟持正面的态度。再比如，原本在政治全球化进程中扮演主要角色的美国也出现了

---

[1] 大前研一. 无国界的世界 [M]. 凌定胜，张瑜华，译. 北京：中信出版社，2011：13.

逆全球化现象。在特朗普担任总统期间，美国退出了《跨太平洋伙伴关系协定》《巴黎协定》、联合国人权理事会和联合国教科文组织。

　　由此可见，政治全球化并不像乐观主义者构想的那样，一个"无国界世界"似乎很难出现。如今，主权国家仍旧发挥着关键作用，文化冲突和价值竞争也依旧存在，地方利益和全球利益显得难以整合，国际组织因其能力受限也备受挑战。总而言之，政治全球化的未来走向何方有待观察，也需要众人认真思考。

【问题探究】

　　请结合当前局势和相关历史，谈谈你对政治全球化前景的看法。

五

文化全球化

　　文化全球化是指思想、知识、价值观、习俗、宗教等等因素跨越国界的流动。张森林指出："文化全球化是人类文化生活的高度社会化状态，是人类的文化行为超越民族国家疆界的大规模活动，是各种文化要素，包括语言、文字、文学、艺术、思想理论、价值观念、生活方式等等，在世界范围内的传播与交流，是民族文化的高度相互依存与融合。"[①]

　　文化全球化是一个经常出现在媒体上的词汇，相关的案例非常多。首先，在语言上，英语的传播与接受是一个很显著的文化全球化案例。众所周知，凭借英美在地缘政治上的优势地位，英语成为一门全球性语言。据统计，全世界有 110 个国家将英语作为母语、官方语言或普遍的第二语言。英文在大家的工作与日常生活中随处可见。根据学者的统计，全球 81% 的学术论文是用英文撰写的，互联网上 56% 的网站使用英文。

---

① 张森林. 文化全球化：民族文化发展的机遇与挑战 [J]. 东北师大学报（哲学社会科学版），2007（5）：70.

其次，在娱乐业上，韩国流行音乐和美国好莱坞电影借助全球化的力量获得了世界性的影响力。耳熟能详的 *Nobody*、《江南 style》等韩国流行歌曲风靡全球；"防弹少年团"（常被称为 BTS）于 2019 年上半年发行了 "MAP OF THE SOUL" 系列，专辑于全球售出近 800 万张；从 2008 年到 2021 年，24 部 "漫威" 系列英雄电影在全球收获了 225.85 亿美元的票房。

最后，在饮食上，中餐的普及和推广同样是文化全球化的案例。中餐的全球化有一个较长的发展过程，这背后离不开华人移民的影响。在 20 世纪中期以前，由于赴美华人的来源比较单一，美国中餐的菜式和口味也非常单一，炒杂碎是最有名的一道菜。20 世纪 60 年代后期，随着大批中国香港、台湾人移民赴美，粤菜和台湾菜登陆了美国中餐馆。20 世纪 80 年代以后，赴美华人的来源更加多元，中国不同地区的菜系进入了美国，川菜逐渐取代了粤菜的地位。据统计，如今，美国中餐馆的数量已经超过了 4 万家。

【史料阅读】

我们开动的第一道菜是杂碎。这是一道美味的炖菜，里面有豆芽、鸡胗、鸡肝、小牛肝、海蛾鱼（从中国进口的海鲜干货）、猪肉、鸡肉以及许多我认不出的食材。尽管看起来比较神秘，但它吃起来却十分美味。我后来所吃过的许多中餐都是以它为基础的。Chop-seow 则是一道香熏烤猪肉，先将猪肉烤好，再用草药香熏，使之带上一种浓郁可口的风味，接着再像中餐里处理所有原材料一样，将肉切成小块，这样一来，用筷子夹就比较方便了。中餐里是没有面包的，人们都吃煮熟的大米，中文将其称之为"饭"。这种饭晶莹雪白，每粒米都煮得透彻饱满，但又毫不粘连。鱼肉也很好吃，是浸在一种褐色酱汁和一种名为 san-sui-goy 的调色酱中烘烧而成的。

——安德鲁·科伊：《来份杂碎：中餐在美国的文化史》[①]

文化全球化的案例还有很多，从上面的例子中可见，推动文化全球化的力量包括娱乐工业、跨国公司、移民等等。那么对于当代的文化全球化来说，以下几种组织和机构发挥了很重要的作用。首先是传媒业巨头。其中的代表有成立于 1923 年的迪士尼公司；创立于 1972 年的华纳媒体；由传媒业大亨鲁伯特·默多克创办的、成立于 1980 年的新闻集团。它们的业务横跨多个行业，比如迪士尼公司的主要部门有主题乐园、

---

① 安德鲁·科伊.来份杂碎：中餐在美国的文化史 [M].严华容，译.北京：北京时代华文书局，2016：175-176.

体验和消费品部，以及媒体和娱乐发行部门，内容涉及影业、大众娱乐、体育三大板块；华纳媒体的主营业务有电影、电视、出版事业；新闻集团则拥有《华尔街日报》、福克斯娱乐集团等，其触角深入多个领域。这些当代文化全球化的推动者在塑造认知和价值观念上发挥了重要作用。

　　除传媒业公司外，跨国品牌也是推动文化全球化的主力军。比如成立于1971年的星巴克是全球最大的连锁咖啡店。据统计，它在全球已拥有超过3.1万家门店。又如成立于1976年的苹果公司。它的创办人是史蒂夫·乔布斯，其著名产品有iPhone智能手机、iPad平板电脑、Mac个人电脑等。苹果公司是第一家市值超过3万亿美元的公司。这些跨国品牌的成功除了与商品质量有关外，还与附着其上的"软性"因素相关。无论是星巴克的"心情惬意，来杯咖啡吧"，还是苹果公司的"为每个人而设计"，这些宣传语都传递出一种生活方式或消费文化。

图9-10　星巴克商标

　　从以上的内容中可见，推动文化全球化的主力军主要来自欧美。也正因为这一点，关于文化全球化的利弊，很多人有不同的观点。对于乐观主义者来说，文化全球化带来了很多好处。他们认为文化全球化促进了人类文化的交流与发展，使多种文化相互融合，进而产生新的文化；另外，文化全球化还增强了人类命运共同体的意识，使人类能团结起来共同应对危机和挑战，有利于人类和谐共处。但有些人对文化全球化持悲观态度。他们认为文化全球化主要由西方文化主导。西方文化凭借先进的视听工具和多样化的宣传手段，影响了其他地域文化的发展。受其影响，原本丰富多彩的地方文化的生存空间日益狭小。因此，在悲观主义者看来，文化全球化就意味着文化美国化或文化西方化，它是一种文化帝国主义，最终将导致文化同质化的命运。另外，悲观主义者还强调，文化全球化夹带着源自发达国家的消费文化，在它的普及下，人们对于资源的索取将变得变本加厉。对于环境来说，这会造成巨大的负担。

文化全球化到底是好事还是坏事，人们众说纷纭。或许可以说，乐观主义者的观点可能比较天真，悲观主义者的观点也有点杞人忧天或夸大其词。在悲观论调中，地方文化似乎是没有活力，无法应对外来文化挑战的。其实，在文化全球化中，外来文化与地方文化更多以杂交的方式结合，构成一种所谓的"全球在地化"或"全球本土化"。换言之，地方文化不是简单地接受外来文化，而是将地方文化因素注入外来文化中，或是将外来文化融入地方文化。相关的例子有很多，比如洋泾浜英语，它就是英语与上海话的结合，里面还夹杂了宁波话和粤语；又比如麦当劳售卖的煎饼和肯德基的老北京鸡肉卷。另外，在文化全球化中，地方文化反而有机会重获生机。简而言之，在文化全球化大潮下，地方文化感受到了压力，而压力的存在会进一步激发捍卫和发扬地方文化的动力。可以说，原本人们可能对地方文化的某些元素"日用而不知"，但在面临外来文化的挑战时，人们会更加注意周边带有地方特色的文化。比如，浙江龙泉的青瓷在清中期以后走向衰落，但在21世纪全球化大潮下重获生机。2009年，龙泉青瓷传统烧制技艺入选了人类非物质文化遗产代表作名录。2018年，世界青瓷大会也在龙泉召开。又比如，浙江乌镇在20世纪末受到了关注。1998年，古镇保护和旅游开发整体方向得到了明确；乌镇东栅在2001年正式开放，乌镇西栅在2007年正式开放，迎接来自世界各地的游客。

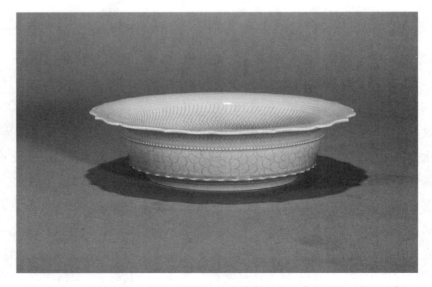

图 9-11　龙泉青瓷（中国工艺美术大师徐朝兴作品《青釉跳刀菱口碗》）

　　由此可见，文化全球化确实冲击了地方文化，但也不能过分夸大它的影响力，而应该更多地关注文化全球化下文化杂交的面貌，仔细审视外来文化被接受的过程，以及地方文化因应挑战的变化。

【问题探究】

　　请结合相关例证，谈谈你对文化全球化中地方文化处境的看法。

参考文献

1. 斯蒂格 . 全球化面面观 [M]. 丁兆国，译 . 上海：译林出版社，2009.

2. 昌达 . 大流动 [M]. 顾捷昕，译 . 北京：北京联合出版公司，2021.

3. 吉登斯 . 现代性的后果 [M]. 田禾，译 . 上海：译林出版社，2011.

4. 大前研一 . 无国界的世界 [M]. 凌定胜，张瑜华，译 . 北京：中信出版社，2011.

5. 刘东 . 中国学术（第四辑）[M]. 北京：商务印书馆，2000.

6. 张汝伦 . 文化视域中的全球化理论——罗兰·罗伯逊的全球化理论简述 [J]. 复旦学报（社会科学版），1996（6）.

7. 储昭根 . 当前西方的反全球化浪潮：成因及未来走向 [J]. 人民论坛·学术前沿，2017（3）.

8. 王瑞平 . 对当前西方"反全球化"浪潮的分析：表现、成因及中国的应对 [J]. 当代世界与社会主义，2018（6）.

9. 吴易风 . 全球化和反全球化 [J]. 海派经济学，2003（2）.

10. 克莱恩 . NO LOGO：颠覆品牌全球统治 [M]. 徐诗思，译 . 桂林：广西师范大学出版社，2009.

11. 戴锦华，刘健芝 . 蒙面骑士：墨西哥副司令马科斯文集 [M]. 上海：上海人民出版社，2006.

12. 陈江生 . 经济全球化的历史进程及中国机遇 [J]. 人民论坛，2021（13）.

13. 中国科学院大学国际资本流动与金融稳定研究课题组 . 国际资本流动回顾和展望 [J]. 中国金融，2022（3）.

14. 佩里·安德森 . 佩里·安德森论当代世界形势（下）[J]. 张勇，译 . 国外理论动态，2009（5）.

15. 李芝维 . 波音公司供应链管理与体系建设中的"处世哲学"[J]. 中国航空报，2020-10-16.

16. 祁亚辉 . 福利国家的制度分析：全球化背景下福利国家的改革与选择 [M]. 海口：南方出版社，2006.

17. 何增科 . 全球化对国家权力的冲击与回应 [J]. 马克思主义与现实，2003（6）.

18. 邵沙平，丁明方．控制跨国犯罪与现代国际法的发展——2000 年《联合国打击跨国有组织犯罪公约》评述 [J]. 法学评论，2002（1）．

19. 张森林．文化全球化：民族文化发展的机遇与挑战 [J]. 东北师大学报（哲学社会科学版），2007（5）．

20. 科伊．来份杂碎：中餐在美国的文化史 [M]. 严华容，译．北京：北京时代华文书局，2016.

后　记

　　本书的写作出版，受到浙江省普通本科高校"十四五"首批新文科重点教材建设项目的资助，在此对杭州师范大学以及人文学院一直以来的大力支持表示诚挚的谢意。特别是编者所在工作单位人文学院，积极推动世界文明史课程的教学改革与创新，教学团队也因此收获了一些成绩，包括：2020 年荣获浙江省本科院校"互联网＋教学"优秀案例一等奖，2021 年课程被认定为省级线上一流本科课程，2023 年课程入选全国"高校在线开放课程联盟联席会"慕课十年典型案例等，本书亦是上述建设成果的呈现。2023 年，杭州师范大学又设立了"世界文明史"虚拟教研室项目，重点夯实教学团队，建立与中西部高校的合作，持续助推世界文明史教学的发展。

　　本书的完成，还有赖于诸多良师益友和同行同事的帮助，在此向他们表示由衷的感谢。首先感谢南京大学陈晓律教授和江苏省社会科学院胡传胜研究员不吝赐序，两位先生对文明的深入思考赋予了本书灵魂，也鼓励了我们继续前进。同时，感谢马丁教授为世界文明史课程的发展打下良好基础，感谢林航教授在课程建设过程中给予我们的指引和帮助，感谢盛仁杰博士对书稿提出的宝贵意见。还要感谢教研室的所有同仁们，没有大家的亲密合作，本书则无法完成。最后，要特别感谢浙江大学出版社和葛娟老师，让我们得以在 2025 年看到这本书。

编者

2025.3